普通高等教育"十二五"规划教材

高职高专经济管理类专业任务驱动、项目导向系列化教材

ERP 应用与实施

主　编　鲁少勤

副主编　宋　卫

参　编　张学东　骆大伟

国防工业出版社

·北京·

内 容 简 介

本书对整个企业资源计划(ERP)软件系统的实施过程、处理逻辑和功能模块进行了详细而全面的介绍,特别是把实施过程划分为四个任务:基础准备、功能培训、上线运行和项目验收,结合了丰富的例子和图表来描述 ERP 软件系统实施的过程,并附有例题和习题。全书内容系统性与逻辑性强,语言简明易懂,方便读者对企业实施 ERP 过程的理解和掌握。本书可供高职高专信息管理类学生使用。

图书在版编目(CIP)数据

ERP 应用与实施 / 鲁少勤主编. —北京:国防工业出版社,2012.2
高职高专经济管理类专业任务驱动、项目导向系列化教材
ISBN 978 – 7 – 118 – 07962 – 3

Ⅰ. ①E… Ⅱ. ①鲁… Ⅲ. ①企业管理 – 计算机管理系统,ERP – 高等职业教育 – 教材 Ⅳ. ①F270.7

中国版本图书馆 CIP 数据核字(2012)第 007973 号

※

国防工业出版社出版发行

(北京市海淀区紫竹院南路 23 号 邮政编码 100048)
北京奥鑫印刷厂印刷
新华书店经售

*

开本 787 × 1092 1/16 印张 12¼ 字数 271 千字
2012 年 2 月第 1 版第 1 次印刷 印数 1—4000 册 定价 26.00 元

(本书如有印装错误,我社负责调换)

国防书店:(010)88540777 发行邮购:(010)88540776
发行传真:(010)88540755 发行业务:(010)88540717

　　高职高专院校对于计算机应用和信息管理类以及相关专业学生的培养目标是既懂管理科学又懂信息技术,从事于企业信息化建设,并承担信息技术应用和信息系统开发、维护和管理工作的复合型实用人才。在这种培养目标的指引下,就要求计算机与信息管理类及其相关专业的课程设置必须紧紧围绕管理技术与信息技术方面来开设。在这其中,"ERP 应用与实施"课程及其实训是非常重要的一门课程,它在横向上跨越三类课程:专业基础课、专业公共课和专业拓展方向课;而且又要在纵向上与各个能力模块紧密结合:企业管理能力模块、职能事务管理能力模块和信息系统应用与维护能力模块。"ERP 应用与实施"就是针对 ERP 的实践环境对学生进行训练,体现了高职高专信息管理专业学生所特有的标准化、实用型、复合型软件技术应用人才和管理人才。

　　"ERP 应用与实施"课程采用项目导向、任务驱动与情景模拟的一体化技能训练式教学,充分体现了基于工作过程的能力训练,以职业情境模拟、以任务为驱动、以项目为导向的人才培养;在教学过程中以学生为主体、以能力培养为核心,在仿真或真实企业环境中,通过基于工作过程的项目实施为主要教学组织形式,实现素质训练和能力培养的人才培养模式和基本思路。

　　以学生为主体,以能力培养为核心,以项目为主导,充分体现教学过程中的实际职业活动,使"ERP 应用与实施"课程教学与校内外教学、实践、企业顶岗实习有机融合,充分体现"工学交替"的教学模式。使课程教学、实训教学与企业实际岗位任务深度融合,实践性强,从而使本课程成为计算机应用与信息管理类及其相关专业中具有示范性和辐射作用的课程。

一、"ERP 应用与实施"主要运用的实践教学方法

　　(1)情景模拟。通过精选企业案例,成立虚拟企业,通过分解企业真实项目任务,推行"学练结合"的教学方式和情景模拟,做到讲、练、做、想有机融合,使学生熟悉模拟企业的工作流程和具体工作职能。

　　(2)任务驱动。通过真实企业的任务分解,形成企业内各个模块的细任务群。每个练习性任务,课后附录均有相应的练习资料可供操练,在对任务群的问题分解/解决过程中,来培养学生的综合素质、职业素养、岗位意识、职业技能和适应能力。

　　(3)任务模块化教学。在针对虚拟企业的情景模拟过程中,把企业的任务群分成三

个大的模块(财务、供应链和生产制造),使这三个企业基本工作岗位群与任务群的相互融合,构成"职业导向、实践主线、项目载体"的课程训练体系,确保学生的核心职业能力。

二、"ERP 应用与实施"教材的主要特色

(1)虚拟企业工作岗位群与岗位任务群。把虚拟企业的工作岗位群与岗位任务群进行细分,并将相关知识点分解到实际的岗位群与任务群中,通过对岗位与任务的分析和实现,体现"基于工作过程和任务驱动"的教学实践,使学生能胜任实际的工作岗位,便于以后的顶岗实习。

(2)引入 ERP 实施顾问式现场教学。资深 ERP 实施顾问在现场进行实际实施过程的现场模拟,让学生切身感受到整个 ERP 的实施过程,在不涉及企业商业机密的情况下,以企业的真实数据来进行模拟。

(3)课程评价体系建设。引入企业参与评价,分别对学生完成各个模块的情况加以考核与展示,既考核结果,也考核过程,并把企业实际任务的完成情况作为考核指标。

三、"ERP 应用与实施"课程教学的预期效果

(1)通过课程体系的学习使高职高专院校成为中小企业信息化人才培养基地,尤其是在 ERP 系统管理员与 ERP 实施顾问人才的培养上成为具有示范性意义的训练基地,为中小企业输送大量企业信息化的实用型人才。

(2)建立完善的适应创新型高技能企业信息化人才的考核评价体系,实现高职高专院校课程成绩考核与企业实际工作岗位考核相结合。

(3)"职业导向、实践主线、项目载体"的应用型人才培养模式,将在中小企业信息化人才培养课程体系中起到核心与示范作用。

(4)提供具有企业真实环境的共享教学平台和教学资源,为其他相关专业提供共享的企业环境支持。

本书由常州信息职业技术学院经贸管理学院鲁少勤主编,其具有国外软件硕士教育背景,曾有从事过财务管理、审计、信息系统分析与设计、高级 ERP 实施顾问、企业管理等众多工作经历,多次独立担任企业 ERP 实施项目经理,全面负责企业信息化项目实施,对国内外 ERP 软件系统有较深的理解和研究,尤其是 Kingdee K/3 与 SAP R/3 系统,ERP 实施实际工作经验丰富。

本书的项目一至项目四由鲁少勤编写。附录一由张学东编写,附录二至附录三由宋卫编写,附录四由骆大伟编写,全书由鲁少勤统稿。

本书的编著出版得到了常州信息职业技术学院有关教师的大力协助,在此对经贸管理学院宋卫院长、孙国忠副院长、王效忠高级工程师等众多教师表示感谢;编者在常州金蝶软件有限公司工作期间,曾得到了周磊总经理、薛亚华高级工程师的很多帮助,在此也一并表示感谢。由于时间匆忙和作者水平有限,难免有疏忽和不当之处,敬请读者多加指正!另外本书还配有相关学习资料可供下载。作者联系方式:sqlu@163.com。

"ERP 应用与实施"课程目标体系

能力训练项目设计

中国常信股份有限责任公司是一家研发、生产、销售网络计算机的企业,属典型的离散制造型企业,公司即将于近期迁入信息产业园内。公司现有办公室、技术中心、生产制造部、销售部、采购部、财务部、仓储物流中心、人力资源部、综合管理部等主要职能部室,有两个生产车间,共计两条生产线。公司目前采用按订单生产的方式组织生产。公司主要客户为其他制造型企业、政府机关、卫生教育医疗等企事业单位。为了搬迁后企业能够顺利运行,公司计划在新生产办公场地建设的同时,实施金蝶 K/3 ERP 系统,以确保公司管理的规范有序,确保企业生产经营活动的顺利开展,提高公司的管理效率。

本书以中国常信股份有限公司作为案例背景,采用任务驱动教学方法,使用的 ERP 软件为 Kingdee K/3 ERP V10.3,全面介绍企业 ERP 软件系统项目的整体实施方法与过程,整个课程分为四个大的实施任务,每个任务模块又分为若干小的任务群,整个课程的学习过程也是实际任务的解决过程。其中,Kingdee K/3 ERP V10.3 软件架构为基于 C/S 的三层架构,企业内部一般操作人员使用的是客户端,而中间层(操作层/业务处理层)和数据库层分别安装在服务器端,由系统管理员负责管理;处理业务时,由操作人员由客户端向中间层发出请求,中间层负责对数据库的存取和处理,并把结果发送到客户端,供其使用。

总体目标

通过本课程的学习与实践,让学生了解当前企业信息化的现状与发展趋势,掌握 ERP 的原理、技术拓展、发展过程与实施方法,让学生能熟练操作主流 ERP 软件的物流(采购、销售、库存)、生产、财务等主要功能模块,会组织进行需求调研、需求分析,能撰写系统解决方案,能作为实施顾问组织人员完成 ERP 系统的实施,并对实施的项目进行评估。

能力目标

(1)能根据不同行业企业的特点,进行企业信息化调研,并进行面对面的交流、沟通。

(2)能搜集企业内部静态和动态资料,运用企业信息化的实施方法,撰写出企业业务流程图、企业静态数据表、企业动态数据表、企业基础资料表等文档。

(3)能根据企业各部门的调研报告,分析企业管理现状。

(4)能熟练操作 ERP 系统中的物流(采购、销售、库存)、生产、财务、计划等主要功能模块。

(5)能完成 ERP 系统中物流、生产和财务等分模块的实施工作。

（6）能根据企业信息化实施方法，解决企业存在的实际问题。

（7）能根据企业的整体运营状况，得到期末的各项数据和报表。

知识目标

（1）掌握 ERP 的原理、技术拓展、发展过程与实施方法。

（2）掌握企业信息化基本调研方法。

（3）掌握企业调研报告的设计方法。

（4）掌握企业信息化实施中静态与动态数据准备方法。

（5）掌握企业信息化实施培训方法。

（6）掌握企业报表与报告的结构与拟定方法。

（7）掌握企业信息化项目验收方法与验收报告的拟定。

素质目标

（1）通过分组完成项目任务，培养学生团队协作精神，提高学生相互配合与协作能力，树立诚信意识，锻炼学生沟通交流、自我学习的能力。

（2）通过企业内外部环境分析和调研，培养学生搜集信息、整理信息的能力，锻炼并提高学生的社会交往能力。

（3）通过撰写报告和方案，提高学生书面表达能力，培养学生理论与实践相结合的能力，锻炼 Office 与 ERP 软件的操作能力，培养学生思维创新能力。

（4）通过对企业信息化项目的实施，培养学生项目管理的综合素质和项目实施过程中发现问题、协调处理问题的能力。

项目一

项目二

项目二　ERP 系统模块功能培训　　　69

项目三

项目四

附录四

项目一 实施ERP系统项目准备

项目引入

中国常信股份有限公司是一家研发、生产、销售网络计算机的企业,属典型的离散制造型企业,公司即将于近期迁入信息产业园内。公司现有办公室、技术中心、生产制造部、销售部、采购部、财务部、仓储物流中心、人力资源部、综合管理部等主要职能部室,有两个生产车间,共计两条生产线。公司目前采用按订单生产的方式组织生产。公司主要客户为其他制造型企业、政府机关、卫生教育医疗等企事业单位。为了搬迁后企业能够顺利运行,公司计划在新生产办公场地建设的同时,实施金蝶K/3 ERP系统,以确保公司管理的规范有序,确保企业生产经营活动的顺利开展,提高公司的管理效率。

公司在实施企业信息化ERP软件系统之前,要完成多项基础数据的准备工作。这些基础准备工作分别为:成立企业信息化项目组织、企业信息化需求分析与调研、确定基础资料编码规范、基础资料数据收集与录入、对BOM分层维护、制定并确认实施方案,最后完成对ERP软件系统的初始化。

任务1.1 成立企业信息化项目组织 ✛ ╬ ✛

能力目标

能根据企业信息化的要求建立企业信息化项目实施团队,并进行人员的合理分工。

支撑知识

(1)项目管理知识。
(2)企业管理和企业组织结构知识。
(3)识人、用人技能。

可展示成果

企业信息化项目实施团队名单及任务分工。

任务1.1.1 建立并启用账套

背景信息

在金蝶K/3 ERP系统中,账套是企业进行日常业务操作的对象与场所。也就是说,我们日常的操作都是在某个账套中进行的,它是用于储存企业凭证、账簿、报表、固定资产资料、工资资料、往来资料以及物流资料等各项业务数据的数据库,是存储数据的媒体与文件。账套一般存放在数据库服务器端。

功能介绍

新建账套：企业业务活动的管理都是在账套这个数据库中进行的，安装好 ERP 软件后必须建立一个账套（数据库）来存放业务数据，这样才能把企业现实中的基础数据转化为数据库中的电子数据。

启用账套：账套是企业数据存放的媒体，一个企业可能拥有几个甚至几十个账套，有些账套仅仅以存放和查询数据为目的，而启用的账套表示企业内部操作人员可以进行数据操作的数据库，是企业实际运营的账套。一个企业可以同时拥有多个启用账套。

> **小提示**
>
> 无论是新建账套还是启用账套，所有有关账套的操作和管理都要在中间层服务器部件中才能完成。

实践案例

中国常信股份有限公司是一家研发、生产、销售网络计算机的企业，属典型的离散制造型企业，记账本位币为人民币，保留两位小数位，使用自然月份会计期间。2008 年 3 月购买了 Kingdee K/3 V10.3 的 ERP 软件系统，4 月份进行 ERP 系统初始化并启用账套。具体公司背景资料请查看附录一中的相关内容。

应用流程

一、账套管理

在桌面窗口中，依次点击【开始】菜单→【程序】→【金蝶 K/3】→【中间层服务部件】→【账套管理】，进入"账套管理"登录界面。初次登录时系统默认用户名为 Admin，密码为空，直接单击【确定】按钮即可。如图 1 - 1 - 1 所示。

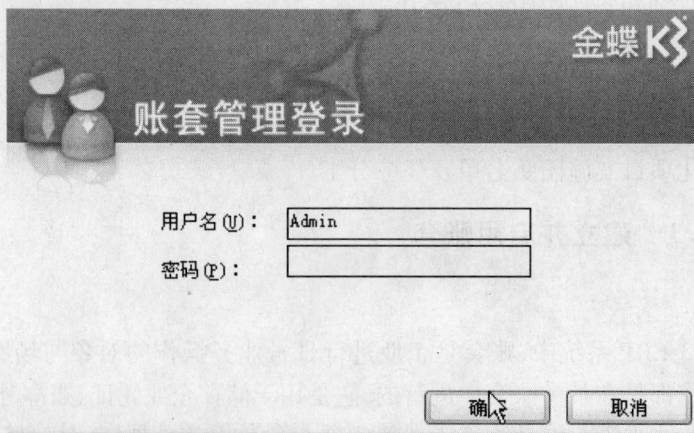

图 1 - 1 - 1　账套管理

小提示

账套管理登录界面的用户名不区分大小写,但密码区分。

除了默认的 Admin 用户外,登录账套管理的其他用户可以在进入"金蝶 K/3 账套管理"界面后再添加,依次点击菜单栏中【系统】→【系统用户管理】→【用户】→【新增】,在弹出的"新增用户"对话框中添加新的账套管理用户。

进入"金蝶 K/3 账套管理"窗口后,窗口左边为"机构列表"界面,窗口右边为"账套列表"界面,分别代表企业机构和企业内部的账套信息,其中账套列表界面中反映了账套的编号、名称、类型、创建时间、备份时间、版本和数据库等相关信息。

1. 新建组织机构

依次点击菜单栏中【组织机构】→【添加机构】→【金蝶 K/3】→【中间层服务部件】→【账套管理】,在弹出的"添加机构"对话框中,依次填入机构代码、机构名称和访问口令后,单击【确定】按钮。如图 1-1-2 所示。

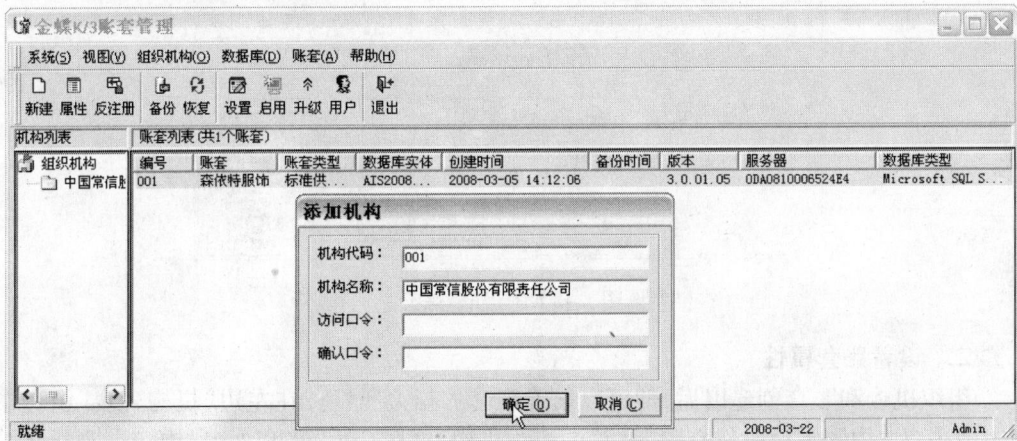

图 1-1-2 金蝶 K/3 账套管理

2. 新建账套

先单击左边组织机构列表界面中相应的组织机构,再单击菜单栏【数据库】→【新建账套】,在弹出的"信息"对话框中,系统会提示新建账套的几种类型,单击【关闭】按钮,就会显示"新建账套"对话框,输入账套号、账套名称,选择相应的账套类型后,单击 按钮选择数据库及日志文件的存放路径。随后的系统账号为登录到数据库管理系统的账号,按系统默认即可。最后单击【确定】按钮,即可创建新的账套,如图 1-1-3 所示。

小提示

在弹出的"信息"对话框中,选中"不再显示此提示"复选框,则下次新建账套时,就不会再次出现"信息"对话框。

在"新建账套"对话框中,账套号中第一个 001 代表组织机构的代码,第二个 001 表示的是 001 这个组织机构中的第一个账套,两个 001 以小数点分隔来表示层次附属关系。新建第二、第三个账套时,依此类推。当然,账套号中也可包含字母。

一个组织机构中不允许两个账套具有相同的账套号或账套名。

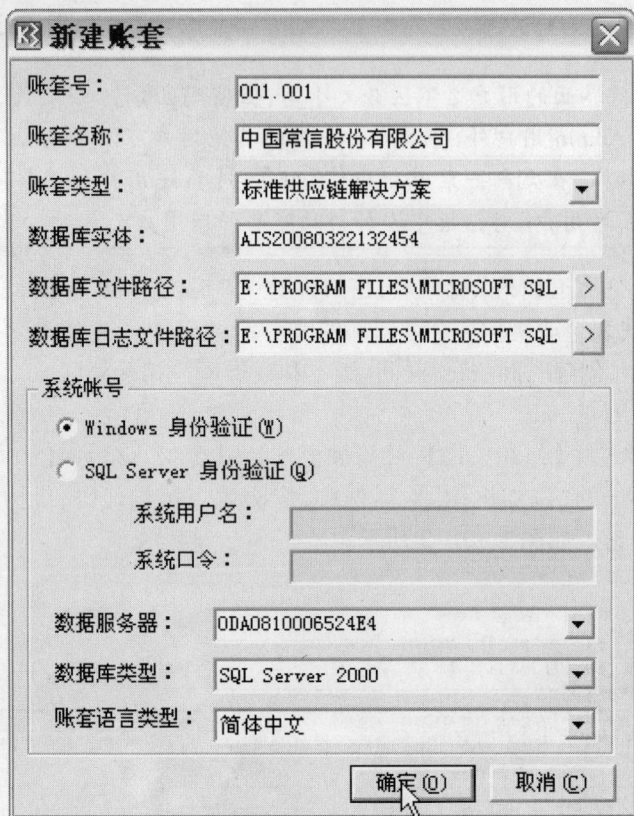

图 1 - 1 - 3 新建账套

二、设置账套属性

组织机构和账套创建以后,即可以设置账套的相关属性。在左边"机构列表"窗口中选中名称为"中国常信股份有限公司"的组织机构,再在右边"账套列表"中双击刚新建的账套号为 001. 001 的账套,弹出账套的"属性设置"对话框,在"系统"标签中填入机构名称、地址和电话;在"总账"标签中,填入记账本位币代码、记账本位币名称、小数点位数,并选择凭证过账前是否需要审核。在"会计期间"标签中,单击【更改】按钮,并在随后弹出的"会计期间"对话框中,分别选择启用会计年度为 2008 年,启用会计期间为第 4 期,并单击【确认】按钮返回"属性设置"对话框,再单击【确认】按钮来完成对账套属性的设置。如图 1 - 1 - 4 所示。

账套属性设置结束以后,系统会自动弹出是否启用当前账套的对话框,直接单击【是】按钮,以启用账套。

至此,账套的创建与启用已经完成。

总　结

本节中结合案例对账套管理模块中的新建账套进行了详细的描述。在 Kingdee K/3 ERP V10. 3 版本中,账套管理模块除了新建账套外,还为用户提供了账套删除、账套备份、账套恢复、账套升级等强大的账套管理工具,为系统管理员维护和管理金蝶 K/3 账套提供了一个方便的操作平台。

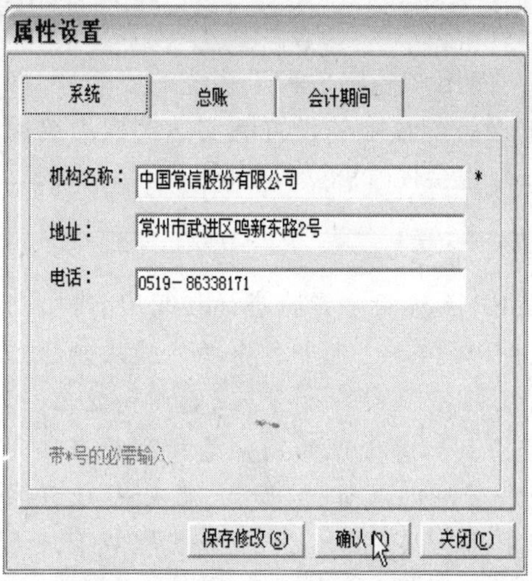

图 1 - 1 - 4(a)　账套属性设置

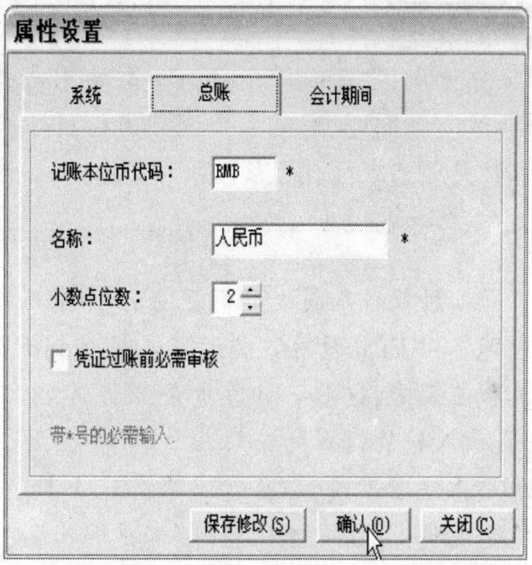

图 1 - 1 - 4(b)　账套属性设置

图 1 - 1 - 4(c)　账套属性设置

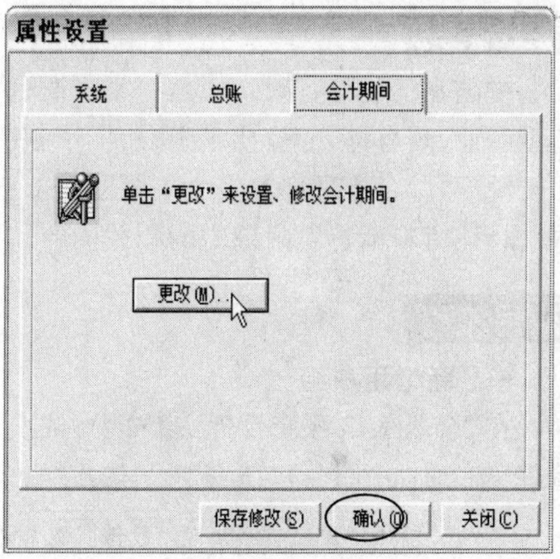

图 1 - 1 - 4(d)　账套属性设置

思　考

在账套管理中,除了新建账套与启用账套,如何进行账套删除、账套备份、账套恢复、账套升级、账套批量自动备份等其他账套管理功能?

任务 1.1.2　ERP 系统用户管理

背景信息

在金蝶 K/3 ERP 系统中,用户管理是对账套使用者的管理,包括新增用户、删除用户、用户授权等。在账套创建好之后,就需要根据企业的实际情况,设置相应的操作人员并赋予适当的权限,以便于对系统进行操作和管理。用户也即企业的工作人员。

功能介绍

新增用户、删除用户是对账套使用者的管理,而用户授权是为了系统的安全性,根据企业的实际需要,对每一个用户进行具体权限的设置。权限的设置既要达到权力约束的目的,又要追求简化,以实用为宜,太过细致的权限也会使性能受到影响。

小提示

各种操作人员之间的区分:① 金蝶 K/3 ERP 系统用户是账套的使用者,即企业内部使用 ERP 软件系统的职员登录到 ERP 软件中的账号,也即各个功能模块的操作员和使用者,这些职员负责企业日常经济业务在 ERP 软件中的录入、查询和处理,例如,录入销售订单的销售人员。② 在上节中登录到账套管理的用户是指企业内部的 ERP 系统管理员,即负责对账套这个数据库进行管理的人员,例如,企业 ERP 软件系统管理员;③在新建账套时"新建账套"对话框中的"系统账号",指的是数据库管理系统的管理员,所以在新建账套时,将会用到账套管理员和数据库管理员这两个用户。

实践案例

中国常信股份有限公司是一家研发、生产、销售网络计算机的企业,属典型的离散制造型企业,现有办公室、技术中心、生产制造部、销售部、采购部、财务部、仓储物流中心、人力资源部、综合管理部等多个主要职能部室,要求各个部门和各个人员具有不同的操作权限。具体资料请查看附录中的相关内容。

应用流程

一、新增用户组

在"金蝶 K/3 账套管理"窗口中,依次单击菜单栏【账套】→【用户管理】,进入"用户管理"窗口,如图 1-1-5 所示。依次单击菜单栏【用户管理】→【新增用户组】即可弹出

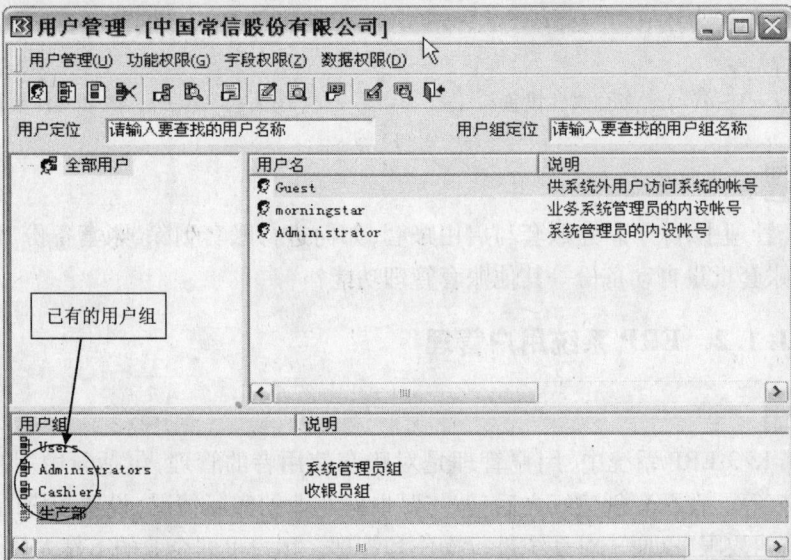

图 1-1-5　用户管理

"新增用户组"对话框,分别输入"用户组名"为采购部和"说明"为采购部后,单击【确定】按钮即可完成对用户组(采购部)的添加,如图 1-1-6 所示。

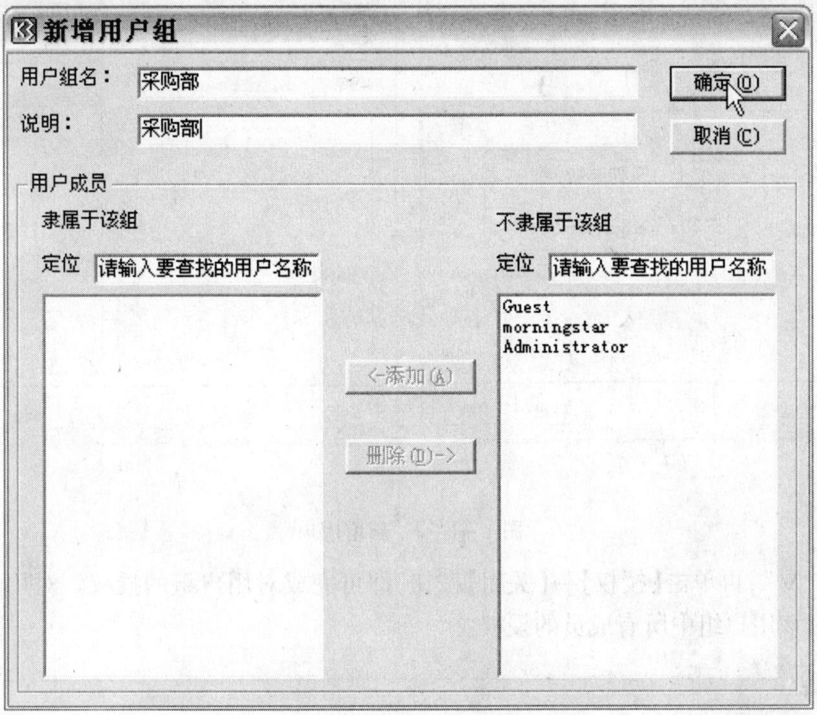

图 1-1-6 新增用户组

小提示

用户组是用户的类别,同时也是用户权限的集合,给某一用户组赋予权限,则该用户组中所有的用户都具有了该权限。

用户组 Administrator 具有所有操作的权限,即最高权限,无须任何授权。

二、新增用户

在"用户管理"窗口中,单击菜单栏【用户管理】→【新增用户】,出现"新增用户"对话框,如图 1-1-7 所示。在"用户"标签中输入用户姓名和说明;在"用户认证"标签中选择"密码认证",并输入用户密码;在"权限属性"中选择用户的相应权限;最后在"用户组"标签中选择用户所属的组名。单击【确定】按钮即可完成把用户添加到相应的组当中。

小提示

当某一用户同时属于多个用户组时,则该用户同时拥有了所有用户组的权限。

三、用户组授权

在"用户管理"窗口中,先选择要授权的用户组,再依次单击菜单栏【功能权限】→【功能权限管理】,在出现的"用户管理—权限管理"对话框中,在相应功能模块权限的复选框

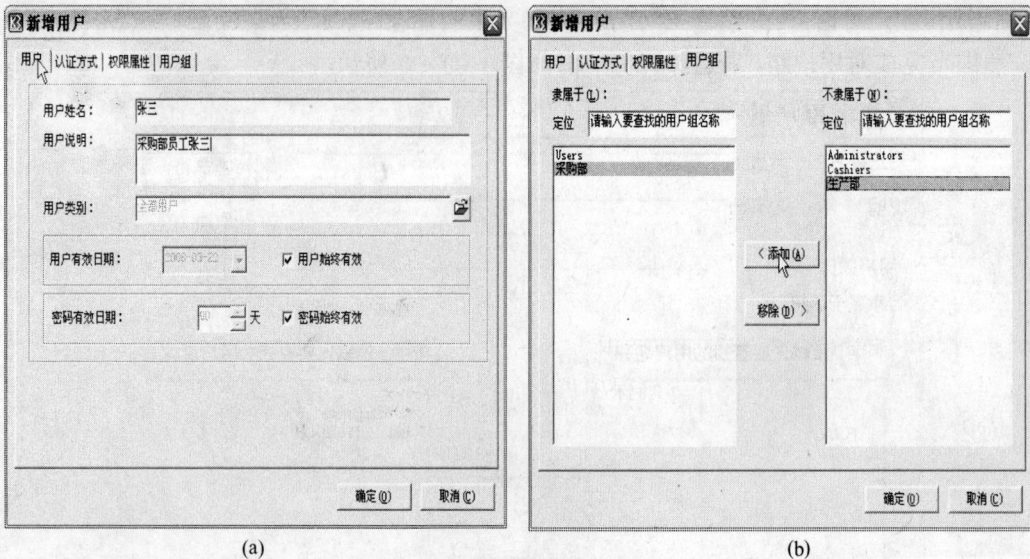

(a)　　　　　　　　　　　　　　(b)

图 1 - 1 - 7　新增用户

前打上钩"√",再单击【授权】→【关闭】按钮,即可完成对用户组的授权。对用户组的授权,也是对该用户组中所有成员的授权。

小提示

　　以上所有通过菜单栏进行的操作,也可以通过工具栏上相应的快捷按钮来完成。

　　对用户组授权后,可根据不同需要,再对各个组内的用户进行分别授权。在"用户管理—权限管理"对话框中,先选择功能模块的权限,再单击【高级】按钮,则会出现"用户权限"对话框,先从左边的"系统对象"中选择明细功能模块,再在右边的"权限"窗口选中或取消选中相应权限。注意:子模块权限对父模块权限有覆盖作用。例如,企业要求禁止仓库保管人员查看"销售出库单"中的金额项,应先在"供应链单据—领料/发货"功能模块中取消"金额查看"权限,同时也要取消明细功能模块中"销售出库单"中的"销售金额查看"权限。权限设置结束以后,依次单击【授权】→【关闭】→【关闭】按钮,返回"用户管理"窗口。

　　在用户组、用户和功能权限授权的管理和操作过程中,体现了整个企业内部的组织结构和企业信息化的项目组织。以用户组来代表公司内部的各个部门,用户组中的用户来代表各部门内部的员工,根据部门的性质和部门员工来分别设置用户组和用户的权限,这样公司整体的项目组织就非常清晰,一目了然。

总　结

　　用户管理是对账套使用者的管理,系统设置了系统管理员组,该组具有最大限度的操作权限,可以操作 ERP 系统的所有功能,查询所有的数据和报表。系统管理员以外的其他各组权限都同 USERS 组一样,可以通过权限设置来对其进行明细授权。

思　考

在用户管理窗口中,如何修改某个用户的密码,如何添加、修改、删除用户账户?

任务 1.1.3　ERP 系统项目实施团队组建

背景信息

中国常信股份有限公司的 ERP 信息系统项目是 2008 年的重大工作任务。该项目的实施将使中国常信股份快速利用先进信息技术手段和管理思想把物流、资金流、信息流有机集成,从而赢得市场、赢得竞争。由于该项目的实施将牵涉公司的方方面面,很多业务流程、日常习惯会发生变化。为确保项目实施按计划、进度、目标、质量进行,中国常信股份有限公司确定成立项目组织机构,来全面领导和组织销售管理、采购管理、生产管理、仓库管理模块的项目实施。公司要求项目小组认真履行职责,各部门密切配合,保证各项目的实施工作圆满成功,并在实施中不断优化业务组织和业务流程,为公司的长远发展打好坚实的基础。

功能介绍

实施团队任命书:是 ERP 软件提供商和实施方为了按合同的要求,全面负责企业 ERP 软件系统实施而确认的实施小组成员名单和书面文件。

项目实施公约:是实施 ERP 软件系统的企业方(也即客户方)项目组所遵循的公约,是实施方小组初访客户后由项目经理指导实施企业成立的客户方项目组织。

> **小提示**
>
> 实施团队应由软件提供方和实施方共同组建实施项目小组。随后,在实施项目小组进驻实施企业后,在客户方企业 ERP 项目负责人的协商和任命下成立客户方项目组织,并遵守项目实施公约。

实践案例

成立中国常信股份有限公司 Kingdee K/3 ERP V10.3 项目实施团队。

组织机构:中国常信股份有限公司

项目领导小组组长:

　　中国常信股份有限公司总经理　赵得志先生

副组长:

　　中国常信股份有限公司副总经理　赵公成先生

　　中国常信股份有限公司 ERP 项目实施经理　金明旭先生

成　员:

　　实施方:ERP 高级实施顾问　李明

　　ERP 实施顾问　王其标

项目总监:中国常信股份有限公司总经理　赵得志先生

中国常信股份有限公司 ERP 项目实施经理　金明旭先生

项目实施小组组长：

中国常信股份有限公司总经理办公室、技术部、生产制造部、销售部、采购部、财务部、仓储物流中心的部门主管

成　员：

中国常信股份有限公司总经理办公室、技术部、生产制造部、销售部、采购部、财务部、仓储物流中心的部门相关工作人员。详见附录中的相关内容。

应用流程

一、组织并制定"实施团队任命书"

中国常信股份有限公司作为实施企业的战略客户，同时又由于项目实施是一项复杂的系统工程，为了确保项目实施按期达标和有序进行，特制定本项目实施团队。

1. 项目目标

（1）确保中国常信股份有限公司 ERP 项目在合同规定的时间内完成系统培训、初始化、系统切换和验收工作。

（2）保证中国常信股份有限公司 ERP 项目按照规范统一有序的实施方法进行项目实施。

（3）确保双方按合同约定的条款进行项目的全面实施工作。

2. 项目组织

项目领导小组：

中国常信股份有限公司总经理　赵得志先生

中国常信股份有限公司 ERP 项目实施经理　金明旭先生

中国常信股份有限公司副总经理　赵公成先生

3. 成员职责

（1）项目总监：定期对项目的工作质量进行监督，随时检查项目的相关文档，对提交的所有文档进行质量监督。与客户项目经理及企业高层的阶段性沟通与协调。对项目实施总体计划提出建议，并定期接受项目经理的问询，对项目进程进行汇报。

（2）咨询顾问：参与项目总体实施策略制定，总体实施方案制定，对项目实施小组成员进行指导和协助，定期对项目实施情况进行监控和指导。

（3）高级顾问：指导和协助项目经理制定实施方案和进行项目控制，特别在项目实施过程中负责中国常信股份有限公司的及时沟通，及恰当实施力量的快速支持。

（4）项目经理：作为中国常信股份有限公司 ERP 项目的总负责人，负责项目的全面实施督导和项目进度的过程控制。主要包括：整个项目实施方案制定、项目进度的控制、客户沟通，项目验收重点是文档收集和整理，其中还包括：业务流程文档的整理，实施各阶段的文档等内容。

（5）实施顾问：协助项目经理共同制定项目实施方案。负责按实施合同、实施方案界定的工作范围，并按项目实施总体计划确定的时间进度开展实施工作，服从项目经理的

工作安排,与客户项目经理协调与沟通。保证项目实施工作的正常开展;负责实施过程中各种实施文档的提供、整理与确认。负责提供经双方确认的软件各模块初始化及日常操作流程指导性文档及操作注意事项说明书,并提交项目经理审核。

4. 项目实施总体工作要求

全部项目组实施成员,所有工作需有规范文档记录工作过程,包括:

(1) 项目合同及附件、重要事项客户沟通纪要或备忘;

(2) 客户方项目实施中各种文档、各阶段完成情况客户确认书;

(3) 工作计划、项目方案、实施技术指导资料;

(4) 项目管理与监控、进程统计分析报告等过程管理资料;

(5) 服务过程工作记录;

(6) 其他项目相关文档。

5. 成立项目组织时还应注意的事项

(1) 由项目经理提出实施团队人员建议,并定义各角色的主要职责。

(2) 由主管领导及相关部门沟通后,确定项目组成员,并明确相关人员及主要责任。

(3) 项目经理向企业主管领导详细解释《项目实施公约》的意义和要求。

(4) 确定项目小组成员名单后,签署《项目实施公约》让项目组成员满怀荣誉感和责任感。

二、组织并制定"项目实施公约"

1. 组织机构

与案例实践中相同,请参见前面的项目组成员。

2. 实施成员职责

项目领导小组组长:

(1) 审定项目各"设计实施方案"和"项目实施目标及考核指标";

(2) 检查考核项目组织实施工作,审批和保证项目投资落实,确保项目实施按计划进行;

(3) 督促各部门与项目组、项目组与技术支持单位的工作协调;

(4) 负责实施项目形成的管理制度、规程的审批;

(5) 决定对与项目相关部门及责任人的奖惩;

(6) 负责项目组验收和系统切换运行;

(7) 组织项目阶段实施鉴定;

(8) 负责每月召开一次实施专题会议,协调解决实施问题。

项目实施组长:

(1) 与实施顾问一起协商制定项目实施计划;

(2) 在实施顾问的协助下确定项目实施目标及验收指标;

(3) 组织项目实施工作;

(4) 制定对与项目相关部门及责任人的奖惩方法并报项目领导小组组长审批;

(5) 负责项目组验收和系统切换运行;

(6) 负责与实施顾问的联络,并确认实施工作记录、接收各种实施文档。

项目实施小组职责:

(1) 项目实施小组是公司该项目的实施机构,全面负责 ERP 项目的实施工作;

（2）严格、认真工作,确保自己工作之数据的准确性、有效性;

（3）正确对待由于实施 ERP 软件而引起的工作方法、工作习惯等的变化;

（4）积极组织各部门内部培训,将所学知识与其他人员进行分享;

（5）尊重技术支持单位的顾问,并与其进行友好和有效的协商与交流。

3. 项目公约认可

公司实施小组已完整阅读并明白该公约所描述的各项条款及责任。公司将按照上述条款进行项目的实施组织工作,除非公司另行发文对以上条款进行调整。

公司项目实施领导小组签字批准:

领导小组组长 _____

领导小组副组长_____

成　员　　　 _____　_____　_____

实施小组组长: _____

实施小组成员签字:

（组员）_____　_____　_____

（组员）_____　_____　_____

（组员）_____　_____　_____

（组员）_____　_____　_____

（组员）_____　_____　_____

（组员）_____　_____　_____

总　　结

制定并组织实施团队任命书是企业信息化 ERP 系统项目按照规范统一有序的实施方法进行项目实施的有效保证,它是实施方组织实施计划的前提,而项目实施公约是客户方（企业方）项目组织实施 ERP 的公约文件。

思　　考

项目实施公约与实施团队任命书制定以后,如何对成员进行绩效考核?

任务 1.2　企业信息化需求分析与调研

能力目标

（1）能设计需求调研表。

（2）能组织开展需求调研。

（3）会撰写需求分析报告。

支撑知识

（1）需求调研表的设计方法。

（2）需求调研的技巧。

（3）需求分析的方法和目的。

(4) 需求分析报告的格式要求。

(5) 人际交往的技巧。

可展示成果

(1) 需求调研表。

(2) 需求调研分析报告。

背景信息

中国常信股份有限公司于 2002 年 10 月经省政府批准成立,是以国有资产投资主体和私人股东投资并存的股份有限责任公司。公司以生产制造和销售计算机为主要核心业务,并从事计算机软硬件相关服务等业务。常信股份的发展目标是,以发展为中心,以创新为动力,以“腾信”品牌为依托,构筑企业运作平台,为将中国常信股份有限公司建设成为省内具有国际影响力的、跨地区、多领域发展的大型企业,为促进省内经济增长、建设信息产业大省的宏伟目标做出贡献。应企业信息化项目的需求,对公司办公室、技术中心、生产制造部、销售部、采购部、财务部、仓储物流中心等主要职能部室做需求调研。

功能介绍

需求调研是对需要实施企业信息化与 ERP 软件系统的企业用户,进行需求分析的基本方法。ERP 实施顾问在调研时,要对企业内部的各个部门和模块进行详细询问,了解企业实际的运营策略和数据,同时,需求调研的结果也是 ERP 软件系统初始化时设置参数的来源。

> **小提示**
>
> 需求分析调研与 ERP 系统分析报告的区别:企业信息化需求分析与调研主要针对的是企业内部运营数据与策略的调研,是为 ERP 软件系统的初始化提供参数来源,同时实施顾问的实施方法也是根据需求调研来进行具体安排和细分。而 ERP 系统分析报告则是针对现有的软件系统功能而言的,它强调的是 ERP 软件系统是否能够满足企业的业务流程和业务功能。

实践案例

调研时间:2008 年 4 月 9 日至 2008 年 4 月 15 日。

调研对象:中国常信股份有限公司财务部、信息中心、公司办公室、技术中心、生产制造部、销售部、采购部和仓储物流中心。

调研目的:全面了解中国常信股份有限公司经营管理模式、财务管理模式、公司业务处理流程、管理决策与经营监控;确认中国常信股份有限公司信息化管理的需求;了解中国常信股份有限公司信息系统的运行状况,并结合 Kingdee K/3 ERP 软件的业务流程、科学的管理思想提出一套完整的解决方案。

报告人:ERP 实施顾问与中国常信股份有限公司相关负责人。

应用流程

一、信息化建设现状与需求调研

1. 基础设施

中国常信股份有限公司有专管企业信息化的机构：信息中心,其负责整个公司的硬件配置、网络维护、数据安全等工作;公司网络状况良好,主干网为光纤,在公司所在地约 $3km^2$ 范围内,各部门以局域网进行联结,信息中心大楼有自己的数据库服务器(配置 PIV 至强 4G 内存、500G SCSI 磁盘阵列);整个公司共有计算机约 5000 台,硬件配置均能满足运行 Kingdee K/3 ERP V10.3 软件的需要,2003 年财务部就已经完成财务中心的会计电算化工作。总的来说,中国常信股份有限公司信息化基础设施较完备。

2. 员工计算机基础水平

中国常信股份有限公司所有人员的计算机基础知识较好,大部分人员取得过计算机国家二级等级证书,有少数人能使用 VB 和 JAVA 编程,并结合中国常信股份有限公司的需求开发了一些业务小软件,总的来说,公司工作人员的计算机基础水平较高。

3. 企业的信息化需求

中国常信股份有限公司系统信息化的需求主要是在现有基础上搭建整个物流、生产以及财务系统的信息化,完成业务流程和单据的集中电子化,同时考虑信息和数据资源的共享问题;公司现有供应链子系统与财会电算化系统,但各个系统相对独立,无法做到数据的彼此实时传递,造成数据共享的极大困难,他们要求 Kingdee K/3 ERP V10.3 系统能把他们的业务系统进行总体整合,并实现生产、财务、业务数据共享,改变现有财务和业务系统的信息孤岛状态。

二、中国常信股份有限公司管理现状及主要问题

中国常信股份拥用精干的员工队伍,整个公司管理思路清晰,现阶段各部门制度建设比较完善,没有明显的薄弱环节。随着公司的快速发展,各部门的数据共享在企业全面决策中的地位越来越重要,管理层也希望各个业务部门的职能从现在的面向过去能够逐渐转变为面向未来。公司需要借助一个先进的信息管理平台,提高管理水平,实现动态细化管理,适应战略决策对财务和业务信息的需求,实现公司管理职能的转变与管理水平的提升。

1. 整体情况

公司业务管理还是以人为汇报沟通为主。经过初步调研、了解,从管理(者)的角度还无法高效地获取业务和决策数据,除基本财务核算的数据及基本报表工作采用现有财务软件管理外,财务与业务报表的集成等重要的公司管理业务与决策资料还是以手工方式为主。手工方式使得工作量大,部分信息反馈不及时,各方面的业务数据并没有有效统一,提供的数据可能与实际不一致,很容易出现各种管理漏洞。

2. 决策所需的管理信息滞后

在现有条件下,不能对业务部门上报的业务与财务报表数据进行有效确认,当然也不能起到有效的监控作用,由于存在着重复的汇总工作,工作量大,各方的数据也很难保持一致。

企业领导在公司生产经营决策中,需要对业务运作管理作及时决策,这就需有大量的、及时的、准确的业务、财务数据作为分析的依据,但是现有以手工汇总数据处理的信息

管理方式,造成管理信息不能及时地提供给企业决策层,从而导致经验管理,不能有效地帮助企业决策层及时发现问题,做出正确的经营决策。

3. 缺乏有效的数据分析手段

当前对管理和决策所需要的数据分析,主要采取手工方式,从财务系统和业务系统取数,无法进一步深化和细化。公司迫切需要以盈利能力分析为主的多角度、多层次地分析,包括从经营模式、客户、产品、区域等多纬度来分析成本、费用、盈利能力,指引决策。

三、中国常信股份有限公司管理需求

通过对中国常信股份管理现状的调研,我们从业务集中管理、财务管理、财务分析、智能化决策支持、数据及信息集成和安全几个方面来阐述公司当前管理的需求。

1. 流程控制、规范运作的公司业务流程管理

业务流程管理是基于网络环境下实现公司业务流程统一的出入口、统一报告制度和统一管理制度的一种管理模式,在信息技术的支持下,通过数据集中、信息集中,使得反映公司各部门的数据、信息更加集成、透明。

企业应通过灵活的组织架构设置和控制权参数的设置,在公司不同层级上合理地设置控制权,实现集权与分权的统一。各级管理者还可以在自己的权限范围内跨越时间和空间,对企业集团成员进行实时控制。

通过信息技术构筑的网络环境,在业务与财务集中管理的基础上实现同业务系统的一体化运作、集成应用;提高运行速度,保证数据的真实性、准确性,通过建立企业财务业务一体化管理体系,完善企业的内部控制。

2. 精准归集、规范高效的业务与财务报表管理

业务与财务报表管理是公司业务与财务管理的重要组成部分,针对中国常信股份主要通过手工手段进行报表的提交和上报、抵消、合并,极大影响工作效率和报表质量的现状,必须利用现代化技术手段,通过建立统一的、迅速的信息化平台,以减轻汇总报表的工作量,提高报表的编报质量和效率。规范高效的报表体系需要:

(1)严格规范报表工作流程,保证公司对整个流程进行有效地管理和监控;

(2)自动核对和生成抵消分录、自动生成汇总和合并报表,以减轻报表的重复性工作;

(3)提供多种报前检查和重要数据异常情况预警功能,保证数据的准确性;

(4)提供法定财务报告和管理类报表。

3. 财务分析能力

(1)根据财务的历史数据或预测数据进行各种不同模式的财务计划、分析、控制功能,如提供智能预算编制系统、历史资料的过滤功能、客户信用管理功能、各种复杂综合的报表计算分析功能等。

(2)通过比较便捷的分析工具,用户可以直接使用这些工具对历史数据进行二次综合使用,以财务报表为基础进行趋势、结构的分析,收入和成本分析、立项分析以及关键指标(KPI)分析。

(3)配合业务进行多角度、多层次财务分析、管理,加强财务对业务的服务、监督和商业机会的挖掘能力,强化公司的业务监管职能和商业机会把握能力。

4. 智能化决策支持系统

（1）有效地集成各种业务系统中信息和数据，进行统计、汇总和分析处理，形成各种经营分析报表，如盈利能力分析报表、投/融资收益情况一览表、资金分析表等，以供查询，以达到及时、有效地对业务进行分析、监控并做出辅助决策的目的。

（2）智能化的决策支持系统为公司决策提供了强大的支持，通过智能化的分析工具自动检索财务、业务系统的信息，从客户、区域、业务角度（布点、制作工序）的不同侧面，进行盈利、成本等多维的、细化的趋势分析，从而有效地、及时地反映和预测未来的业务发展方向。

（3）通过快速、连贯的分析数据，使管理层能够方便快捷地得到企业的关键绩效指标和数据，全方位掌控企业运营状况，及时发现经营中的异常，做出科学周密的决策。

5. 数据安全及信息集成需求

（1）全面代替现有系统的功能，包括现有的财务软件、业务软件，以对现有数据进行保护及利用，实现财务、业务数据共享。

（2）对多种数据及单据格式的支持，以进行不同单据格式数据的输入及输出，包括公司报表的特殊要求。

（3）与公司外部相关单位的信息集成，包括金税系统及银行网络等。

（4）保证数据处理和传输的安全，防止数据丢失和没有权限人员的接触。

四、实施解决方案

经过多天时间的调研，对整个中国常信股份的企业概况及财务与业务体系和流程有了较深入地了解，根据调研情况，Kingdee K/3 ERP V10.3 软件系统项目实施初步方案如下。

1. 设立共用数据中心

所有公司的业务都在这个数据中心处理，公司内部部门的独立通过严密的权限管理来约束，既可以满足某部门直接查询业务和账务数据的需要，也可以保证各个部门业务的独立开展。

2. 公司定义统一的财务会计信息

各部门可以使用财务会计信息的部分科目进行核算，并在公司统一控制的科目下增加能够反映自己业务的明细科目。进一步统一规范账务处理规则，建议统一采用科目＋核算项目（供应商和客户）的模式处理。

3. 统一规范和业务系统的流程与处理方式

利用业务系统将业务信息全部存放在数据库服务端，在该数据库中集中存取处理的解决模式，实现业务流程与报表的规范化管理。

4. 生产系统模块由公司的经营目标为起始点

生产系统模块中，生产任务单的下达完全依赖于销售订单和基于销售的预测。由公司目标决定的任务运行主生产计划（MPS），由销售导向的任务运行物料需求计划（MRP）。

五、实施难度与风险

首先，由于中国常信股份有限公司的工作人员已使用多年的手工账以及单独的子模块系统，思维惯性较大，要正确认识 Kingdee K/3 ERP V10.3 软件系统，改变思维方式、工作模式有较大的困难，这将对项目的实施带来一定的难度。

其次,中国常信股份有限公司基于自己开发的一些子系统经多年运转,已为内部人员所熟悉和接受,通过 ERP 软件系统先进管理思想的变革,势必改变一些工作模式和业务流程,这也将带来一些抵触情绪,增加实施难度。

最后,根据调研情况看,由于各种原因的影响,会产生各部门之间相互推诿责任的现象,这也必将增加项目实施的难度,增大项目实施的风险。

六、总结

中国常信股份有限公司总的来说管理机制较健全,财务与业务系统管理较规范,网络、硬件基础设施较好,工作人员计算机水平较高,企业信息化需求较明确,有较高的进一步实现业务流程规范化管理的愿望,虽然有各种主客观原因会对项目实施产生制约和阻碍,但事在人为,只要各方面人员多沟通、协商,精诚团结,努力工作,中国常信股份的 Kingdee K/3 ERP 项目一定能顺利实施。

小提示

ERP 系统需求分析与调研主要包括:公司概况调研、IT 调研、销售调研、生产数据调研、生产计划调研、仓储调研、采购调研和财务调研。

中国常信股份有限公司的调研报告请参见附录中的相关内容。

在调研过程中经常会涉及企业机密的相关内容,调研者应注意该部分内容的保密。

总 结

ERP 系统需求分析与调研是针对企业内部运营数据与策略的调研,反映企业基本运营概况、业务管理现状和存在的主要问题,以及针对这些问题实施顾问所做的对策和解决方案。各个部门的调研问卷应根据不同行业的企业实际情况组织编写。

思 考

1. 根据企业所属的不同行业,如何设计行业企业的调研问卷?举行业实例说明。
2. 在对企业各部门进行调研时,可以运用哪些调研方法?
3. 公司概况的调研报告中应包含哪些内容?
4. 业务系统的调研是注重业务流程,还是更注重运营策略和参数?
5. 生产计划调研主要包含哪些方面?
6. 如何把调研的结果数据反映到 ERP 软件系统中?
7. ERP 系统的实施风险主要体现在哪些方面?
8. 如何根据调研结果,来确定不同的 ERP 项目实施方法?举例说明。
9. 企业调研报告与企业 ERP 软件系统项目整体解决方案之间有哪些关系?

任务 1.3 确定基础资料编码规范

能力目标

能根据优化原则对企业各类基础资料确定编码规则,并具体编码。

支撑知识

（1）企业基础数据的分类。

（2）编码原则。

可展示成果

基础资料编码规则表。

背景信息

基础资料编码是以简短的文字、符号或数字、号码来代表物料、品名、规格或类别及其他有关事项的一种管理工具。在物料较为单纯、物料种类较少的工厂或许有没有物料编码都无关紧要，但在物料多到数百种或数千、数万种以上的工厂，物料编码就显得格外重要。此时，物料的领发、验收、请购、跟催、盘点、储存等工作极为频繁，而藉由物料编码，可以使各部门提高效率，各种物料资料传递迅速、意见沟通更加容易。

功能介绍

物料编码：确定物料编号的方法。我们以其为主线讲解编码的原则，但所讲编码原则同样适用于 ERP 系统的客户编码、供应商编码、职员编码、部门编码、单位编码、仓库编码、各种类别编码和其他需要编码的任何项目等。

> **小提示**
>
> 企业内部基础资料的设置主要包括静态数据与动态数据两部分，静态数据主要是指在开展经济业务活动中的基础数据，如部门资料、供应商资料、客户资料等，对动态数据起支撑作用。而动态业务数据是业务活动过程中产生的数据（业务单据），大多数随经济业务发生而形成，如销售订单、采购申请单、生产任务单、初始数据等。
>
> 财务基础数据也是其他业务模块的支撑数据，其他相关模块的业务资料最终会传递到财务系统中进行反映。如果事先没有准备好财务系统的基础数据，那么物流系统、生产管理系统和人力资源系统等其他系统的基础数据也就无法准备。

实践案例

中国常信股份有限公司是一家研发、生产、销售网络计算机的企业，公司现有办公室、技术中心、生产制造部、销售部、采购部、财务部、仓储物流中心、综合管理部等主要职能部门，有两个生产车间，共计两条生产线。基础资料编码规范的确定，跨度范围较大，涉及到所有的业务系统与公司职能部门。

应用流程

基础资料编码规范遵循的基本原则：分步实施分步准备，先实施模块的相关数据先准备；基本数据先准备，基础数据中必须输入的数据先准备，参考数据后补充。并按照一定的顺序进行确定。

币别→会计科目→计量单位→部门资料→职员资料→客户资料→供应商资料→仓库

资料→物料资料。

一、会计科目的编码规范

会计科目的编码规范可以根据 2007 年国家财政部颁布的《企业会计准则》中所设的会计科目与代码进行。

（1）依次点击桌面左下角【开始】→【程序】→【金蝶 K/3】→【金蝶 K/3 主控台】，进入"金蝶 K/3 系统登录"界面，选择"以命名用户身份登录"，输入任务 1.1.2 中新增的用户名和密码后，单击【确定】按钮即可登录到 K/3 系统中，当然也可以用管理员用户登录，默认用户名为 Administrator，密码为空。如图 1 – 3 – 1 所示。

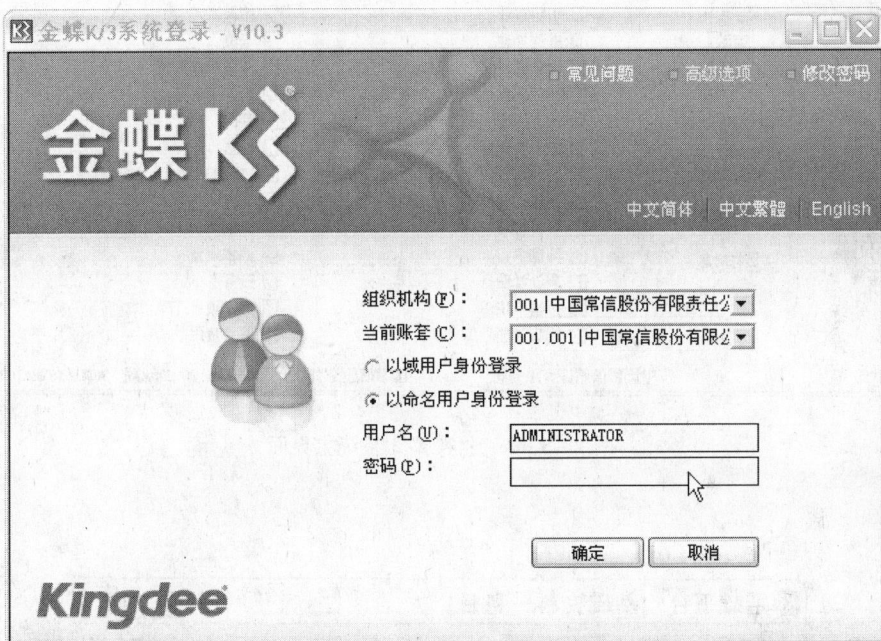

图 1 – 3 – 1　金蝶 K/3 系统登录

小提示

金蝶 K/3 主控台是 K/3 系统客户端程序，对其所做的工作都经中间层服务器处理与解析，数据存储在数据库服务器端。

（2）在金蝶 K/3 系统主界面中，窗口从左至右依次为"系统功能模块"、"系统功能子模块"、"子功能"和"明细功能"，如图 1 – 3 – 2 所示。依次点击【系统设置】→【基础资料】→【公共资料】→【科目】，进入了"基础平台—[基础资料 – 科目]"窗口。

（3）在"基础平台—[基础资料 – 科目]"窗口，如图 1 – 3 – 3 所示。单击菜单栏【文件】→【从模块中引入科目】，弹出"科目模板"对话框，如图 1 – 3 – 4 所示。

（4）从行业中选择"企业会计制度科目"并单击【引入】按钮，弹出"引入科目"对话框，依次单击【全选】→【确定】按钮，即可完成会计科目及编码的引入，如图 1 – 3 – 5 所示。

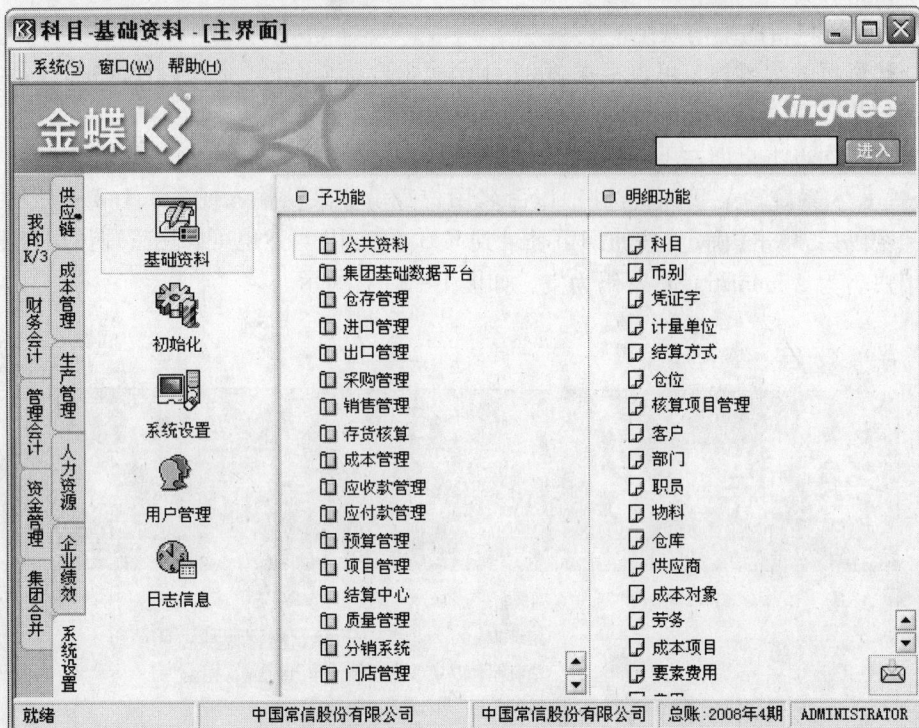

图 1 - 3 - 2　金蝶 K/3 系统主界面

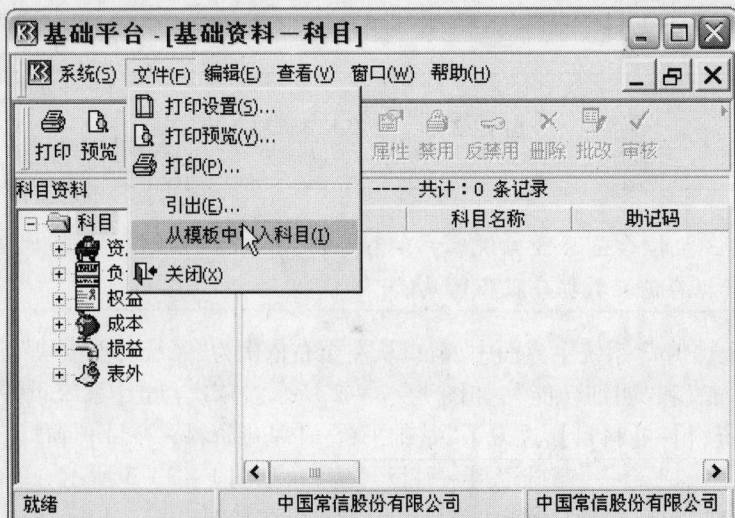

图 1 - 3 - 3　基础平台—[基础资料 - 科目]

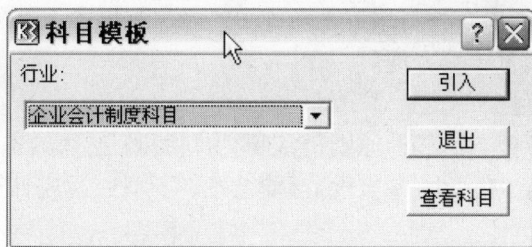

图 1 - 3 - 4 科目模板

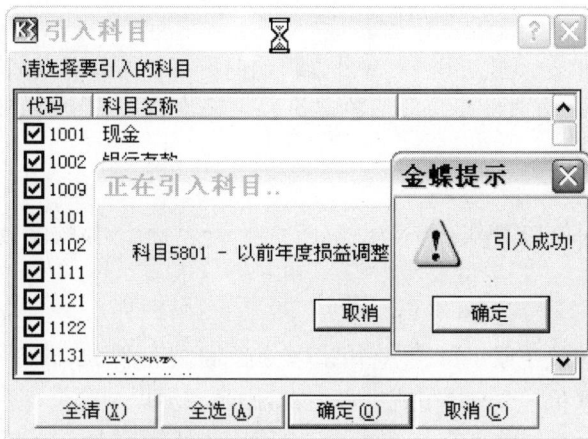

图 1 - 3 - 5 "引入科目"对话框

小提示

在"基础平台——[基础资料-科目]"窗口,系统默认只显示一级会计科目,若要查看明细科目,可以通过单击菜单栏【查看】→【选项】,在弹出的对话框中选中"显示所有明细"选项进行查看。

明细会计科目的新增:单击菜单栏【编辑】→【新增科目】,在弹出的"会计科目—新增"对话框中,依次输入"科目代码"、"科目名称"、"科目类别"及科目附属信息后,单击【保存】按钮即可。

一级会计科目代码与明细会计科目代码之间以小数点"."分隔,例如,"其他货币资金"的明细科目"外埠存款"的代码为 1009.01,其中 1009 表示"其他货币资金",01表示"其他货币资金"中的一部分:"外埠存款"。

至此,会计科目的编码规范与引入已经完成。

二、物料编码规范

1. 物料编码的基本功能

(1)增强物料资料的正确性,使物料数据更加正确,避免一物多名,一名多物的错乱现象。

(2)提高物料管理的工作效率,物料能够有系统地排列,以物料编码代替文字的描述,物料管理简便省事,效率因此提高,利于计算机管理。

（3）便于物料领用,库存物料均有正确统一的名称及规格予以编码,对用料部门的领用以及物料仓库的发料都十分方便。

2. 物料编码的原则

物料编码必须合乎物料编码的原则,合理的物料编码,必须具备下列基本原则:简单性、分类展开性、完整性、单一性、一贯性、可伸缩性、组织性、适应计算机管理、充足性、易记性。

3. 物料编码的方法

目前工商企业所采用的物料编码方法,主要有下列几种:阿拉伯数字法、英文字母法、暗示法、混合法。

在实际企业 ERP 的实施过程中,常是以阿拉伯数字中的分级式数字编码法作为物料编码的工具,采用以一个或数个阿拉伯数字代表一项物料。从物料编码数字的暗示中得悉该物料为何物。

例如:

所有物料编码分几段,先后顺序为“物料类别、物料特征码、顺序号、后缀……”

×	× × ×	……	× ×	……	×
物料类别	物料特征码		顺序号		后缀(可选)

物料类别用一位数字或字母表示,用来区分产品、零部件、原材料、辅助材料等。

物料特征码用 3 位～8 位数字或字母表示,用来表示识别该类物料的特征代码。

顺序号用来表示某一物料在该类物料中的编码顺序,是为了区别同一类物料中的不同物料而设计的。顺序号的长度可根据该类物料的多少确定,但要考虑编码将来的扩展,保留一定的余地。不同类别的物料可以取不同长度的顺序号,如用三位就可表示从“000”到“999”共 1000 种物料。顺序号的长度一旦指定,则该类物料的所有顺序号位必须按指定的长度编写,不足长度的前面用“0”补充。如 001,002,003,090,445 等是正确的,不能用“10”表示第 10 种物料,而应用“010”来表示。如图 1 - 3 - 6 所示。

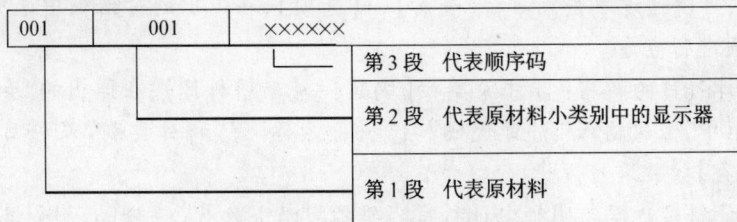

001	001	××××××

第 3 段　代表顺序码

第 2 段　代表原材料小类别中的显示器

第 1 段　代表原材料

图 1 - 3 - 6　物料编码示例

例如,001.001.000001 表示的是原材料大类中显示器小类中的第 1 种显示器。

依此类推,中国常信股份有限公司内所有的物料请查看附录中的相关内容。

三、供应商与客户代码的编码规范

供应商与客户是与企业交往最为密切的关系群体,企业生产所用的原材料由供应商提供,企业所有的产成品都销往往来客户。对于供应商与客户代码的编码,一般也用分级式数字编码,实际实施过程中,一般以电话区号或邮编来代替编码。例如,可以把企业的供应商按地区进行划分,0519.001 表示的是常州地区的某家供应商。

小提示

顺序号也可以用流水号等来代替。

所有基础资料的编码都是以类和层级进行划分的,确定编码规范前,依次对所有类别进行划分,直至最后一层。

在金蝶 K/3 ERP V10.3 版本中,类别又叫作"组"或"上级组"。

计量单位、币别、部门资料、职员资料、仓库等其他基础资料的编码可以依据物料与供应商编码类推。

总　结

为了保证企业 K/3 ERP 系统的顺利实施,保证 K/3 系统各种基础资料编码的科学、规范及完整统一,方便日后的实际使用,按照系统编码原则的要求,结合企业实际情况,确定 K/3 系统的编码原则。该编码既要符合中国常信股份有限公司的实际业务管理需要,又要符合 K/3 系统的软件操作要求,按照 K/3 系统的实施工作流程,为下一阶段的实施工作打下基础。

思　考

请依据附录中提供的基础资料内容,确定各项资料的编码规范。

任务1.4　基础资料数据收集与录入

能力目标

(1) 能根据企业基础管理的要求,采集、整理各类基础数据。

(2) 能进行具体的编码(主要是静态数据的整理)。

支撑知识

(1) ERP 系统需要用到的基础资料。

(2) 基础资料(静态数据)的收集方法。

可展示成果

各种基础数据清单(部门、人员、计量单位、客户、供应商、物料、设备、加工中心、产品生产工艺等)。

任务1.4.1　静态基础数据收集与录入

背景信息

编码规范整理完成后,就需要按确定的编码原则与规范来收集基础资料,基础资料的收集工作在整个 ERP 软件系统实施阶段占有较大的比重,一般占总体工作量的30%左右。根据客户方企业物料与基础资料数量的多少来具体决定工作所需要的时间,一般为

40 个 ~60 个工作日,而整个 ERP 软件的实施工作大致需要 6 个 ~10 个工作日。

功能介绍

在金蝶 K/3 系统主界面中,依次点击【系统设置】→【基础资料】→【公共资料】,在明细功能模块窗口就能看见实施企业所需准备的基础资料。在准备静态基础资料时,依据一定的顺序进行收集与整理:币别→会计科目→计量单位→部门资料→职员资料→客户资料→供应商资料→仓库资料→物料资料。

具体基础资料的功能操作有新增、修改、删除、禁用和反禁用等。

小提示

基础资料的禁用:基础资料一旦被使用后,在系统中就不能删除了。但是在基础资料或者录入单据时又不想看到这些数据,则可以使用禁用功能来解决这个问题。如果要禁用某一基础资料,则先选中该基础资料,然后在菜单上选择【编辑】→【禁用】或右击选择【禁用】。禁用后该基础资料在浏览界面上看不到,禁用后该基础资料不能被修改、删除,其他系统也不能使用该项基础资料。

基础资料在禁用后可以通过菜单栏【编辑】→【反禁用】或右击选择【反禁用】来重新使用该基础资料。

禁用后的基础资料可以通过单击菜单栏【查看】→【选项】,并在弹出的窗口中选中"显示禁用基础资料"选项来进行查看。

实践案例

按照币别→会计科目→计量单位→部门资料→职员资料→客户资料→供应商资料→仓库资料→物料资料的顺序,对中国常信股份有限公司的各项基础资料进行收集并录入到系统中。具体数据请查阅附录中的相关内容。

应用流程

一、新增币别

在金蝶 K/3 系统主界面中,依次点击【系统设置】→【基础资料】→【公共资料】→【币别】,进入"基础平台—[币别]"窗口,单击工具栏【新增】按钮弹出"币别—新增"对话框,在对话框中依次填入如图 1 - 4 - 1 所示的内容,最后单击【确定】按钮。

二、修改现有会计科目

1. 新增明细科目

在上节中已根据"会计工作制度科目"中提供的会计科目模板把相应的科目引入到 Kingdee K/3 V10.3 ERP 系统中,现根据企业需要在 1002 银行存款科目下新增两个明细科目:"建设银行—美元"和"工商银行—人民币"。

在"基础平台—[基础资料—科目]"窗口,如上节图 1 - 3 - 3 所示,在左边窗格选择"资产"→"流动资产"后,右边窗格随之就会显示"流动资产"下的所有会计科目,先单击右边窗格的空白地方,再单击工具栏上【新增】按钮,就会弹出"会计科目—新增"对话框,在对话框中依次填入如图 1 - 4 - 2 中的内容,最后单击【保存】按钮。

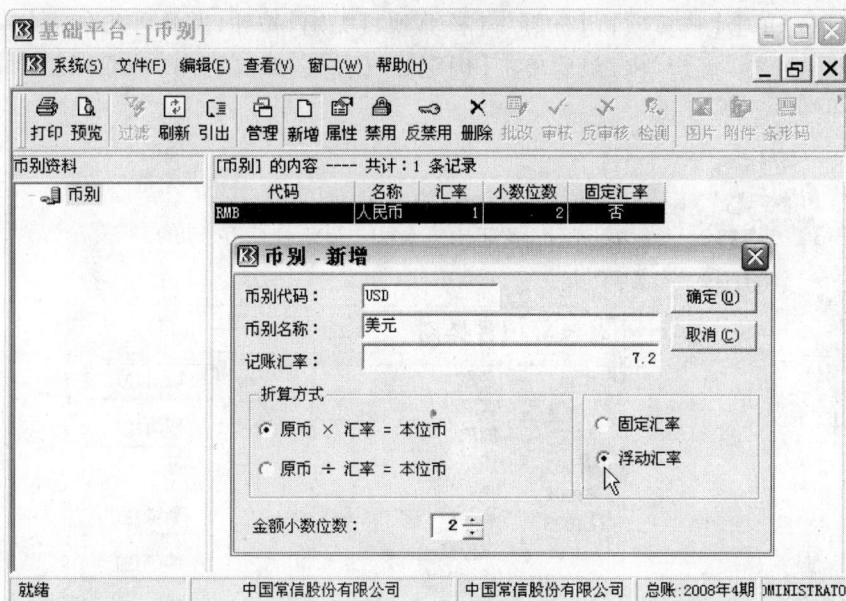

图 1-4-1 币别—新增

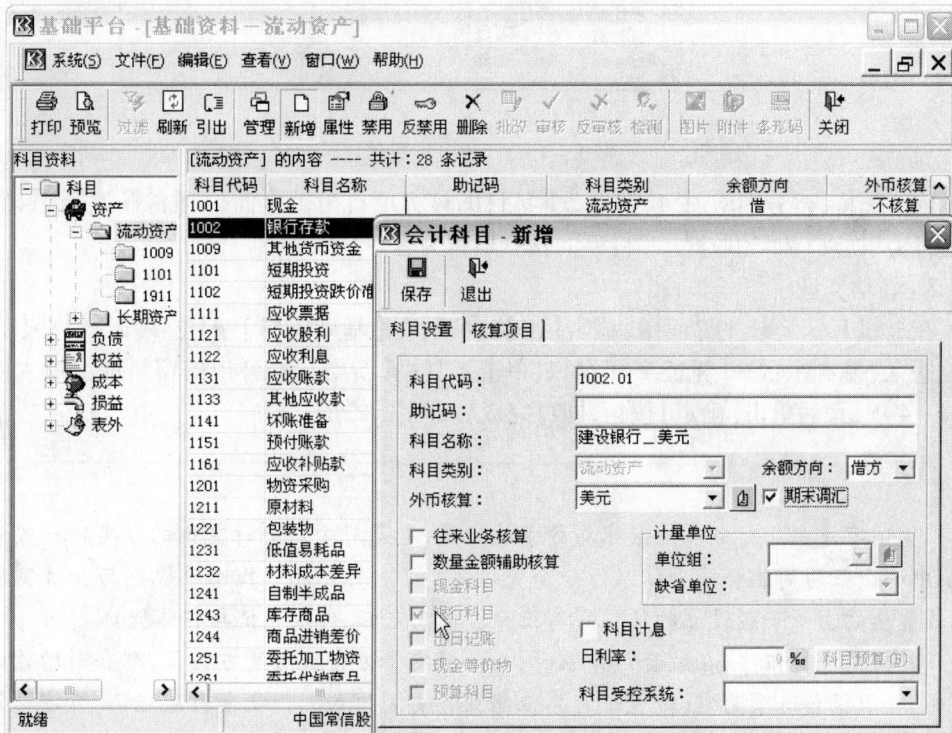

图 1-4-2 会计科目—新增

"工商银行—人民币"明细会计科目依此类推。

2. 修改往来科目的核算项目

在"基础平台—[基础资料－科目]"窗口，双击"应收账款"科目，弹出"会计科目—

修改"对话框,单击【核算项目】标签→【核算项目类别】按钮,并从弹出的"核算项目类别"对话框中选择"客户"项,最后单击【确定】→【保存】来保存对"应收账款"科目的修改,如图 1 - 4 - 3 所示。

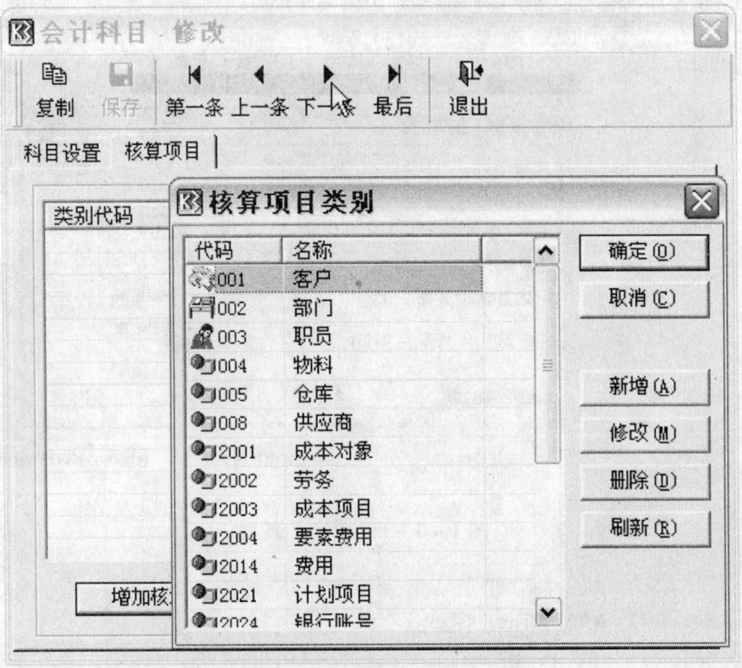

图 1 - 4 - 3 修改核算项目

依此类推,再分别增加"应付账款"科目的核算项目为供应商;"预付账款"科目的核算项目为供应商和"预收账款"科目的核算项目为客户。

3. 新增凭证字

在金蝶 K/3 系统主界面中,单击【系统设置】→【基础资料】→【公共资料】→【凭证字】,进入"基础平台—[凭证字]"窗口,单击工具栏【新增】,在弹出的窗口依次填入如图 1 - 4 - 4 项,最后单击【确定】按钮,即可完成凭证字的添加。

> **小提示**
>
> 凭证字是企业财务会计做账与分录的记号,也是对企业会计凭证的分类。一般来说,中小企业为简化会计手续只设一个凭证字:记。对会计工作比较规范与会计制度比较健全的企业一般设立的凭证字有三个:收款凭证、付款凭证与转账凭证。
>
> 针对某一凭证字,在做会计分录时,无法确定借方科目与贷方科目,则在新增凭证字时,可以保留选项为空,做凭证时再依据业务类型填入。但现金付款凭证,贷方则必有现金 1001;对银行收款凭证,借方必有银行存款 1002。

三、新增计量单位

新增计量单位前要先新增计量单位组,之后再新增计量单位组所对应的计量单位。需注意的是,每一个计量单位组里有且只有一个默认计量单位,默认计量单位的换算率必为 1。

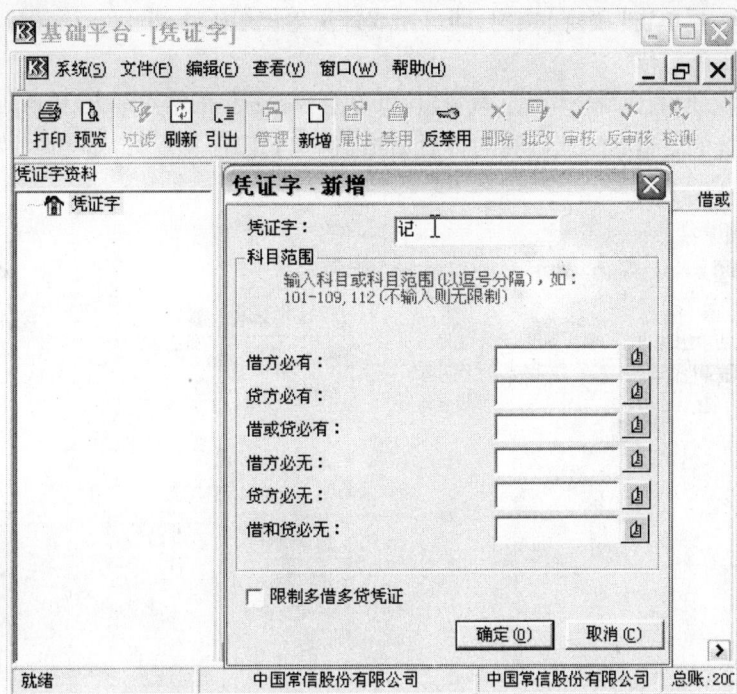

图 1 - 4 - 4　新增凭证字

1. 新增计量单位组

计量单位组是对具体计量单位的分类,为了不易引起混淆和方便起见,一般在一个计量单位组中只设立一个计量单位。当然也可以根据计量单位的性质进行分类,例如,可以把数量的计量单位划分为一组,把重量的计量单位划分为一组等。

在金蝶 K/3 系统主界面中,依次点击【系统设置】→【基础资料】→【公共资料】→【计量单位】,进入"基础平台—[计量单位]"窗口,先单击左边窗格的空白地方,再单击工具栏【新增】项,即可弹出"新增计量单位组"对话框。如图 1 - 4 - 5 所示,输入计量单位组

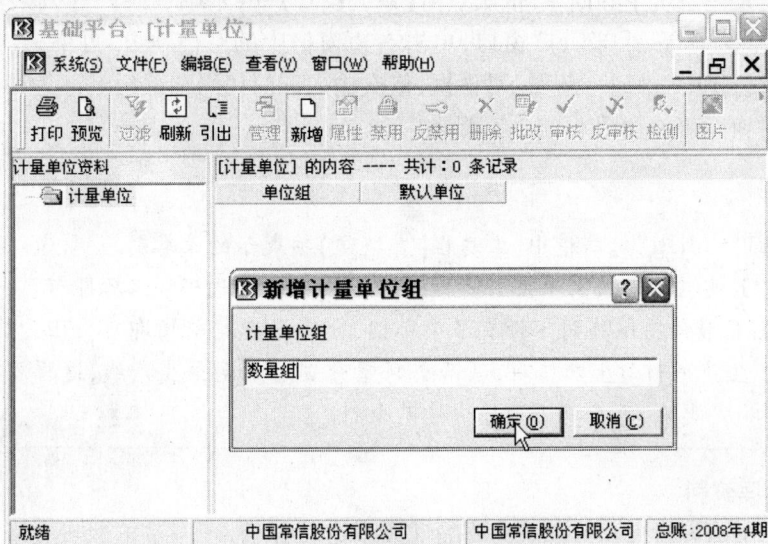

图 1 - 4 - 5　新增计量单位组

名称为数量组,再单击【确定】按钮,即可完成计量单位组的添加。

2. 新增计量单位

先选中刚添加的计量单位组:数量组,再单击右边窗格的空白地方,单击工具栏【新增】按钮,填入计量单位相应的代码和名称后单击【确定】按钮,即可完成添加。如图 1 - 4 - 6 所示。

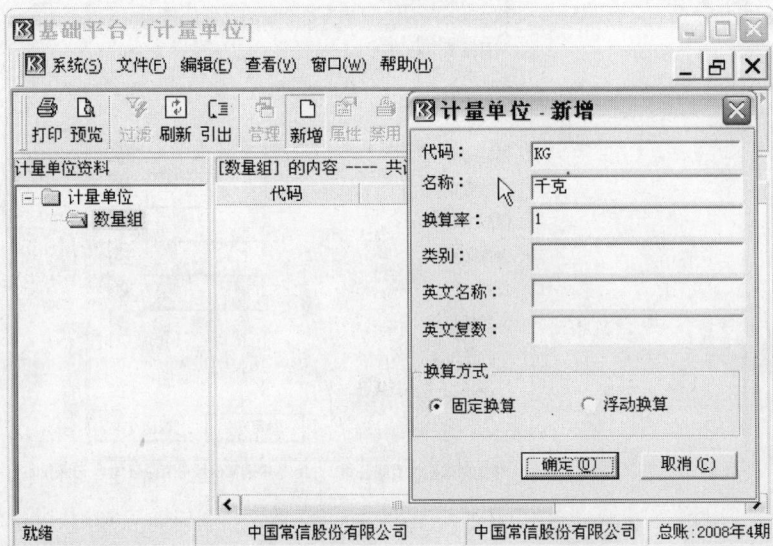

图 1 - 4 - 6　新增计量单位

四、新增部门资料

部门是企业经营和组织的单元,企业内部的职员以部门为类别进行划分,某些财务成果与费用也是以部门为单位进行核算,一般来说,只需将现实中企业的各个部门按类别添加到软件系统中即可。

在金蝶 K/3 系统主界面中,依次点击【系统设置】→【基础资料】→【公共资料】→【部门】,进入"基础平台—[部门]"窗口,单击右边窗格中的空白地方,再单击工具栏中【新增】按钮,就会弹出"部门—新增"对话框,依次输入部门代码和部门名称等相关信息后单击【保存】按钮即可。如图 1 - 4 - 7 所示。

小提示

在"部门—新增"对话框中,工具栏【上级组】项表示的是类别。

新增"上级组"时,只需单击工具栏【上级组】项输入代码和名称即可。

中国常信股份有限公司下设有多个部门,大多数直接新增即可。但是,生产部下设两个科:生产一科与生产二科,这两个科室分别负责两条生产线,这样就要求生产部是上级组,是类别,再在其下面分设这两个科。

五、仓库资料

仓库的基础资料可以按存放的物品性质来进行分类,中国常信股份有限公司下设三个实仓:原材料仓库、半成品仓库和产成品仓库;对于与往来单位的赠与商品,公司专设

图 1 - 4 - 7 新增部门

了一个虚仓：赠品仓库。

在金蝶 K/3 系统主界面中，依次点击【系统设置】→【基础资料】→【公共资料】→【仓库】，进入"基础平台—[仓库]"窗口，先单击右边窗格的空白地方，再单击工具栏【新增】项，弹出"仓库—新增"对话框，在其中输入仓库代码与仓库名称后，单击【保存】按钮即可。如图 1 - 4 - 8 所示。

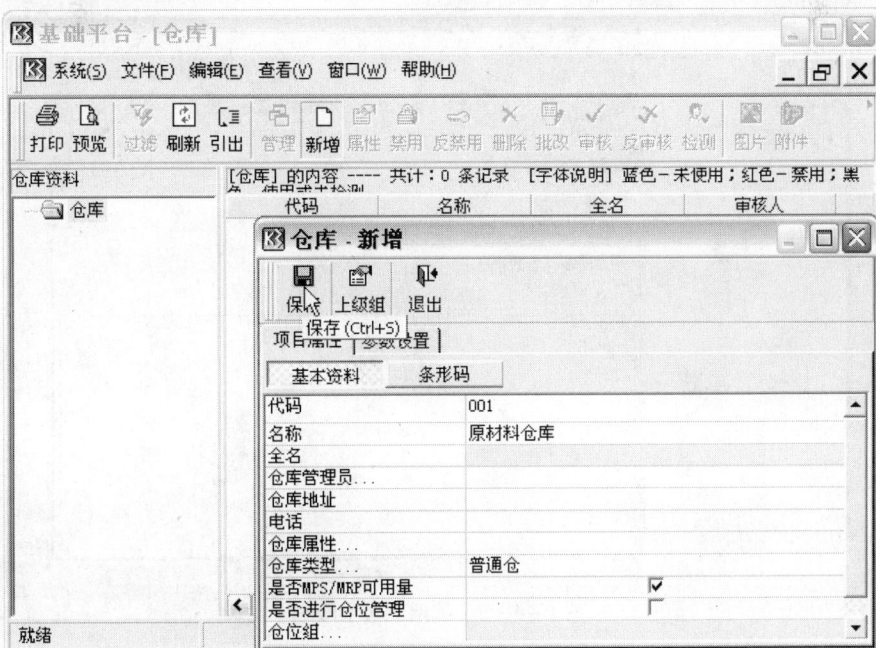

图 1 - 4 - 8 新增仓库

小提示

　　上图中的仓库管理员等信息可以在确定职员后再进行添加。

　　待检仓库与赠品仓库一样属于虚仓，虚仓内存放的物品都没有正式发票或发票尚未送达呈在检状态，在财务中无法入账，所以虚仓只核算数量，不核算金额，虚仓的管理只要数量正确即可。而实仓是通过外购或自制方式得到的，需要明确其数量与金额。

　　仓库中的仓位，也即仓库中物品存放的位置，一般是物资管理较为严格的企业设置；仓位也是通过组（类别）来管理的，一个仓库中可以包含多个仓位组，一个仓位组可以包含多个仓位。

六、职员资料

　　职员是企业实际业务的操作者，也是进行某些统计的指标和依据，它一般以部门进行归类。这样部门就是其上级组，职员从属于部门。所以在新建职员之前，先要以部门为类别新建上级组。

1. 新增职员上级组（按部门类别）

　　在金蝶 K/3 系统主界面中，依次点击【系统设置】→【基础资料】→【公共资料】→【职员】，进入"基础平台—[职员]"窗口，先单击右边窗格的空白地方，再单击工具栏【新增】项，弹出"职员—新增"对话框，单击【上级组】，依次输入部门代码与部门名称后，单击【保存】按钮即可。如图 1 - 4 - 9 所示。

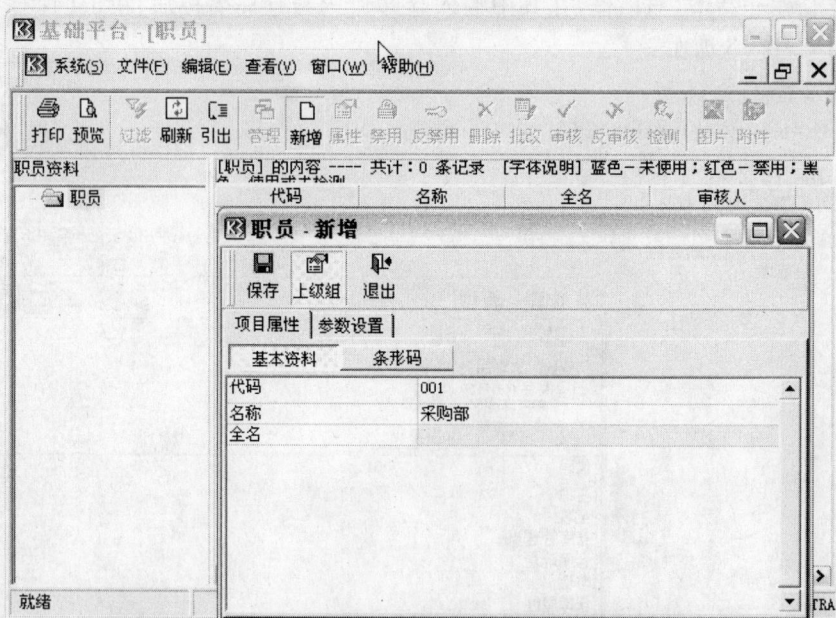

图 1 - 4 - 9　新增职员上级组

2. 添加职员

　　在"基础平台—[职员]"窗口中，先单击左边窗格中的某个上级组，再单击右边窗格的空白地区,再单击工具栏【新增】项,弹出"职员—新增"对话框,确保【上级组】按钮没有被按下,在对话框中输入职员代码与职员名称等相关信息后,单击【保存】按钮即可。如图 1-4-10 所示。

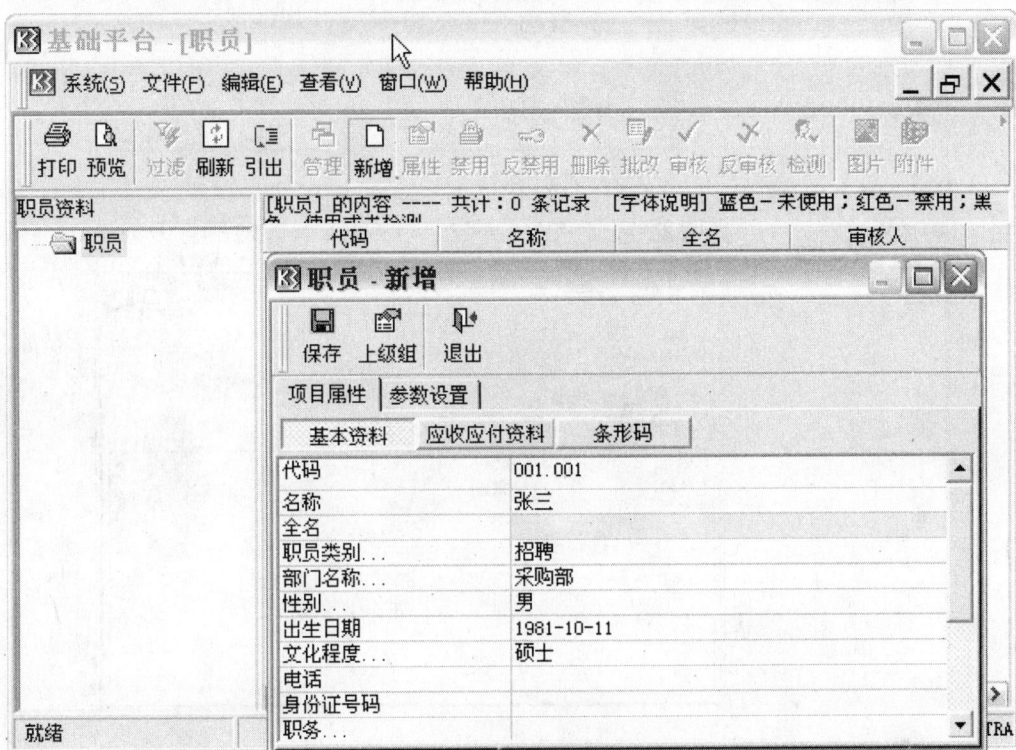

图 1-4-10 新增职员

小提示

职员是以部门为上级组,上级组仅仅是个名称,与基础资料中的部门无实际联系。职员与登录系统的 ERP 系统用户也无实际联系。

七、客户资料与供应商资料

客户与供应商是企业的往来单位,客户是企业商品的销售对象,企业在财务上是客户的债权人;而供应商是企业原材料的提供者,在财务上是企业的应付对象,企业是债务人。在实际实施过程中,客户与供应商数量较多时,可以按地区进行分组,数量较少时可以按流水号来分组。所以在新建客户与供应商数据之前,要按类别新建上级组。

1. 新增客户上级组(按地区分类)

在金蝶 K/3 系统主界面中,依次点击【系统设置】→【基础资料】→【公共资料】→双击【客户】项,进入"基础平台—[客户]"窗口,先单击右边窗格的空白地方,再单击工具栏【新增】项,弹出"客户—新增"对话框,单击【上级组】按钮,从中输入地区代码与地区名称后,单击【保存】按钮即可。如图 1-4-11 所示。

小提示

客户与供应商通常按地区分类,以地区名为类别名,以地区的电话号码区号为类别编号。

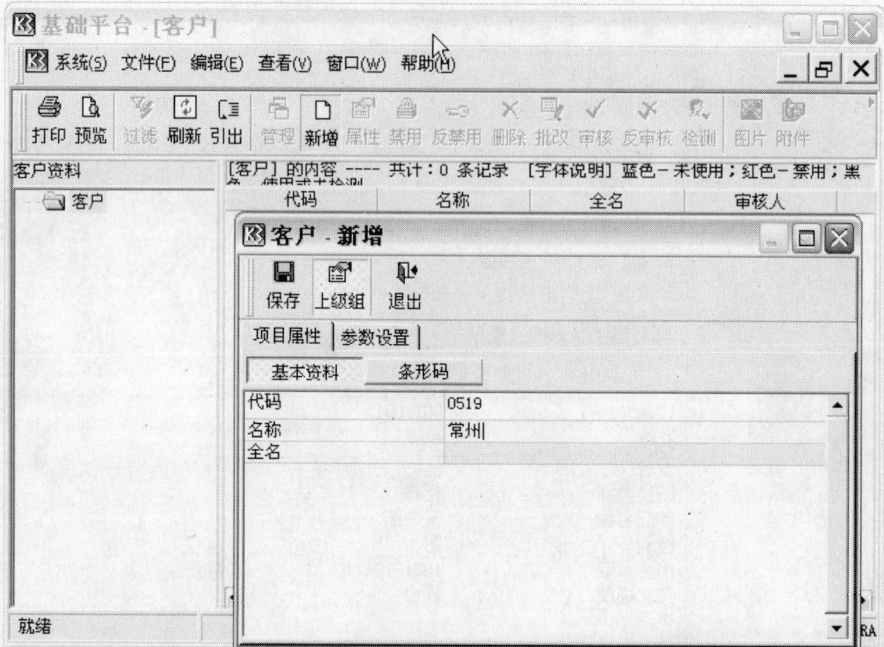

图 1 - 4 - 11 新增客户上级组

2. 新增客户

进入"基础平台—[客户]"窗口先单击左边窗格中的某个上级组,再单击右边窗格的空白地区,再单击工具栏【新增】按钮,弹出"客户—新增"对话框,确保【上级组】按钮没有被按下,在对话框中输入客户代码与客户名称等相关信息后,单击【保存】按钮即可。如图 1 - 4 - 12 所示。

小提示

供应商的新增与客户资料基本类似,可以参照完成。

八、物料资料

物料的准备工作,在整个静态基础数据准备过程中占有较大的比重,即使是一般的中小型企业也有 2000 种至 8000 种物料,某些制造类企业的物料种类数多达几万种。中国常信股份有限公司以生产和销售计算机为主打产品,其物料主要以零部件与产成为主,物料数较少,分类也较简单。

1. 新增物料上级组(按物料性质分类)

在金蝶 K/3 系统主界面中,依次点击【系统设置】→【基础资料】→【公共资料】→【物料】,进入"基础平台—[物料]"窗口,先单击右边窗格的空白地方,再单击工具栏【新增】

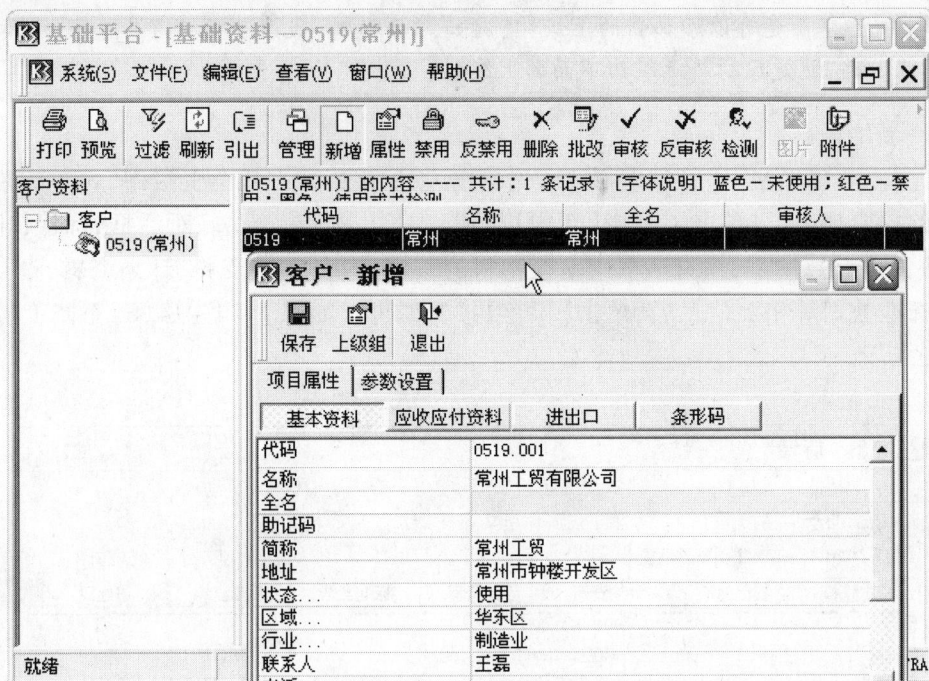

图 1-4-12　新增客户

项,弹出"物料—新增"对话框,单击【上级组】按钮,依次输入上级组代码与名称后,单击
【保存】按钮即可。如图 1-4-13 所示。

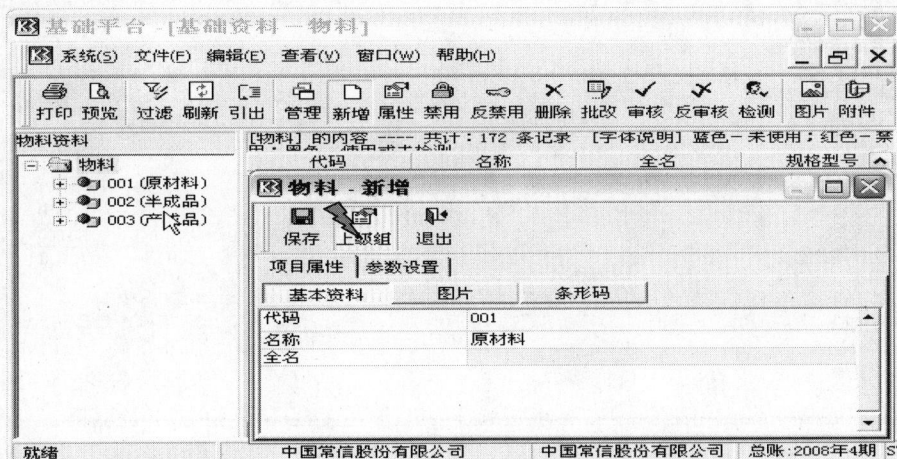

图 1-4-13　新增物料上级组

> **小提示**
>
> 　　上级组下面还可以添加新的上级组,例如,"原材料"大类下面分了"内存"小类,这样,"内存"就是原材料上级组下面的上级组。

　　2. 新增物料

　　进入"基础平台—[物料]"窗口,先单击左边窗格中的某个上级组,再单击右边窗格的空白地区,再单击工具栏【新增】按钮,弹出"物料—新增"对话框,确保【上级组】按钮没有被按下,在对话框中输入物料的基本资料、物流资料、计划资料、设计资料与标准数据等相关信息后,单击【保存】按钮即可。如图 1 - 4 - 14(a)至图 1 - 4 - 14(e)所示。

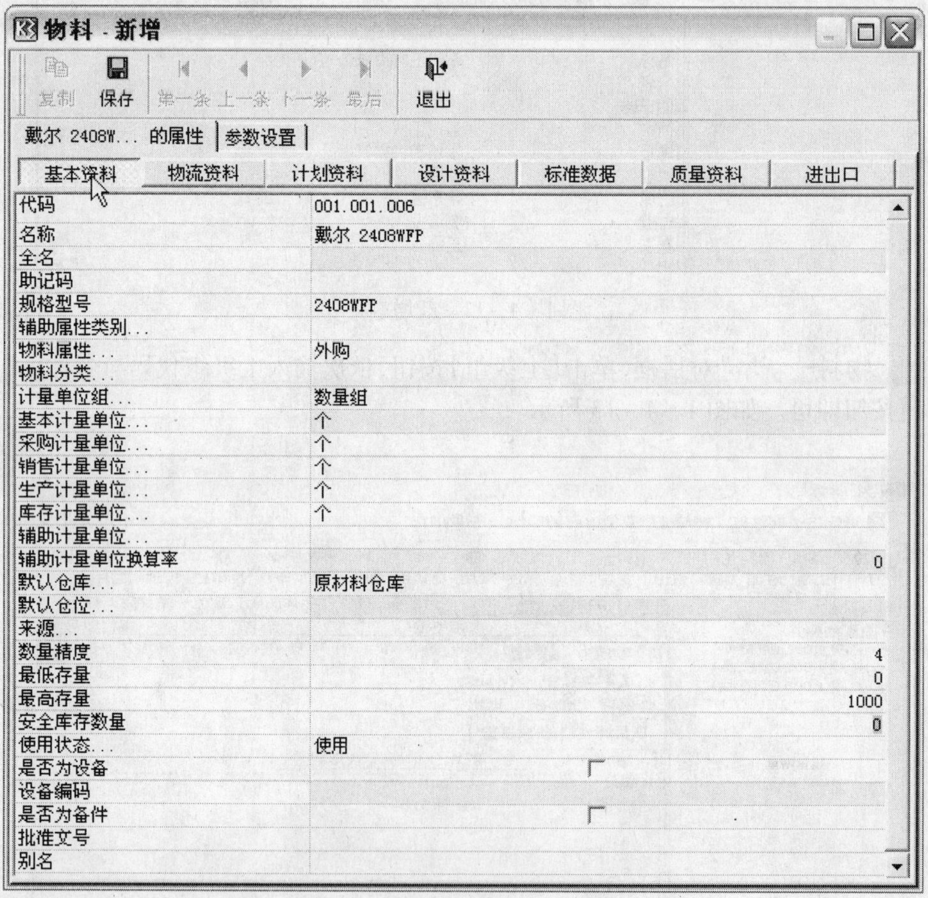

图 1 - 4 - 14(a)　物料的基本资料

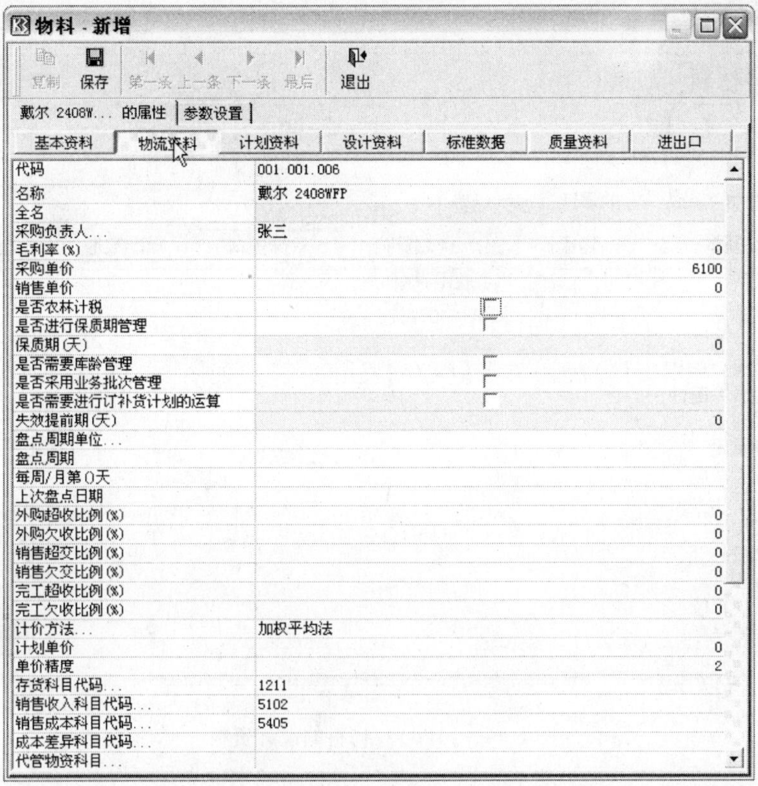

图 1-4-14(b)　物料的物流资料

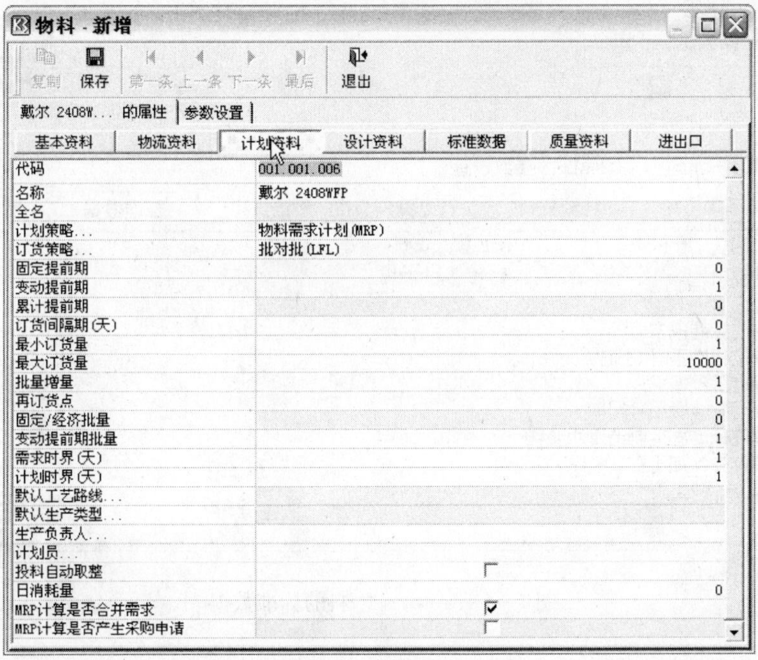

图 1-4-14(c)　物料的计划资料

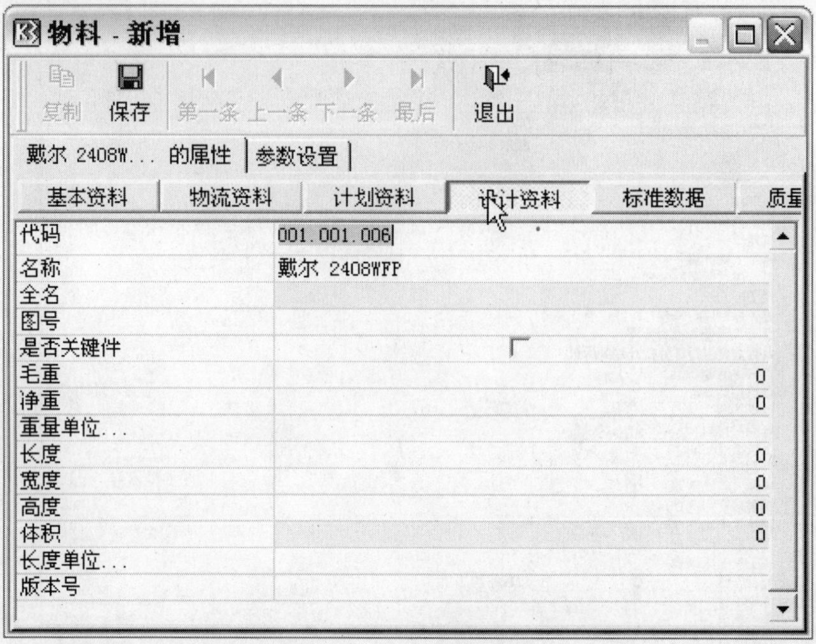

图 1-4-14(d)　物料的设计资料

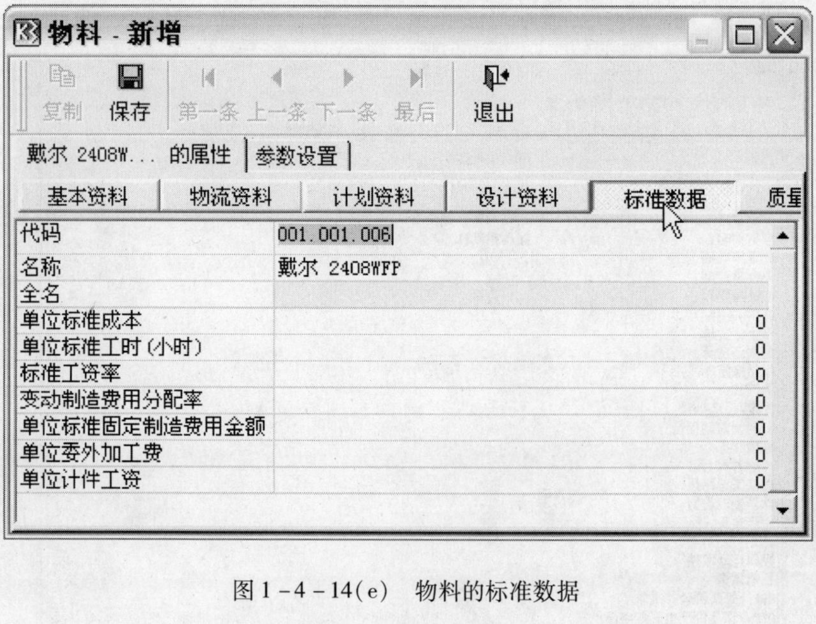

图 1-4-14(e)　物料的标准数据

小提示

物料代码是由上节编码原则与规范所确定的,物料名称可以相同,但代码不允许相同,对于复杂的物料,如一种名称有多种规格的物料,可以把规格填在物料名称后面,以示区分。

物料属性一般有外购、自制、委外和虚拟件等,这里的虚拟件是指为了方便物料管理与 BOM 层次划分设置的虚拟物料,它不会产生出入库操作,而委外是指委托外部加工单位加工的物料。

物料的最高、最低库存一般由仓库与采购人员共同设置,由其来确定采购批量。

物料的代码必须是长代码形式,即一定要包括所有上级组的代码。

物流资料主要指的是与采购、销售、仓储相关的资料,主要包括采购单价、销售单价、库存计价方法以及相应的会计科目。一般来说,原材料的销售收入科目为"其他业务收入",销售成本为"其他业务成本",在仓库中使用加权平均法来核算。

"成本差异科目"是在计划成本法下采用的,企业若使用的是实际成本法,则不需设置,保留为空即可。

计划资料主要确定的是与采购和生产相关的资料,对于外购件通过提前期的设定,来确定采购周期;而对于自制件,提前期的设定是指生产的时间间隔或生产提前期。订货策略指的是物料采购的策略。

订货批量、最小/最大订货量、再订货点,这几项数据是用来确定最佳的订货批量,以保证采购成本最低。

计划策略一般是针对自制件而言,可以选择用 MRP 还是 MPS 来计算所需零部件,进而安排生产或采购计划。

设计资料主要针对产品的物理属性而言。

标准数据一般是针对车间的生产工人工资而言,以它来计算工人工资。

九、利用金蝶 K/3 系统工具进行数据导入导出

基础资料特别是物料的准备工作,在整个静态基础数据准备过程中任务十分繁重、复杂,并且涉及多个部门之间的沟通与协调,极易出错和返工。为了解决上述问题,金蝶 K/3 ERP V10.3 提供了一种快捷方便的方法来导入物料数据,实施 ERP 的客户企业可以先由技术部门确定物料代码与设计资料,再由采购部门确定采购单价、采购提前期等,由销售部门提供销售单价,生产部门提供生产提前期,财务部门提供会计科目代码等后,将准备好的物料信息按一定的格式存放在 Excel 电子表格中,就可以通过 K/3 系统自带的数据交换平台来完成对数据的导入,大大地减少了企业人员的工作量。

单击桌面左下角菜单【开始】→【程序】→【金蝶 K/3 系统工具】,将打开"金蝶 K/3 系统工具"窗口,如图 1-4-15 所示。

点击【数据交换工具】→【K/3 数据交换平台】,随之弹出"系统登录"界面,输入用户名与密码后就进入了"数据交换平台"窗口,如图 1-4-16 所示。

在上面的窗口中,单击【基础资料】→【新建任务】,弹出"基础资料数据导入导出向导"对话框,单击【下一步】→【导入基础资料数据】,输入相应用户名和密码后再单击【下

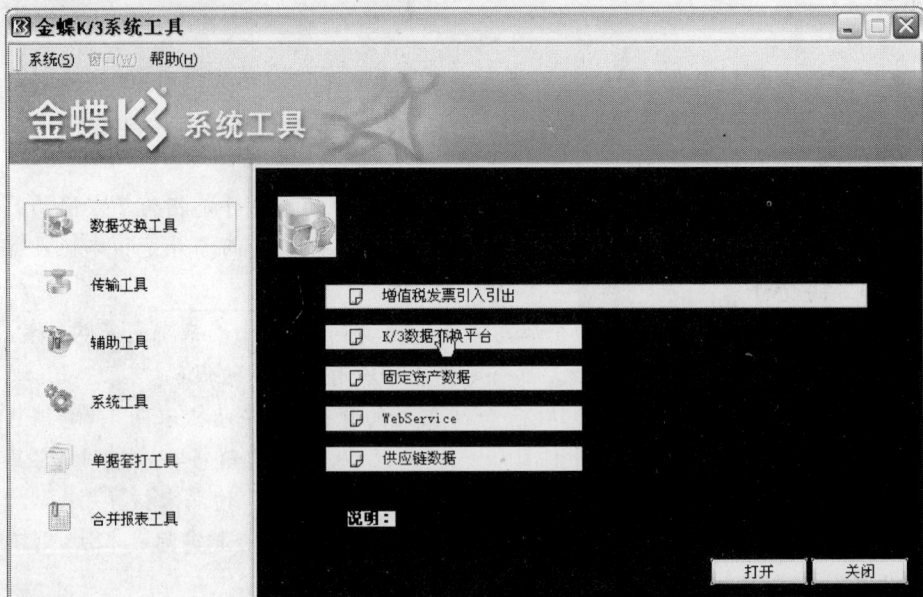

图 1 - 4 - 15　金蝶 K/3 系统工具

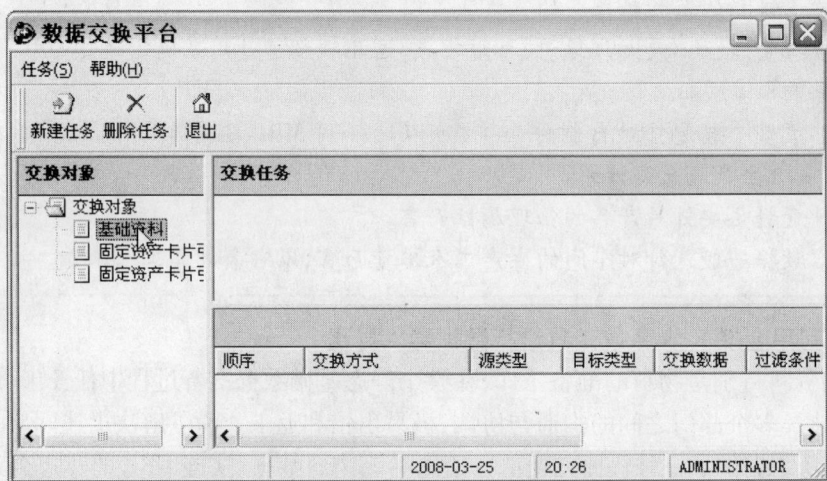

图 1 - 4 - 16　数据交换平台

一步】，随之弹出选择基础资料类别的对话框，从中选择"物料"，如图 1 - 4 - 17 所示。

小提示

选择"覆盖模式"，系统将用 Excel 表格中的物料来覆盖 ERP 中已经存在的相同物料代码的物料；若选择"追加模式"，则基础资料数据交换平台只会添加那些系统中没有的物料，已经存在的物料不会重复添加，为了数据安全起见，一般选择"追加模式"。

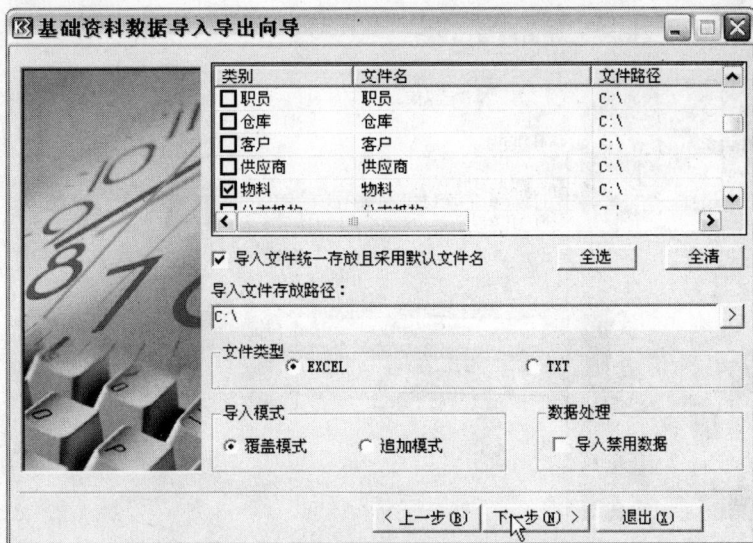

图 1 - 4 - 17 基础资料数据导入导出向导

再次单击【下一步】按钮,如图 1 - 4 - 18 所示,选择"立即执行",并单击【下一步】。

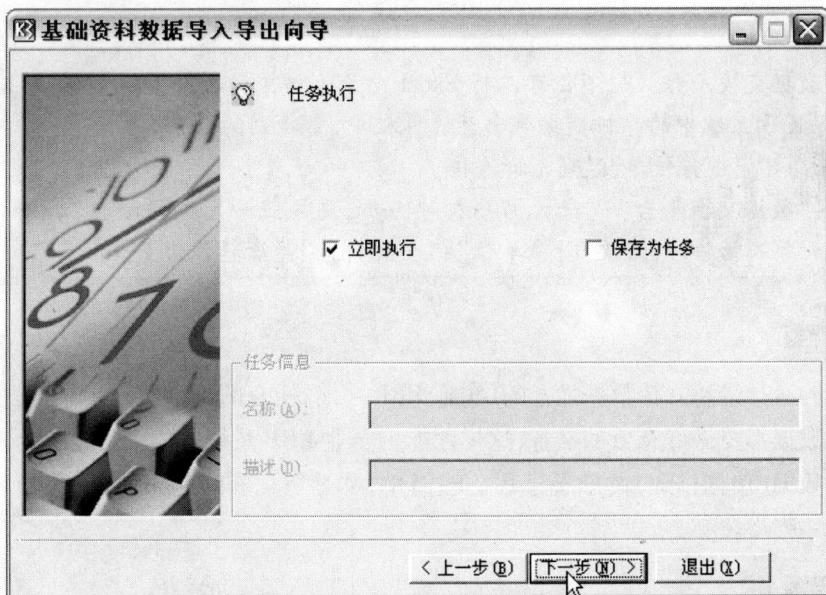

图 1 - 4 - 18 基础资料数据导入导出向导

数据导入后,将显示导入过程中的相关信息,若有某些行导入失败,也将会显示失败信息,如图 1 - 4 - 19 所示。

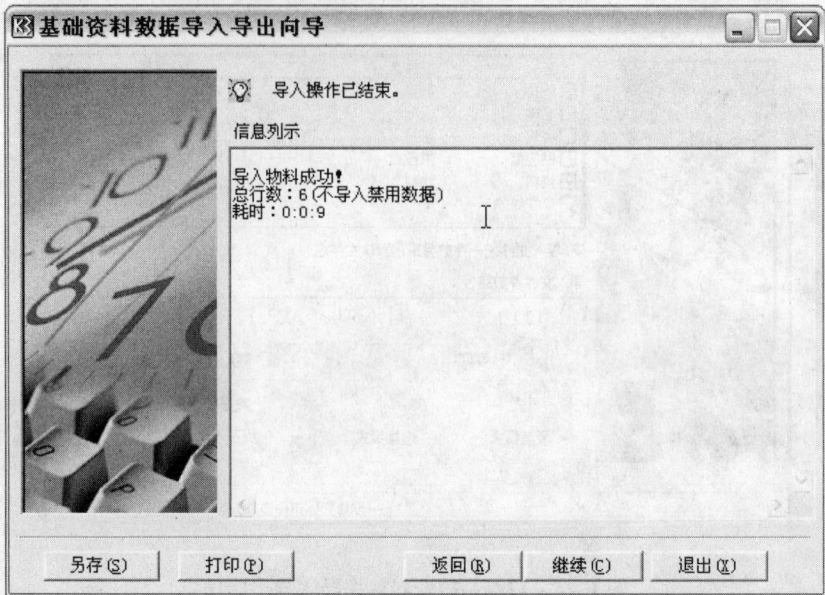

图 1-4-19   基础资料数据导入导出向导

小提示

在"数据交换平台"中,不但可以将 Excel 电子表格中的数据导入到 K/3 系统中,还可以将 K/3 系统中的基础数据导出至计算机中,更特别的是,它还可以将基础数据在多个账套之间进行传递,做到无缝连接。

使用"数据交换平台"进行数据导入时,一定要按照一定顺序进行,否则将会出错。例如,导入物料时,需要"计量单位"、"会计科目"等资料作为支撑。

总   结

企业的运行是建立在数据之上的,实施 ERP 之前,所有的基础资料,不管是静态数据还是动态数据都要做好充分的准备,这样才能为企业 ERP 系统的成功实施打下夯实的基础。动态数据(单据格式)的准备过程比较简单,甚至可以在实施过程中再进行设置,这里不再一一列举。

思   考

1. 如何保证企业基础数据准备的正确性?
2. 在基础数据的准备过程中,如何按部门进行分工?
3. 基础资料的编码规范与数据的录入有何关联?
4. 对于某几种物料,名称相同规格不同,录入时如何处理?

任务 1.4.2　期初初始数据收集与录入

背景信息

中国常信股份有限公司 2008 年 3 月份购买了金蝶 K/3 V10.3 ERP 软件系统,从 4 月份开始正式使用 ERP 软件系统来全面代替传统的手工业务操作,并且全面覆盖企业内部所有部门,采购、销售、仓储、生产与财务全面上线,这就要求企业在 3 月底完成全部的初始化工作。仓库部门要将 3 月底的仓存数据输入到系统中,采购部门要统计以前月份未收到采购发票的入库数据,销售部门也要得到以前月份未开具销售发票的出库数据,财务部门也要统计 3 月底各个会计科目的余额。这些期初初始数据都要输入到系统中,以便系统正式结束初始化。

功能介绍

科目初始余额。完成了创建账套、系统设置、基础资料设置等基础设置后,接下来要进行的就是初始数据录入,确保初始数据准确、完整地录入后,就可以结束初始化,启用账套,进行日常业务的处理。

> **小提示**
>
> 会计科目的初始余额应在不同的币别下完成,最后试算平衡时采用综合本位币。
> 关于未开具销售发票的销售出库单(也称作未核销的销售出库单),一般企业可以不用准备,因为发票的出具者是企业本身,企业可以随时开具,但未收到采购发票的入库单则必须填入。
> 财务系统的期初数据与业务系统的初始数据无直接关系。

实践案例

中国常信股份有限公司的各项期初初始数据有:暂估入库单 2 张,未核销的销售出库单 2 张。其他期初数据请查阅附录中的相关内容。

应用流程

一、设置系统核算参数

1. 设置核算参数

在金蝶 K/3 系统主界面中,依次点击【系统设置】→【初始化】→【生产管理】→【核算参数设置】,进入"核算参数设置向导"对话框,如图 1-4-20 所示。

从对话框中选择"启用年度"为 2008 年,启用期间为第 4 期,单击【下一步】,如图 1-4-21 所示。

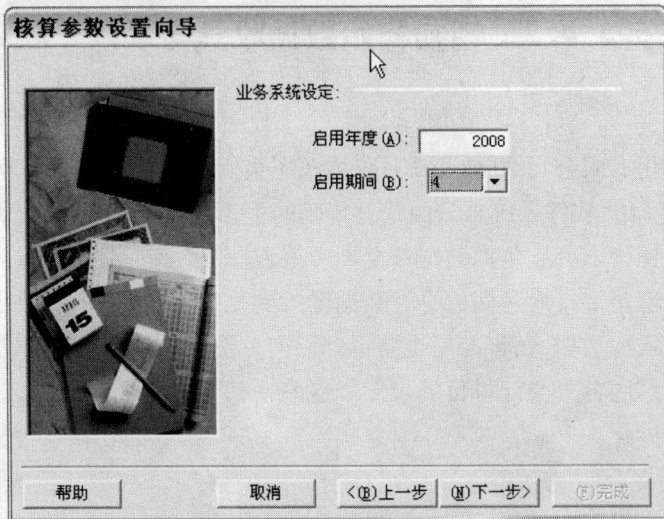

图 1 - 4 - 20　核算参数设置向导一

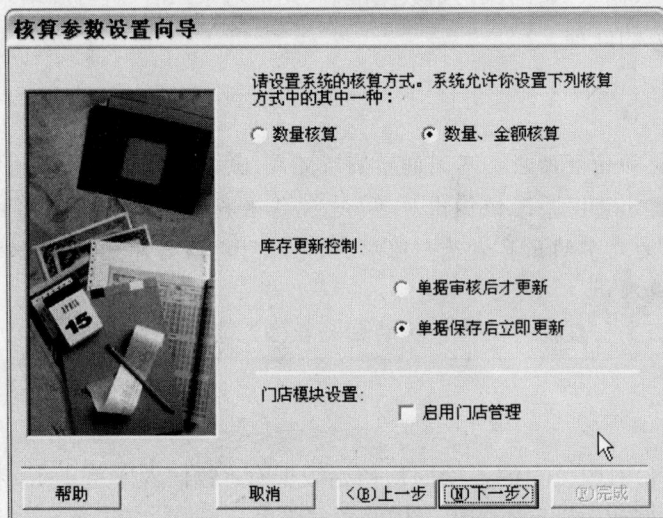

图 1 - 4 - 21　核算参数设置向导二

┌─ **小提示** ─────────────────────────────────┐

　　数量金额核算是指仓库内所有的物品,不但要明确其数据,还要知道其金额。
　　单据审核后才更新指的是只有当某个出入库单据得到审核以后,才更新仓库内的
数据,而在单据保存时不会更新仓库的数据。继续单击【下一步】直至【完成】。

└───┘

　　2. 设置工厂日历

　　在金蝶 K/3 系统主界面中,依次点击【系统设置】→【初始化】→【生产管理】→【工厂
日历】,进入"工厂日历"对话框,如图 1 - 4 - 22 所示,直接单击【保存】→【退出】按钮。

图 1 - 4 - 22 工厂日历

二、会计科目余额

中国常信股份有限公司财务系统是在 2008 年第 4 期启用,所以其会计科目余额应是 2008 年 3 月底的数据。

在金蝶 K/3 系统主界面中,依次点击【系统设置】→【初始化】→【总账】→【科目初始数据录入】,进入"总账系统—[科目初始余额录入]"对话框,如图 1 - 4 - 23 所示。在期初余额列填入各项会计科目的余额。具体数据请参见附录中的相关内容。

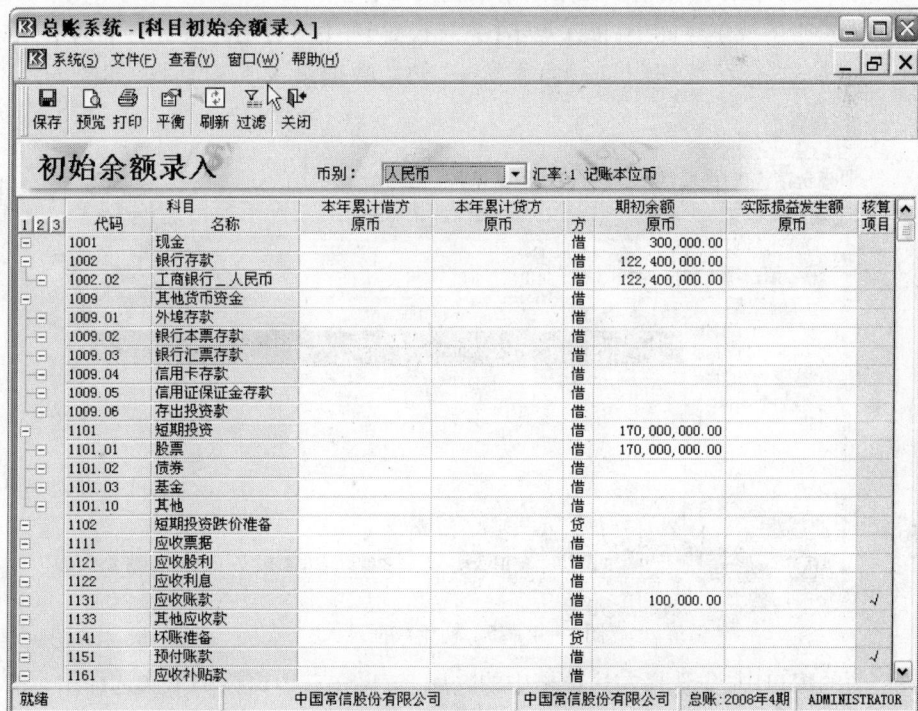

1 2 3	代码	科目 名称	本年累计借方 原币	本年累计贷方 原币	方	期初余额 原币	实际损益发生额 原币	核算项目
	1001	现金			借	300,000.00		
	1002	银行存款			借	122,400,000.00		
	1002.02	工商银行_人民币			借	122,400,000.00		
	1009	其他货币资金			借			
	1009.01	外埠存款			借			
	1009.02	银行本票存款			借			
	1009.03	银行汇票存款			借			
	1009.04	信用卡存款			借			
	1009.05	信用证保证金存款			借			
	1009.06	存出投资款			借			
	1101	短期投资			借	170,000,000.00		
	1101.01	股票			借	170,000,000.00		
	1101.02	债券			借			
	1101.03	基金			借			
	1101.10	其他			借			
	1102	短期投资跌价准备			贷			
	1111	应收票据			借			
	1121	应收股利			借			
	1122	应收利息			借			
	1131	应收账款			借	100,000.00		√
	1133	其他应收款			借			
	1141	坏账准备			贷			
	1151	预付账款			借			√
	1161	应收补贴款			借			

图 1 - 4 - 23 总账系统—[科目初始余额录入]

对于有核算项目的会计科目,如应收账款,单击应收账款所在行后面的勾"✓",即打开了"核算项目初始余额录入"窗口,从中选择相应的客户代码、填入期初余额后,单击【保存】后退出。如图 1 – 4 – 24 所示。

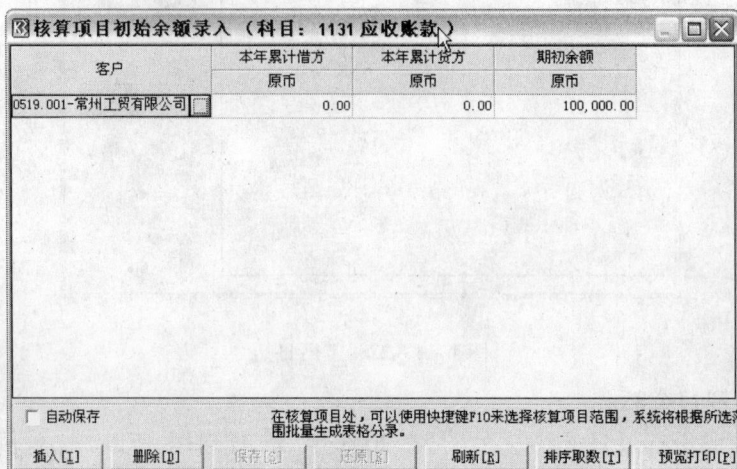

图 1 – 4 – 24　核算项目初始余额录入

三、存货期初余额

在基础资料中我们完成了业务系统基础资料的录入工作,下面将结合案例进行存货初始数据的录入。具体数据请参见附录中的相关内容。

在金蝶 K/3 系统主界面中,依次点击【系统设置】→【初始化】→【仓存管理】→【初始数据录入】,进入"仓存管理(供应链)系统—[初始数据录入]"对话框,如图 1 – 4 – 25 所示。

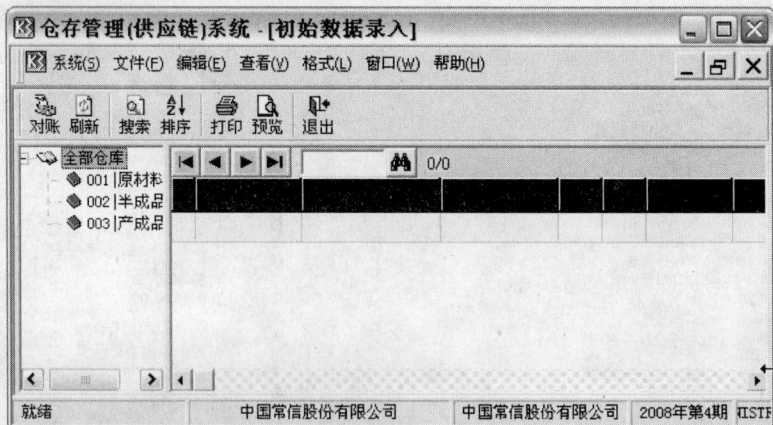

图 1 – 4 – 25　初始数据录入

在上面的窗口中,先选择左边窗格中的仓库名,再在右边窗格中依次选择相应的物料编码,填入物料的"期初数量"与"期初金额",最后单击【保存】按钮即可。注意在物料编码的选择时,先单击左边的单元格,再按 F7 功能键,从弹出的窗口用鼠标选择即可,无须手工输入。

四、期初暂估入库单

暂估入库是指那些没有收到采购发票的外购入库单,这些单据上货物的价格都是暂时估计入账的,当收到采购发票时,再做相应调整。中国常信股份有限公司在 4 月期初的暂估入库单有两笔。

在金蝶 K/3 系统主界面中,依次点击【系统设置】→【初始化】→【仓存管理】→【录入启用期前的暂估入库单】,首先弹出的是"条件过滤"对话框,直接单击【确定】按钮,进入"启用期前的暂估入库单序时簿"窗口,如图 1－4－26 所示。

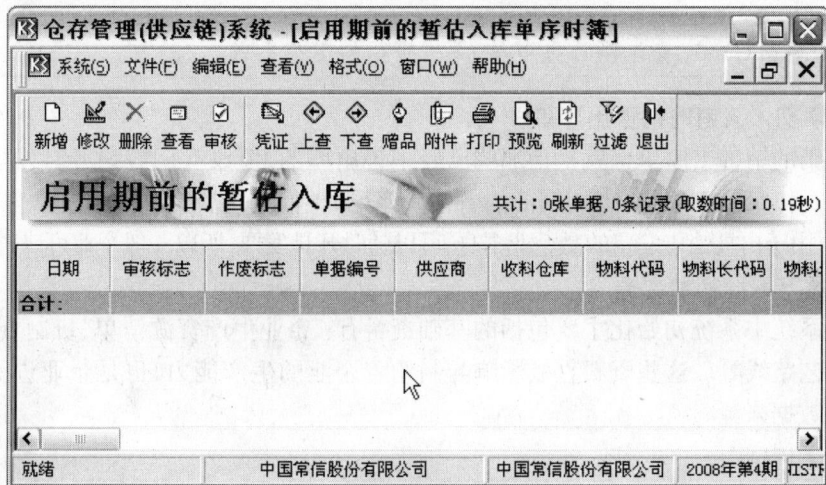

图 1－4－26 启用期前的暂估入库单序时簿

单击工具栏【新增】按钮,弹出"录入单据"对话框,依次填入图 1－4－27 所示数据。

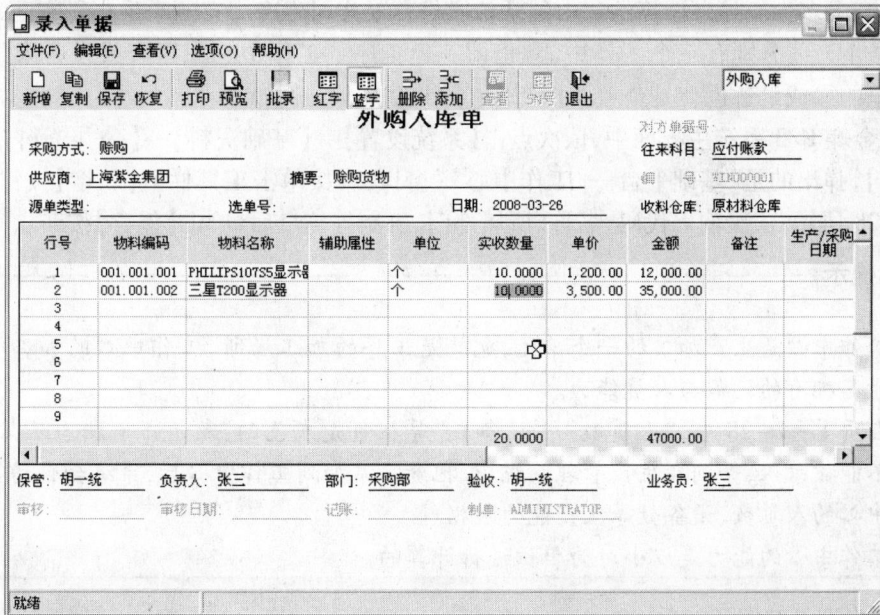

图 1－4－27 启用期前的暂估入库单

在图 1-4-27 所示的"外购入库单"中所有基础数据都可以通过按功能键 F7 来选择,不用手工输入,例如,选择供应商时,先单击供应商所在的文本框,再按功能键 F7,系统就会弹出相关"供应商"的选择界面,从中选择"上海紫金集团"即可,其他的基础资料依此类推,都可直接选择。

启用期前的暂估入库单日期必须小于系统启用日期(2008-04-01),否则不能保存。

录入单据后一定要先保存再审核,没有审核的单据无效。

五、期初未核销的销售出库单

未核销的销售出库单也就是指那些已经销售出库的,但没有向客户开具发票的销售出库单。具体录入方法与"启用期前的暂估入库单"类似,这里不再一一陈述。

另外,由于出具销售发票的是企业本身,可以随时开具发票,所以一般企业可以省略这步。

六、生产系统初始数据

生产系统中系统初始化主要包括的基础资料有:企业生产资源清单、班制资料、工作中心与工艺路线等。这些资料直接影响与制约着企业的生产能力,也是企业进行能力需求计划的数据来源。

1. 工作中心

工作中心是用于设置生产环节的基本构成单位,是各种生产能力单元的统称,也是发生加工成本的实体,它可以是一组机器设备或人员,具有特定功能的加工或生产的基本构成单位。资源是企业生产环节所用到的人员、机器设备等,对某个产品的加工能力是以每小时生产出多少产品来计算的。中国常信股份有限公司生产部有两个生产科室两条生产线,每条生产线分别有三个工作中心,也即三道工序。工作中心中以人或设备来组织生产,这里的人或设备也就是企业所拥有的生产资源。

在金蝶 K/3 系统主界面中,依次点击【系统设置】→【基础资料】→【公共资料】→【工作中心】,弹出的是"基础平台—[工作中心]"窗口,直接单击工具栏上【新增】按钮,如图 1-4-28 所示,依次输入代码、名称、所属部门、班制等信息后,单击【保存】按钮。

小提示

工作中心是生产加工的一个单元,也就是工序的加工场所,工作中心的加工能力取决于其拥有的设备与人员能力。

在图 1-4-28 中,"人员数"、"设备数"等栏目是灰色的,表示当前状态下,这些数据不能被录入,等到在生产管理系统中,把资源添加到工作中心后,系统会自动显示工作中心的人员数、设备数等生产能力数据。

工作中心的能力是以小时为单位进行计算的。

2. 生产系统资源清单

新建工作中心以后,接下来就要为工作中心添加相应的人员与设备,使其有能力进行生产与加工活动,没有资源的工作中心,仅仅是个空壳,无实际意义。

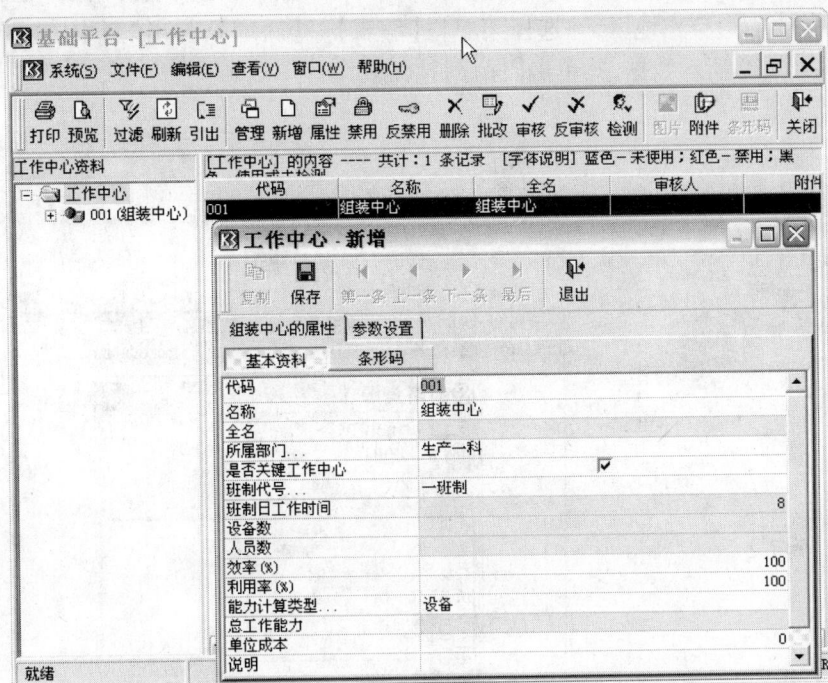

图 1 - 4 - 28 工作中心

在金蝶 K/3 系统主界面中,单击【生产管理】→【生产数据管理】→【基础资料】→双击【资源清单】项,弹出的是"生产数据管理系统—[资源清单]"窗口,依次点击菜单栏上【编辑】→【新增组别】按钮,如图 1 - 4 - 29 所示,依次输入"组别代码"与"组别名称"后,单击【确定】按钮。

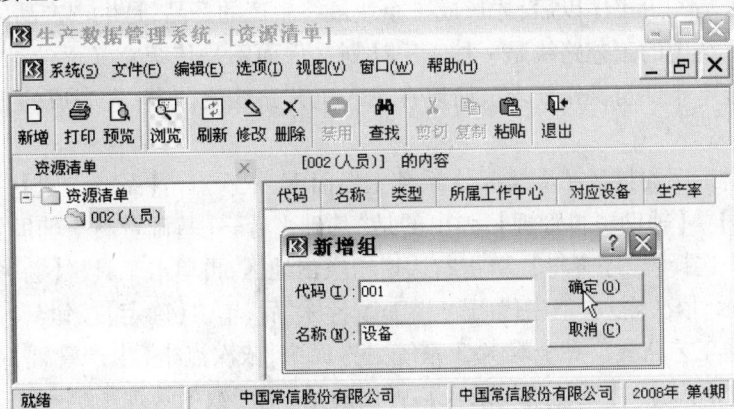

图 1 - 4 - 29 资源清单

中国常信股份有限公司的生产资源清单是以人员与设备进行分类的,其中工序"组装"与"测试"分别是由"组装中心"与"测试中心"来完成,组装中心的主要设备为组装机,而测试中心的主要设备为测试仪。另外,包装中心主要是由包装工人组成,属于人工操作。

新增设备资源的步骤是：在"资源清单"窗口,先选择左边的资源组别(也就是资源类别),再单击右边空白地区,并选择菜单栏【编辑】→【新增】,弹出"新增资源"对话框,填入图 1-4-30 所示数据,并单击【保存】按钮。

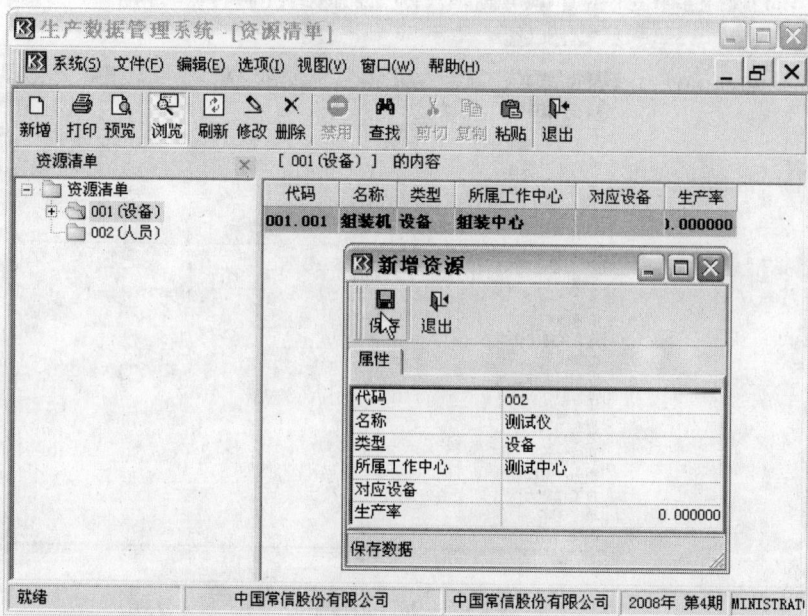

图 1-4-30 新增资源

3. 生产系统工艺路线

工艺路线是生产某种产品时所需要经过工序的流程汇总。原材料从第一道工序开始一直流转到最后一道工序以后,才形成了企业最终生产的产品,是生产产品的一组工序的有机排列。系统中的工艺路线是一种工序计划文件而不是传统意义上的工艺技术文件,不涉及加工技术条件与操作要求。所以在录入工艺路线之前,首先完成的工作就是工序的设置。

(1)新增工序资料。在金蝶 K/3 系统主界面中,依次点击【系统设置】→【基础资料】→【公共资料】→【辅助资料管理】,弹出的是"基础平台—[基础资料—辅助资料]"窗口,在左边窗格中选择【工序资料】,单击右边窗格空白地区,再单击工具栏【新增】按钮,如图1-4-31 所示,依次输入"工序代码"与"工序名称"后,单击【确定】按钮。

(2)新增工艺路线。在金蝶 K/3 系统主界面中,依次点击【生产管理】→【生产数据管理】→【工艺路线】→【工艺路线录入】,弹出的是"生产数据管理系统—[工艺路线]"窗口,单击菜单栏上【编辑】→【新增组别】按钮,如图 1-4-32 所示,依次输入组别代码与组别名称后,单击【确定】按钮。

在左边窗格选择相应的工艺路线组别后,再选择菜单栏【编辑】→【新增】项,弹出工艺路线的录入对话框,如图 1-4-33 所示,分别输入"工序代码"、"工作中心代码"、"加工批量"、"移动批量"、"设备"等信息后,单击【保存】按钮。依次再添加腾信 C3 主机的工艺路线。

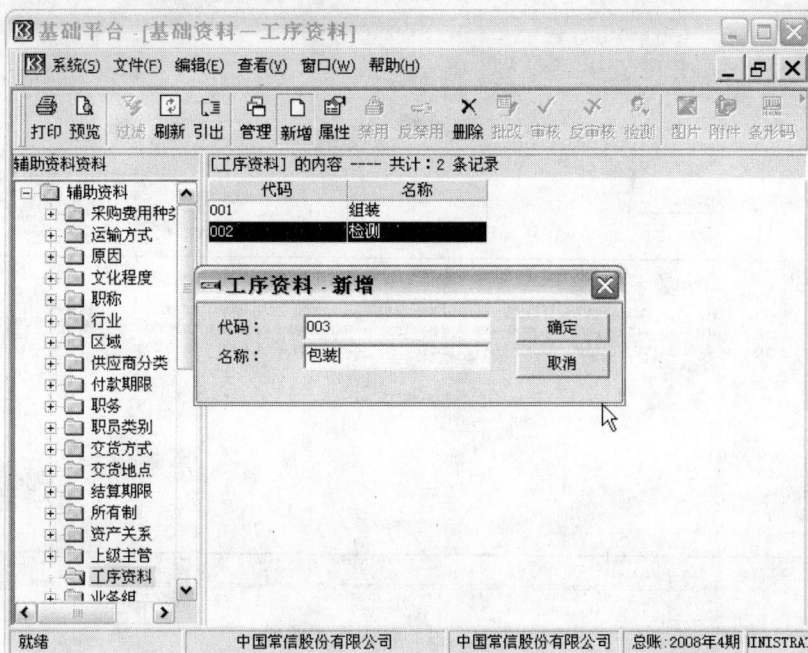

图 1 - 4 - 31　新增工序

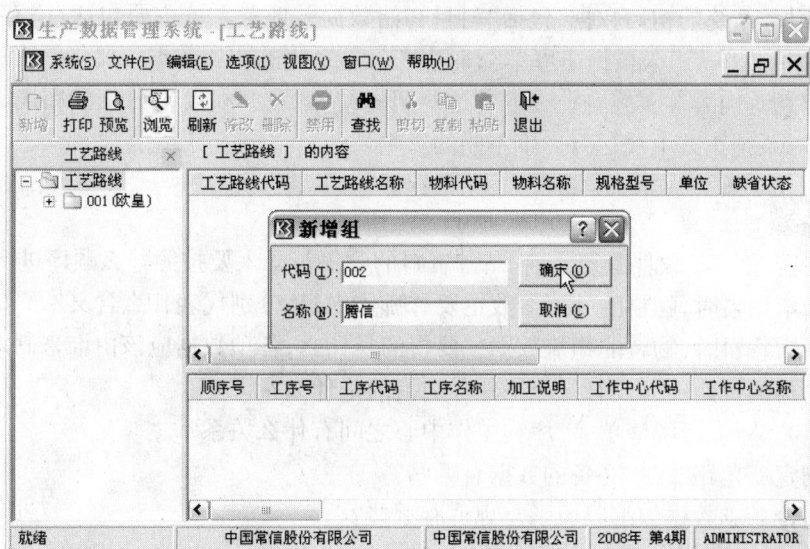

图 1 - 4 - 32　新增工艺路线组

至此,中国常信股份有限公司的所有供应链物流系统与生产管理系统的基础资料收集与录入工作已经完成。在这些基础数据的准备过程中,均涉及到企业细微参数的设置,如加工批量、加工时间等,这些数据要由生产一线的工人根据经验或工时定额来制定。

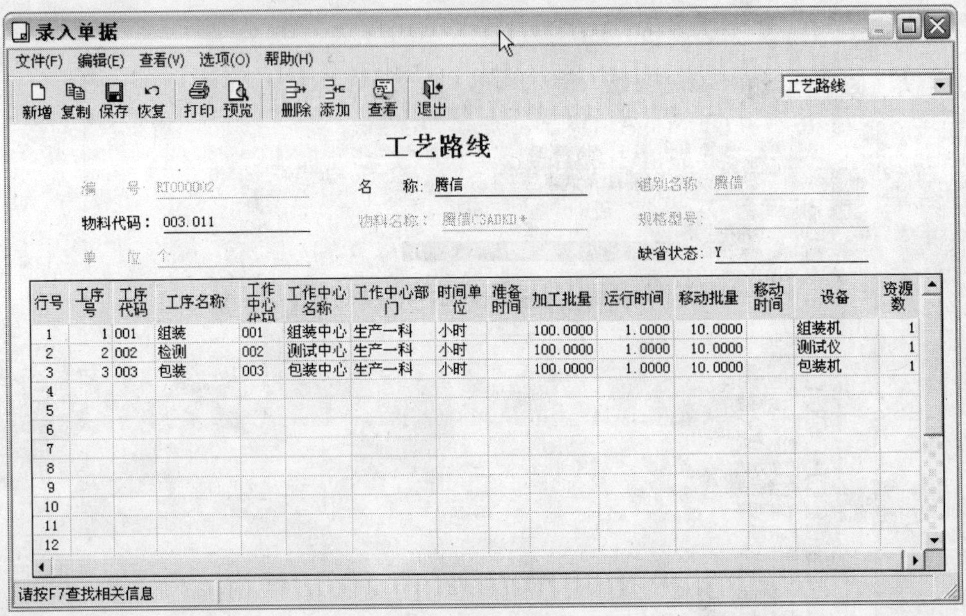

图 1-4-33　新增工艺路线

总　结

　　本节主要讲述了财务和业务系统在使用前基础资料的收集与录入内容,即初始数据的录入。财务系统的初始数据,包括"科目初始数据";业务系统主要包括有"存货初始数据"、"暂估入库单"、"未核销出库单";而生产管理系统的初始数据主要包括工序、工作中心、工艺路线等内容。实施企业在准备这些期初初始数据时,要十分细致精确,不同的参数设置会对系统正式上线运行产生不同的影响。

思　考

1. 在实施 ERP 软件系统之前,基础资料的收集与录入要按照什么顺序进行?
2. 新增物料时,物料的计划参数主要有哪些内容,分别代表什么含义?
3. 新增物料时,物料的物流数据主要指的是什么,各项数据应该由谁来制定和输入?
4. 物料的外购件、自制件、虚拟件分别指的是什么?
5. 工艺路线、资源清单、工序和工作中心之间有什么关系?
6. 制定工艺路线时,必备的数据有哪些?
7. 讨论基础数据的编码原则与规范有哪些?

任务 1.5　物料清单(BOM)分层维护

能力目标

(1) 熟悉物料清单的概念及分层方法。
(2) 能够灵活运用 BOM 的各种参数反映产品的构成。
(3) 能够绘制 BOM 结构图。

支撑知识

（1）BOM 的概念及相关知识。

（2）BOM 的建立原则。

（3）BOM 中的常见错误。

可展示成果

产品结构图和 BOM 清单（表）。

背景信息

在工业制造业中,物料清单 BOM（Bill of Materlal,在流程型行业中称为配方）,表示物料（包括成品、半成品）的组成情况,即该物料是由哪些原材料、半成品组成的,每一组成成分的用量、属性及成分之间的层次关系。它在 MPS 及 MRP 的运算过程中作为产品用料的依据;在进行需求的分解时,要使用 BOM 作为分解的依据,产生相关的物料需求计划;在投料、领料过程中提供物料的需求量:在根据生产任务单生成投料单时,投料单的物料和数量也是根据 BOM 决定的;在成本核算中决定物料的标准用量:每一产品的成本是由 BOM 上相关的物料的成本累加得到的。

功能介绍

BOM 录入与维护：在所有的基础数据中,物料清单的影响面最大,准确性应当在98%以上,企业中通常由设计人员、工艺和生产人员组成小组,进行 BOM 的编制和日常维护。

多级 BOM 展开：按产品结构层次,将所有直接或间接用于父项物料的子项都反映出来。

> **小提示**
>
> BOM 是生产管理系统中最主要的基础数据,与它相关联的有：工艺路线、工作中心、生产任务单、生产领料单和生产完工单等,并且由 BOM 决定了各项成本数据的形成。
>
> BOM 数据因其重要性一般由技术部与生产部共同制定维护,BOM 的变动会导致在制品数据以及投料和完工数量的不准确,所以对 BOM 数据的修改需要严格的审批程序。

应用流程

一、新增 BOM 组别

系统对 BOM 实行分组管理,在建立 BOM 前,首先要建立 BOM 组别,每一个 BOM 必须归属于某个 BOM 组。依次点击【生产管理】→【生产数据管理】→【BOM 维护】→【BOM 维护】,在"BOM 资料维护"窗口中,单击【编辑】→【新增组别】,系统弹出"新增组"对话框。分别输入"代码"与"名称",单击【确定】按钮,系统即会自动建立新增组别。如图

1 – 5 – 1所示。

图 1 – 5 – 1　生产数据管理 – ［BOM 资料维护］

二、新增 BOM

在"BOM 维护"窗口,单击【新增】菜单项,则系统显示新增 BOM 的画面,每个 BOM 都包括表头和表体两部分,表头部分表示一些父项物料的信息,表体部分表示 BOM 子项的信息。如图 1 – 5 – 2 所示。

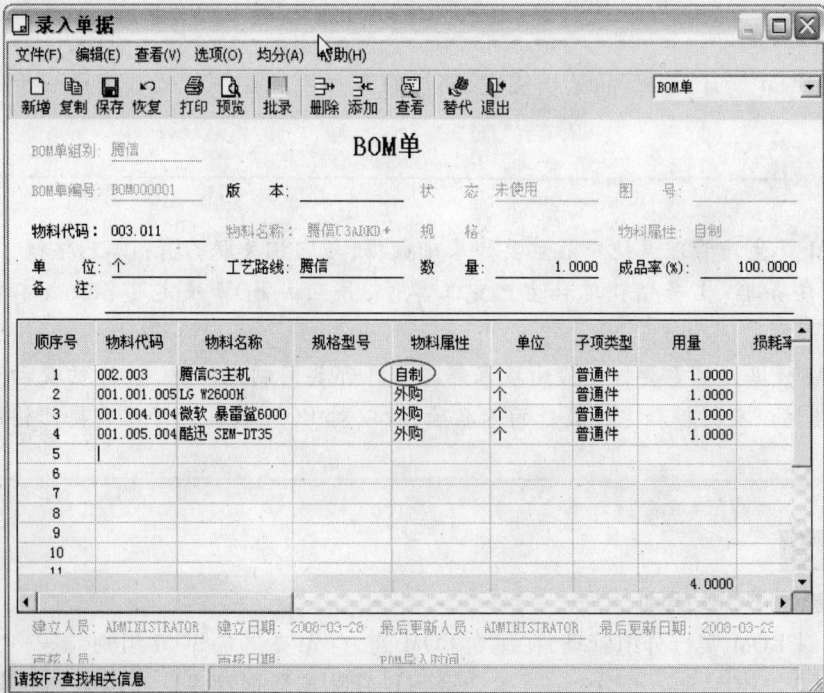

图 1 – 5 – 2　新增 BOM

小提示

在新增 BOM 单据的对话框中,所有的基础数据都可以通过按功能键 F7 来选择,无需手工输入。

在新增 BOM 时,须注意各个零部件的用量,以及经过制造加工环节的损耗。

在图 1-5-2 中,第一行的腾信 C3 主机为自制件,所以也必须要为"腾信 C3 主机"新增一个 BOM。这样,当前的 BOM 为父 BOM,腾信 C3 主机的 BOM 为当前 BOM 的子 BOM。

只有自制件、委外件类的物料有 BOM 单据,而外购件是采购得来的,没有 BOM。

新增的 BOM 单据,必须"审核"、"使用"以后,才能真正生效。所以在生产管理系统正式启用以后,还要再次进入 BOM 维护窗口,对每一件 BOM 进行"审核"和"使用"。审核与使用时,只需先选择某一个 BOM 后,再依次单击工具栏中【审核】与【使用】按钮即可。

图 1-5-3 为 BOM 多级展开后的界面,从中可以看到组成 003.011 所有的零部件和物料。但必须对 BOM 单据进行审核与使用(先启用业务系统,再审核/使用 BOM),否则只能显示一层。请注意图中的"层次"列。

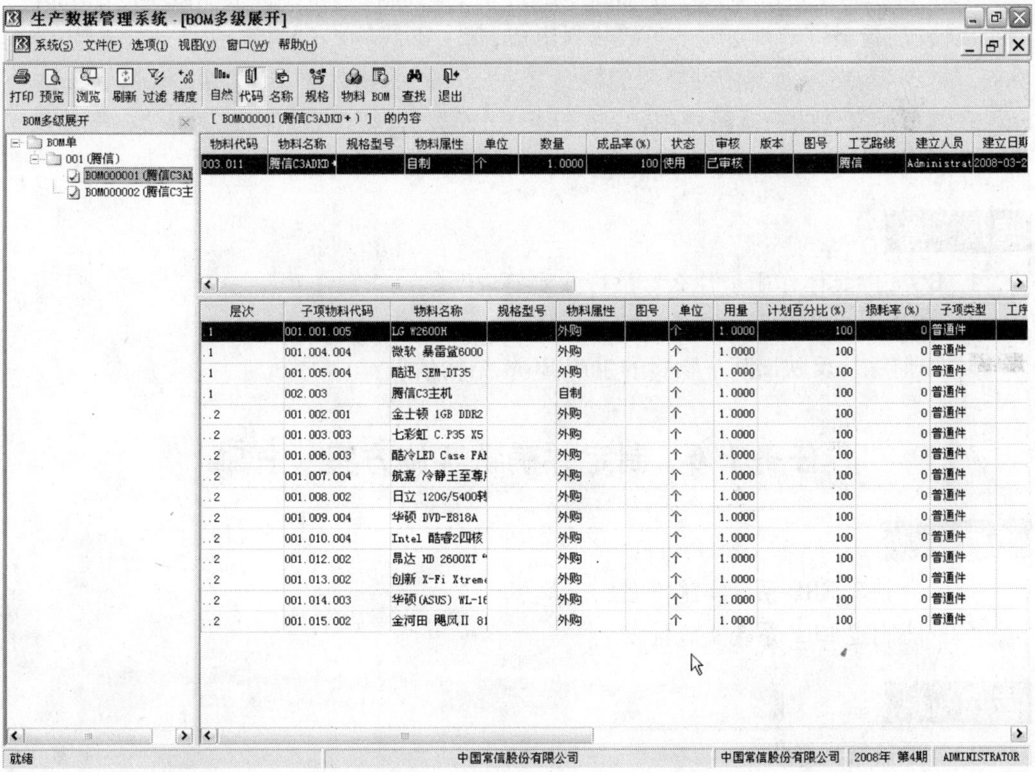

图 1-5-3　BOM 多级展开(产品结构图)

1. 其他 BOM 应用

综合 BOM 展开：反映直接或间接用于父项物料的所有子项，但每个子项只显示一次，反映汇总的用量，不说明层次关系。

BOM 单级反查：反映一个物料在哪些直接父项物料中使用，用量多少。

BOM 多级反查：反映一个物料在哪些父项物料以及父项的父项直至最终产品中的使用情况。

成本 BOM 查询：反映某产品的的材料成本累加，按综合 BOM 方式显示。可用于新产品的参考定价。

BOM 差异分析：对产品结构比较相似的 BOM 进行比较，找到用料、用量的不同。

客户 BOM 查询：反映按客户订单配置后生成的 BOM。

2. 有关 BOM 的编码原则

在对生产 BOM 进行编码过程中，应该遵守如下的原则：

（1）BOM 编码时，按照从上到下、逐层编码的原则，直到最后一层外购件为止；

（2）对于生产过程中，不需要出入库操作的物料，不在 BOM 单中列出；对于有出入库操作的物料，则作为 BOM 单据中的一层；

（3）对于配置类的 BOM 单据，则依据客户订单来生成。

总　　结

BOM 即物料生产清单，也叫产品结构或配方，指物料（通常是完成品或半成品、部件）的组成情况，指出该物料由哪些下级物料组成，每一下级物料的用量是多少，其对应的属性等。BOM 是 MRP 系统中最重要的概念之一。不同的物料类型对应的 BOM 类型也不同。在物料主文件的物料属性中，有规划类、配置类、特征类、自制类、外购类、委外加工类、虚拟件等类型，一般企业中通常以自制类与委外加工类为主。

思　　考

1. BOM 的具体作用是什么？举行业实例说明。
2. BOM 对生产管理系统的影响有哪些？
3. 如何综合反映出某一物料的生产 BOM 结构信息？

任务1.6　制定并确认实施方案

能力目标

（1）会制定 ERP 系统实施方案。
（2）能制定 ERP 系统实施计划。

支撑知识

（1）项目管理知识。
（2）项目计划与实施方案的编制知识。

可展示成果

项目实施方案书(含实施计划)。

背景信息

为了进一步改进中国常信股份有限公司的企业管理和经营水平,满足常信股份公司参与市场竞争的需要,常信股份公司通过 K/3 ERP 项目的实施,搭建一个综合性的公司信息化平台,保证整个公司内部的物流、资金流和信息流通畅无阻,并且能够随时了解和查询公司内部管理状况。通过系统的实施,优化业务流程和资源配置,降低运营成本,从而维系更密切的客户关系,全面提高内部协调能力、整体营销能力和获利能力。

功能介绍

ERP 系统实施方案是建立一套规范的采购、销售、仓库、计划、生产管理体系,严格控制物流的每一个环节;建立起一套准确的基础资料信息,有效地管理公司各类资源,提高企业市场竞争力;建立适合的规范业务流程,形成一套自我管理监督机制,有效地避免管理上的漏洞,使公司得以良性健康发展。

ERP 系统实施方案主要包括 9 个方面的内容:

一、项目组织

二、项目目标

三、项目范围

四、项目计划

五、项目培训

六、静态数据整理及格式

七、动态数据格式

八、初始数据录入

九、项目验收

小提示

ERP 系统实施方案书中,主要包括的是项目准备与项目实施的内容,尤其是以项目计划作为实施方案书中的重点内容。

应用流程

中国常信股份有限公司 ERP 系统实施方案书的制定。

中国常信股份有限公司
金蝶 K/3 ERP V10.3 系统实现方案

方　案　确　认	
客户方确认	
确认日期	

×××金蝶软件有限公司
二零零八年四月

一、项目组织

客户方：

成员	姓名	职责
项目总监	赵得志	对项目目标、进度进行关注
项目经理	赵公成	1. 金蝶公司实施顾问主要工作联系人,与金蝶公司实施顾问一起协商制定项目实施计划 2. 督促协调各部门与项目组、项目组与技术支持单位的工作 3. 在金蝶公司实施顾问的协助下确定项目实施目标及考核指标 4. 组织项目实施工作 5. 负责制定实施项目管理制度和规程 6. 制定对与项目相关部门及责任人的奖惩方法并报组长审批 7. 负责项目组验收和系统切换运行 8. 负责与金蝶公司实施顾问的联络,并确定实施工作记录、接收各种实施文档 9. 项目需要时 100% 时间保证
工作小组组员	张三 钱进林 朱群 朱山永 袁众学	1. 严格、认真工作,确保自己工作数据的准确性、有效性 2. 要正确对待由于实施金蝶项目而引起的工作方法、工作习惯等的变化 3. 尊重技术支持单位的顾问,并与其进行友好和有效地协商与交流 4. 项目需要时 100% 时间保证
系统管理员	金宝	1. 负责按照项目实施要求及时采购和准备网络和硬件 2. 全力协助、支持项目实施经理和实施顾问的工作 3. 负责软件系统的安装维护、网络和软件系统的安全管理以及必要的二次开发工作 4. 负责对金蝶系统用户设置和分配操作权限 5. 协助实施小组成员提高系统操作水平 6. 项目需要时 100% 时间保证

实施方：

成员	姓名	职责
项目经理	金明旭	1. 制定工作计划、控制项目进度 2. 按照标准实施方法对项目进行实施 3. 与客户方项目经理进行充分沟通
项目支持	李明 王其标	辅助项目经理对客户企业实施 ERP 软件系统

二、项目目标

操作正常,报表正确。

三、项目范围

(一)组织范围

本次常信股份系统管理范围为:

公司/单位	部门	实施地点	实施负责人	电话
常信股份	财务部	财务部	袁众学	13761431237
常信股份	采购部	采购部	张三	15861431249
常信股份	销售部	销售部	钱进林	15961436320
常信股份	生产部	生产部	朱群	15761489033
常信股份	仓储部	仓储部	朱山永	15761491988

(二)模块范围

项目实施的 ERP 软件系统包括以下模块:

版本	模块名称	并发站点数
财务	总账模块	3
财务	报表模块	3
业务	仓存模块	3
业务	核算模块	3
业务	销售模块	3
业务	采购模块	3
业务	生产管理系统	3

四、项目计划

序号	关键进程	计划完成时间	责任人	备　注
1	制定实施方案	2008 - 4 - 20	金明旭 李明 王其标	
2	基础数据准备	2008 - 4 - 30	金明旭 李明 王其标	
3	软件安装确认	2008 - 4 - 10	金明旭 李明 王其标	
4	软件标准功能培训	2008 - 4 - 30	金明旭 李明 王其标	

（续）

序号	关键进程	计划完成时间	责任人	备注
5	系统上线,初始化	2008 - 4 - 30	金明旭 李明 王其标	
6	项目验收	2008 - 5 至 2008 - 10	金明旭 李明 王其标	

五、项目培训

（一）培训策略

金蝶提供产品培训一次,除此之外的产品培训由常信股份公司项目组成员负责执行,金蝶提供指导。产品培训使用由金蝶提供的资料。

（二）培训参加人员要求

中、高层管理人员：

（1）项目相关的常信股份公司的中高层领导；

（2）具有良好的沟通能力和推动项目的热忱,熟悉业务；

（3）有一定的时间保证,并在培训后能为本单位的实施提供指导。

关键用户：

（1）具有一定的计算机知识,能够熟练操作计算机；

（2）具有优良的沟通能力,熟悉与本单位相关的业务运作；

（3）对项目具有高度热忱,有克服挑战的信心和能力；

（4）服从工作分配,具有团队精神；

（5）有足够的时间和精力投入到本项目的工作中。

最终用户：

（1）具有一定的计算机知识,能够熟练操作计算机；

（2）依据未来业务流程进行工作的系统操作人员；

（3）具有良好的沟通能力,熟悉与本单位相关的业务运作；

（4）工作态度认真,服从工作分配,有团队精神。

（三）培训内容

课程类别	课程	培训方式	学员数
标准课程	标准财务 （3天）	集中培训（封闭）	由客户方 暂定（15）人
	生产管理 （5天）		
	物流系统 （5天）		

六、静态数据整理及格式

1. 静态数据编码说明

（1）编码设置目的。

根据企业运行和管理的现状以及未来发展的要求，为规范本企业内部信息资源，以达到的统一、科学、合理的目的，最大限度地优化信息资源，制定本方法。

（2）编码原则。

① 唯一性，即一物一码。

② 完整性，覆盖企业运行中的所涉及的人、财、物。

③ 连续性，应保留并延用原有科学、合理的工作程序与方法。

④ 易使用性，根据繁杂程度，采取适度多级分类展开方法，最末级的项目数一般控制在 20 个左右。

⑤ 留有扩充的空间。

2. 静态编码格式

（1）科目。

注意：在整理科目设置时请先确定各级科目对应的位数。

科目整理举例

科目代码	科目名称	期末调汇	往来核算	核算项目	说　明
1002	银行存款				
1002.01	人民币				上下级科目以"."区分
1002.02	美元				
1131	应收账款			客户	

建议：按照系统提供的标准科目模板引入后，再修改成符合企业需要的会计科目。

（2）币别。

如有外币核算，请直接在系统中输入。

（3）凭证字。

请直接在凭证字窗口输入。

（4）计量单位。

代码	名称	备注
001	只	
002	个	
...		

（5）核算项目。

① 客户。

编码结构含义：

客户整理举例：

客户编码	客户名称
0519	常州
0519.001	常州工贸有限公司
...	

② 部门。

编码结构含义：

部门编码举例：

部门编码	部门名称
001	财务部
002	生产部

③ 职员。

编码结构意义：

职员编码举例：

职员编码	职员姓名
001	张部长
002	李部长
...	

④ 物料。

编码结构意义：

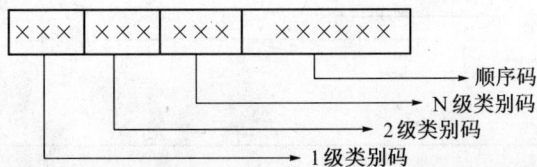

一般企业物料的品种规格很多，科学规范的整理物料编码及属性是信息化系统上线的必要准备。企业在确定物料编码后，若没有实施顾问提供的物料整理样板，可事先整理如下内容。

物料编码举例：

物料代码	物料名称	规格	计量单位	物料属性	存放仓库	计价方法	说明
001	原材料						上级组
001.099	五金工具						上级组
001.01. A01001	直风管 L500	V01－011100	件	外购	原材料仓库	加权平均	
02	半成品						上级组
……							

⑤ 供应商。

编码结构意义：

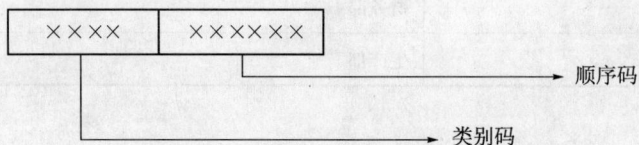

整理举例：

供应商编码	供应商名称
010	北京供应商
010.000001	北京王府井集团
0519	常州供应商
0519.000001	常州金蝶软件有限公司

⑥ 仓库。

编码结构意义：

仓库编码举例：

仓库编码	仓库名称
001	原材料仓库
…	

七、动态数据格式

1. 科目余额

科目余额是初始化前,系统启用期间前一会计期间的会计科目期末余额,若某一些科目带有核算项目,需整理对应核算项目的期末余额。

整理格式举例:

科目代码	科目名称	借贷方向	科目余额
1001	现金	借	888888.98
1002	银行存款	借	
1002.01	人民币	借	56789.00
……			

建议:客户企业可以根据上期科目余额表,在系统初始化时直接输入系统。

2. 未核销外购入库单

本项目需要整理的是系统业务启用期前没有发票的外购入库单据。客户可在系统启用期前将该类单据事先整理出来,以方便在初始化前录入。

3. 未核销销售出库单

本项目整理业务启用期前企业没有开出发票的销售出库单据。客户可在系统启用期前将该类单据事先整理出来,以方便在初始化前录入。

4. 存货初始数据

存货初始数据整理的是业务启用期前存货的数量、金额。

仓库	物料名称	规格型号	单位	期初数量	期初金额
原材料库	贴片电阻	5Ω	个	58	34.08
原材料库	变压器	12V5A	只	7	140
半成品库	配电器总成	12V	只	21	645.13
成品库	DY 配电器	DYFP－4106　架装式	组	45	4956

因此项工作工作量较大,企业要事先和实施顾问商议好整理方案再按照实施顾问提供的整理格式整理。

建议:按照仓库上期的库存报表直接输入系统。

5. 动态单据的格式

由常信股份公司内部员工确定,再由实施顾问通过自定义单据或套打工具按需要进行设置。

八、初始数据录入

请按照实施顾问指导录入。

九、项目验收

操作正常、报表正确。分步分模块进行验收。

项目验收后,将由 K/3 服务部持续提供快速专业的运行维护服务。

总　　结

本节主要讲述了 ERP 软件系统实施方案中的确定项目实施目标,主要包括整体目标、实施目标、制定分步实施策略、项目组织要求与责任、制定培训策略、人员要求和培训内容纲要,以及有关静态数据、动态数据的准备格式。考虑到中国常信股份有限公司生产规模和布局的复杂性及各个部门在计算机应用方面的基础,建议 K/3 系统采用分步实施的总体方案和原则,以及目前对于项目情况的了解,制定项目实施的明细计划。实施计划中主要包括的是项目组织、项目目标、项目范围模块与计划,对一些常用的基础数据进行了举例说明。

思　　考

1. ERP 软件系统实施方案书中,主要包含哪几方面的内容?
2. 静态数据与动态数据之间有什么关系?
3. 实施方案书中主要包含哪几类实施人员,主要职责是什么?
4. ERP 软件系统项目实施计划应如何编制?

任务 1.7　软件系统初始化

能力目标

(1) 能进行 ERP 系统的初始化工作。
(2) 能进行 ERP 系统参数设置。
(3) 完成基础数据录入并开始日常业务操作。

支撑知识

(1) 账套的管理与参数设置知识。
(2) 人员权限的分配。
(3) 基础资料的录入方法。

可展示成果

完成初始化后的账套。

背景信息

企业在启用账套之前,除刚成立的公司外,任何企业都存在初始数据信息。如果为年中启用,也必然存在累计发生数据。为了保证数据的完整性、准确性,则要进行初始数据录入。中国常信股份有限公司的初始数据已经录入完成,在对账套进行参数设置以后,就可以结束初始化,正式运行 ERP 系统。

功能介绍

初始化工作是启用软件的基础,关系着数据的准确性,尤为重要。完成了新建账套、系统设置、基础资料设置等基础设置后,接下来要进行的就是初始数据录入、确保初始数据准确、完整的录入后可以结束初始化、启用账套,进行日常业务的处理。

反初始化:在没有正式业务单据输入到系统中之前,可以反初始化,使系统处于正式运行之前的状态,在此状态下,就可以重新录入基础数据与系统初始参数。

小提示

反初始化操作必须是在系统初始化以后,但又没有输入业务数据之前进行。

系统结束初始化之前,必须对账套进行备份,以防不可逆的意外操作发生。

系统结束初始化,必须由企业方签字确认,以规避实施风险。

应用流程

一、系统参数设置

在金蝶 K/3 系统主界面中,依次点击【系统设置】→【系统设置】→【生产管理】→【系统设置】,弹出"系统参数维护"窗口,在左边窗格选择相应的业务模块后,即可在右边窗口选择或输入相应的参数。如图 1 – 7 – 1 所示。

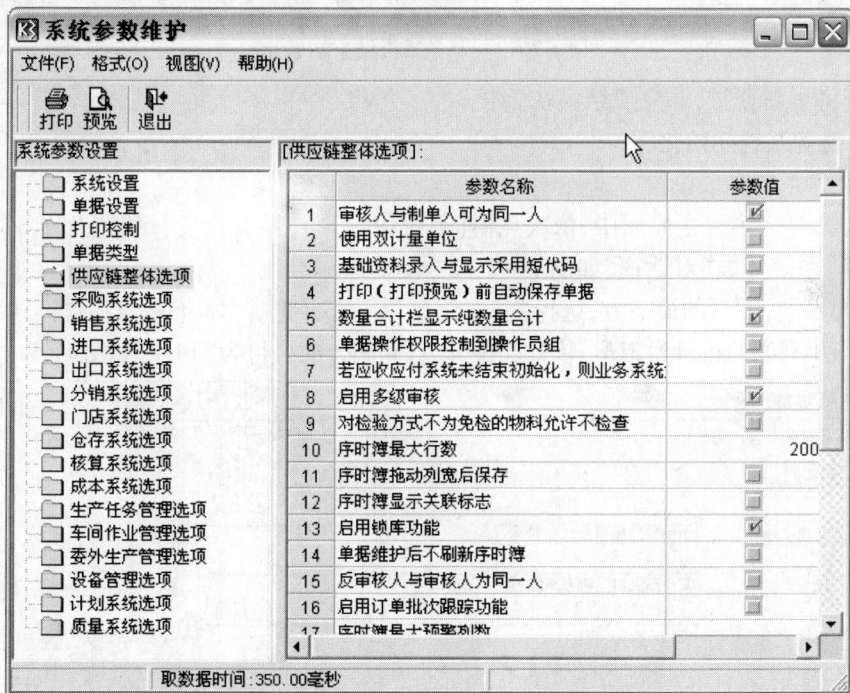

图 1 – 7 – 1　业务系统参数设置

在系统中依次设置如下参数:

(1)供应链整体选项:"若应收应付系统未结束初始化,则业务系统不允许保存发票"取消选项(不选中勾)。

(2)仓存系统选项:实仓允许负库存。

(3)核算系统选项:暂估冲回凭证生成方式为"单到冲回";暂估差额生成方式为"单到冲回"。

　　改变系统参数设置时,系统会自动保存。

　　在设置系统参数时,有些操作是不可逆的,设置后也不允许更改,设置前必须要万分小心。

　　业务单据类型与单据编号也可以在系统参数维护窗口一并设置。

二、启用业务系统

　　在金蝶 K/3 系统主界面中,依次点击【系统设置】→【初始化】→【生产管理】→【启用业务系统】,弹出"提示"对话框,如图 1 - 7 - 2 所示,单击【是】按钮。

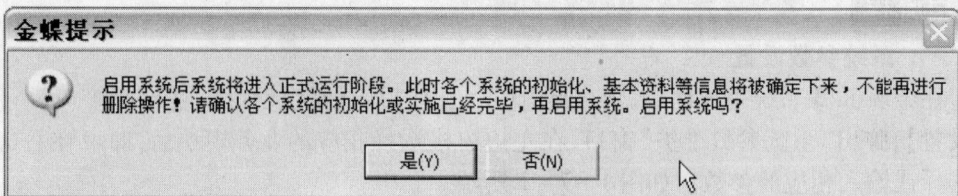

图 1 - 7 - 2　业务系统结束初始化

系统将重新登录,并完成结束初始化。

三、财务系统初始化

1. 财务系统参数设置

　　在金蝶 K/3 系统主界面中,依次点击【系统设置】→【系统设置】→【总账】→【系统设置】,弹出"系统参数"对话框,如图 1 - 7 - 3 所示。

　　在"总账"标签页的最下方,选择"基本信息"标签,并选择"本年利润科目:"后面的按钮,设置本年利润的科目为3131;依此类推,设置利润分配科目为3141。如图 1 - 7 - 4 所示。

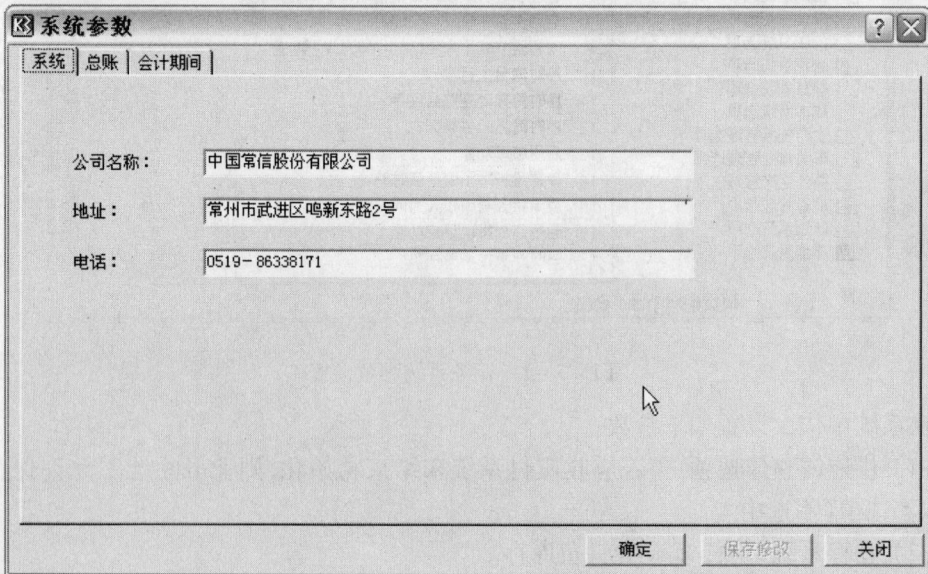

图 1 - 7 - 3　总账系统参数

图 1 - 7 - 4　总账 - 基本信息

单击"凭证"标签,设置如图 1 - 7 - 5 所示。

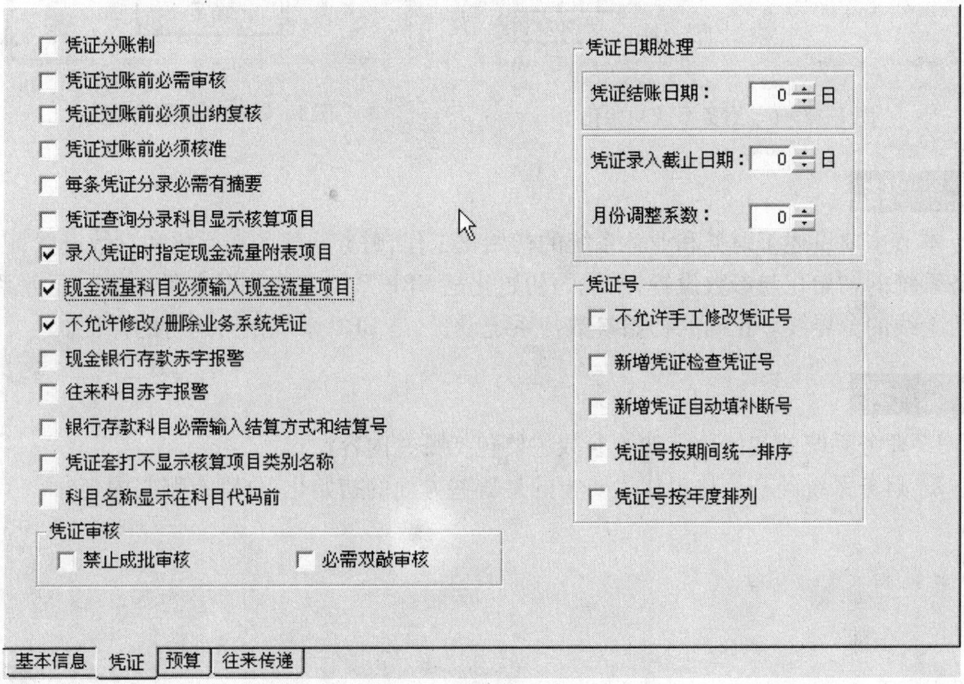

图 1 - 7 - 5　总账 - 凭证

最后单击【确定】按钮,保存对财务系统参数所做的设置。

2. 财务系统初始化

在金蝶 K/3 系统主界面中,依次点击【系统设置】→【初始化】→【总账】→【结束初始化】,弹出"初始化"对话框,如图 1 - 7 - 6 所示。

单击【开始】按钮,随之弹出"提示"对话框,选择【确定】按钮。如图 1 - 7 - 7 所示。

> **小提示**
>
> 　　财务系统结束初始化时,没有设置现金流量表以及固定资产等财务子模块的初始数据,仅对总账进行了初始化。
>
> 　　财务系统与业务系统一样,都可以结束初始化,并且在没有单据录入的情况下,也一样可以进行反初始化。
>
> 　　对于财务系统中的其他子模块,在本书中不做过多介绍,请参见其他财务相关书籍。

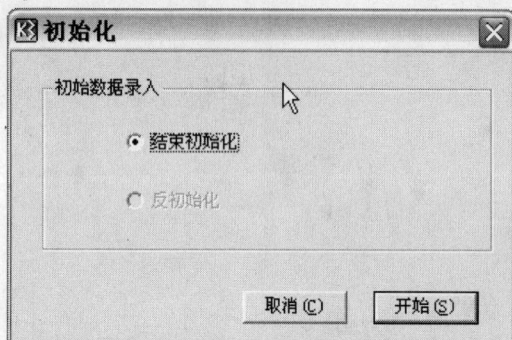

图 1 - 7 - 6　财务系统初始化

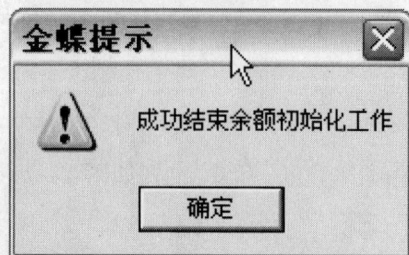

图 1 - 7 - 7　结束初始化

总　结

　　本节主要讲述了财务和业务系统的初始化工作,财务系统的初始化和参数设置,以及业务系统的初始化与参数设置,系统的初始化是 ERP 系统实施数据准备工作与业务系统运行上线的分界线。正确的初始参数与系统设置,是 ERP 系统正常运行的保证。

思　考

　　1. 业务系统的初始化与初始参数主要包括哪些内容?
　　2. 财务系统的初始化工作主要指的是哪些方面的初始化,分别有哪些内容?

项目引入

中国常信股份有限公司在 ERP 软件系统实施准备阶段,成立了企业信息化项目组织,进行了企业信息化需求分析,确定了基础资料编码规范和数据录入,最终制定并确认了实施方案并且完成了对 ERP 软件系统的初始化工作。实施准备阶段过后,为了让常信股份内部员工掌握 Kingdee K/3 ERP V10.3 软件的业务处理功能,要对企业员工进行相关业务操作培训。

任务 2.1　销售系统模块功能培训

能力目标

掌握销售系统业务流程并能熟练操作该系统。

支撑知识

(1) 销售管理业务流程。
(2) 客户关系管理相关知识。
(3) 市场营销定价策略知识。

可展示成果

(1) 销售管理模块的业务操作。
(2) 销售部门业务流程图。

背景信息

销售管理系统,是通过销售报价、销售订货、仓库发货、销售退货、销售发票处理、客户管理、销售价格资料、订单管理等功能综合运用的管理系统,对销售全过程进行有效控制和跟踪,实现完善的企业销售信息管理。企业的销售业务一般分为现销、赊销、委托代销、分期收款销售等。不同业务类型其业务的处理过程以及财务收支核算的过程有所差异,所以对应在系统中也会有不同的业务处理流程。

功能介绍

销售价格资料:是企业重要的销售政策之一,灵活的价格调整体系可以满足快速多变的市场需求,严密的价格控制手段可以保证企业销售政策的有效执行。价格政策是对销售价格进行综合维护的一种方案。

销售订单:是企业销售部门交给客户作为订货依据的单据,也是销售订货业务工作中非常重要的一个管理单据,通过销售订单可以查询发货情况和订单执行状况。

销售出库单：是仓管人员发货出库的凭证，是确认产品出库的书面证明，是处理包括日常销售、委托代销、分期收款等各种形式的销售出库业务的单据。而对于退货业务则采用红字销售出库单处理。

销售发票：是企业销售产品时开给购货单位据以收款的依据，它是销售管理的关键操作，涉及销售收入，是销售管理与存货核算的接口。

销售发票与出库单的钩稽：是销售发票与销售出库单的核对，钩稽的主要作用是进行收入和成本的匹配确认，对于记账没有什么影响。

相关报表：在日常业务处理完毕后，可以通过销售管理的账簿报表去查询已录入的单据或分析销售的开展情况。

小提示

销售订单是企业当中最重要的单据之一，由它可以直接或间接生成大多数业务系统的其他单据(无需手工录入)。

实践案例

中国常信股份有限公司的销售业务系统主要包括价格资料和折扣的管理，销售日常业务处理，以及客户的信用情况管理。

应用流程

一、销售价格管理

1. 销售价格参数设置

在金蝶 K/3 系统主界面，依次点击【供应链】→【销售管理】→【价格资料】→【价格参数设置】，弹出"价格管理选项"窗口。如图 2-1-1 所示。

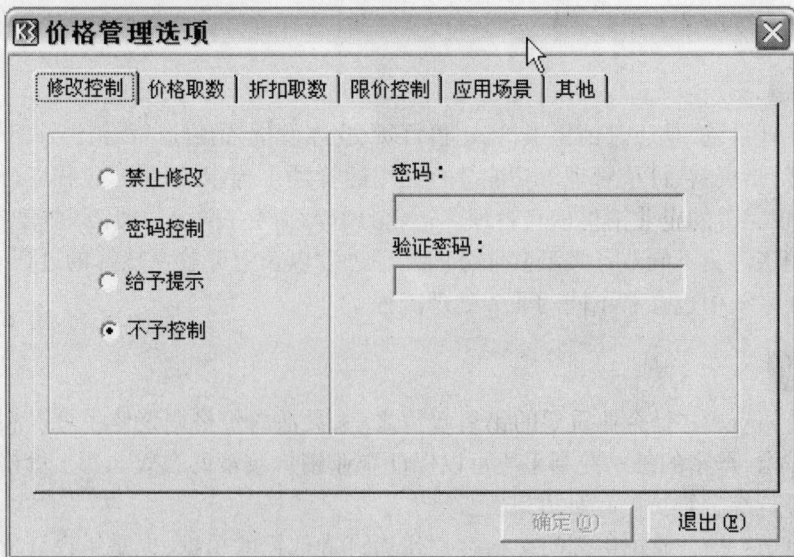

图 2-1-1　价格管理选项

　　从图 2-1-1 中分别可以设置价格控制种类、价格取数、折扣取数以及应用价格控制的单据等。

┌─ 小提示 ┐

　　图 2-1-1 中,应用场景指的是哪些单据将要被系统进行价格控制,默认为销售订单、出库单以及销售发票。

　　在"控制强度"标签中,可以设置控制超出最低价格时的处理方法。

　　2. 新增价格方案

　　在金蝶 K/3 系统主界面,依次点击【供应链】→【销售管理】→【价格资料】→【价格政策】,弹出"过滤"窗口,直接单击【确定】按钮,即进入"价格方案"窗口,如图 2-1-2 所示。

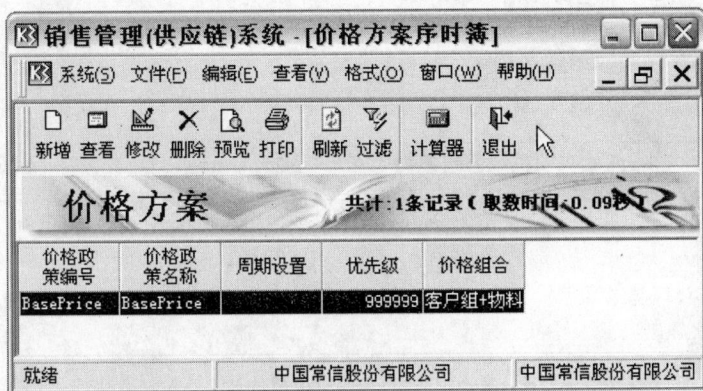

图 2-1-2 　价格方案序时簿

　　在图 2-1-2 窗口中,单击【新增】按钮,并在随之弹出的窗口中输入价格方案的头信息后,单击【保存】按钮,如图 2-1-3 所示。

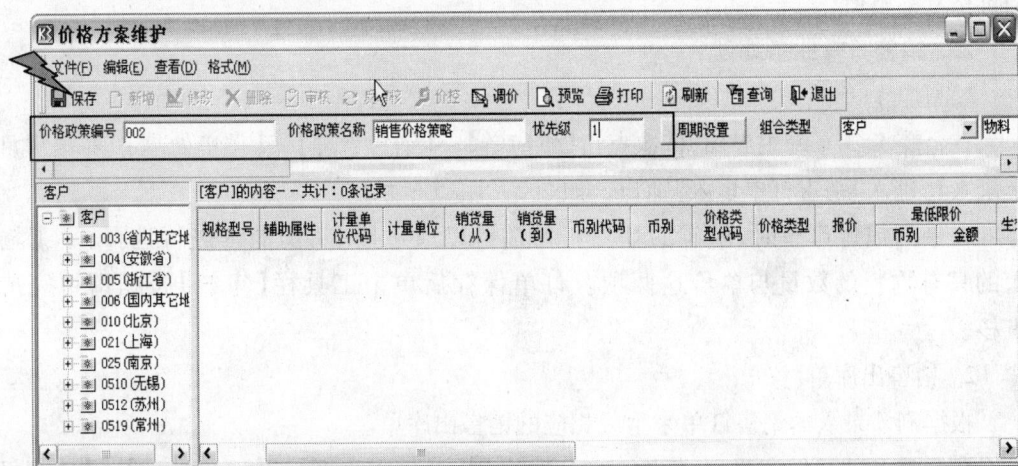

图 2-1-3 　新增价格方案

价格方案的头信息主要包括价格政策编号、价格政策名称和优先级。

在"价格方案维护"窗口左边窗格选择某一客户,再单击工具栏【新增】按钮,弹出"价格明细维护[新增]"对话框,输入针对这一客户所采用的价格策略。如图2-1-4所示,最后只需保存即可。

> **小提示**
>
> 在"价格方案"窗口,可以右键单击客户或某一组别,从中"批量新增"价格明细。
>
> 在"价格方案"窗口,单击工具栏【价控】按钮,可以设置商品的最低售价。

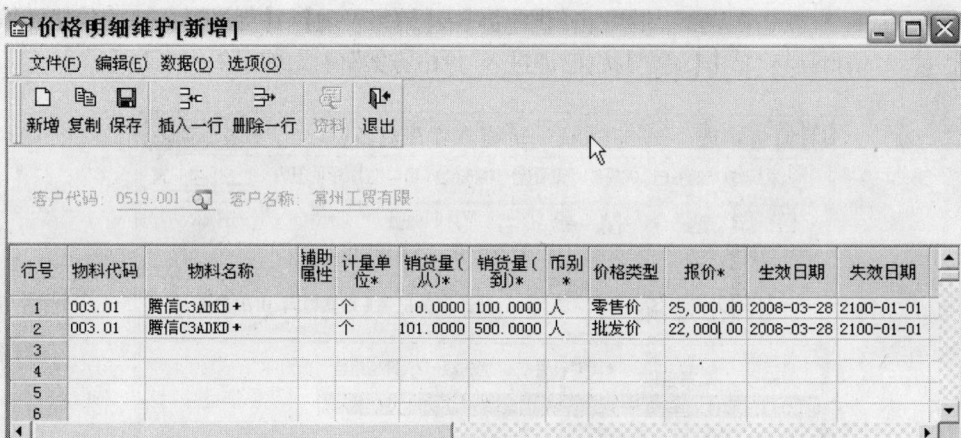

图2-1-4　新增价格明细

3. 销售折扣

在金蝶K/3系统主界面,依次点击【供应链】→【销售管理】→【折扣资料】→【折扣方案维护】,进入"折扣方案维护"窗口,在此窗口可以增加客户的折扣资料,具体方法与新增价格方案类似。

二、销售日常业务处理

1. 销售订单

在金蝶K/3系统主界面,依次点击【供应链】→【销售管理】→【订单处理】→【销售订单录入】,进入"销售订单录入"窗口。如图2-1-5所示。

在录入销售订单时,所有的基础资料都可以通过按F7功能键进行选择,手工输入的只有物料的数量与单价这两项。订单保存后单击工具栏【审核】按钮即可完成审核。

2. 销售出库单

根据刚才录入的销售订单来生成相应的销售出库单。

在金蝶K/3系统主界面,依次点击【供应链】→【销售管理】→【订单处理】→【销售订单查询】,进入"销售订单序时簿"窗口。如图2-1-6所示。

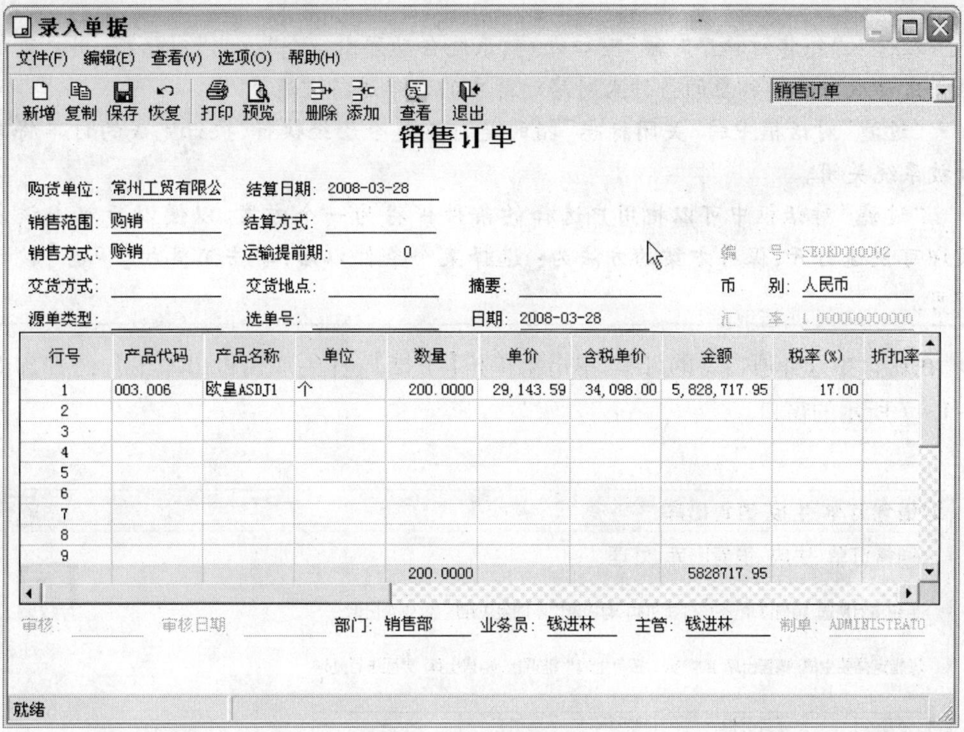

图 2-1-5 录入销售订单

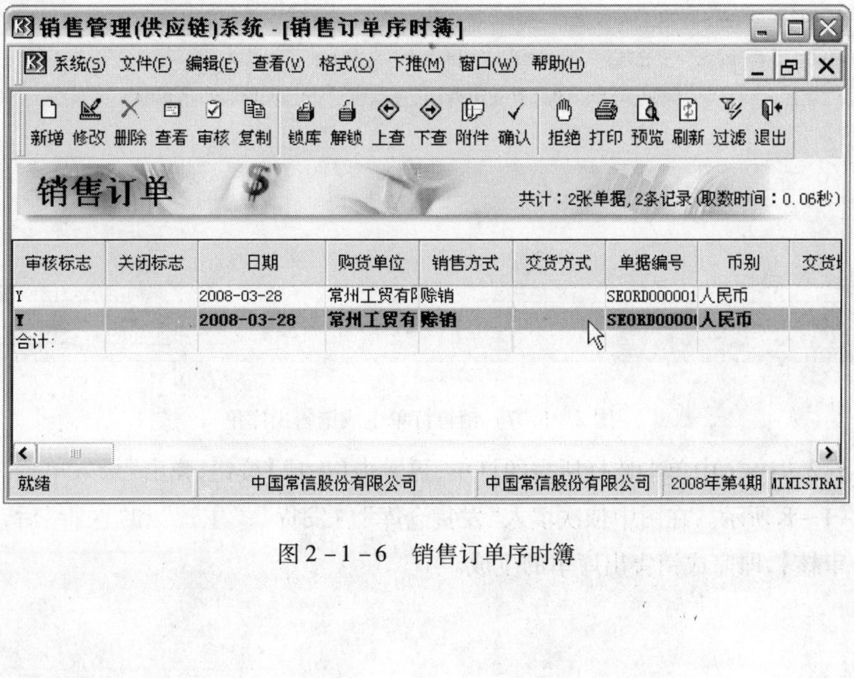

图 2-1-6 销售订单序时簿

在进入"销售订单序时簿"窗口之前，系统自动弹出一个"过滤"对话框，用户可以根据需要从中选择相应的条件来对序时簿中的订单进行过滤。

"过滤"对话框中的"关闭标志"指的是订单是否已经执行，执行完成的订单将自动被系统关闭。

"过滤"对话框中可以把用户选择的条件保存为一个方案，以便以后双击该方案即可快速打开，保存方案的方法为：选择某个条件以后，单击工具栏【保存】按钮即可。

在窗口中选择所需要的订单，单击菜单栏【下推】→【生成销售出库单】，将弹出如图 2-1-7 所示的窗口。

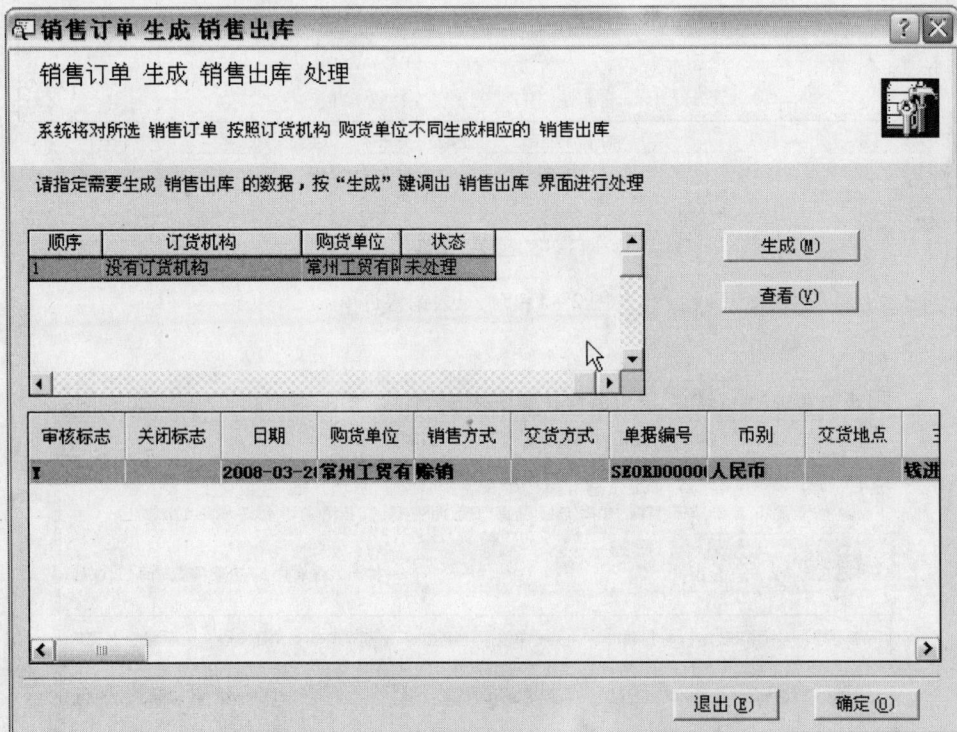

图 2-1-7　销售订单生成销售出库单

在图 2-1-7 中单击选择所需的订单，再单击【生成】按钮，弹出"录入单据"对话框，如图 2-1-8 所示。在图中依次填入"发货仓库"、"发货"、"主管"和"保管"后，单击【保存】→【审核】，即完成销售出库单的生成。

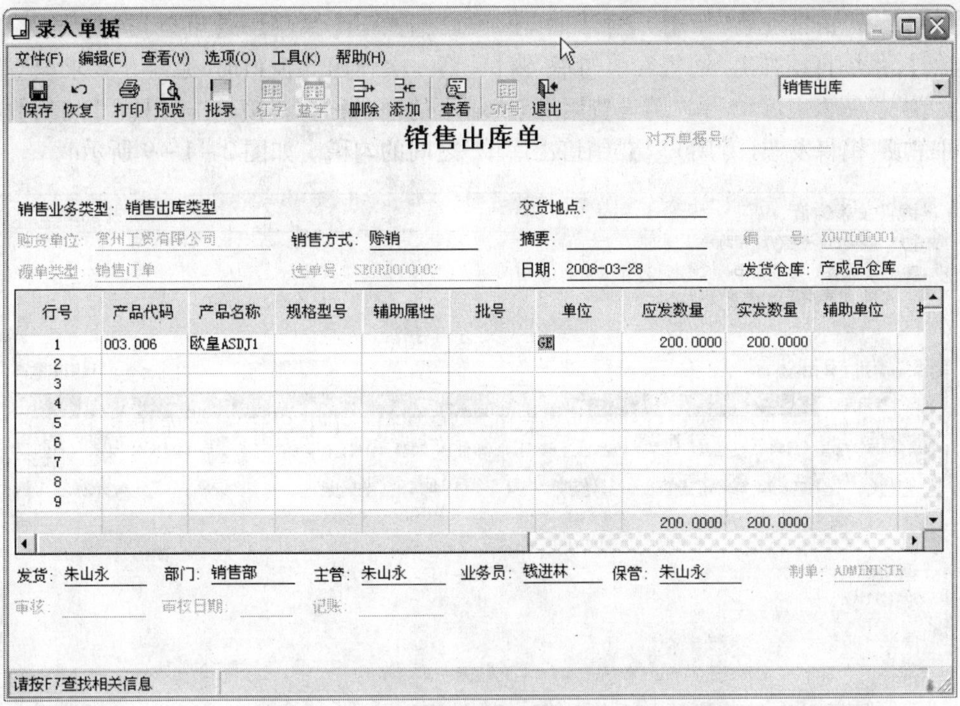

图 2 - 1 - 8　销售出库单

小提示

当销售订单生成销售出库单后,销售订单的状态将被改为"关闭",也即本订单不能再生成蓝字的出库单。

在新增订单或出库单时,工具栏上的蓝字表示正数,红字表示负数。例如,红字的销售订单表示的是客户退货,蓝字订单表示订货;蓝字的出库单表示仓库发出材料,红字的出库单表示客户退货给仓库。

---

3. 销售发票

在"销售订单序时簿"窗口,单击菜单栏【下推】→【生成 销售发票(专用)】,也可以生成"销售发票(专用)",具体方法与生成销售出库单相同,这里不再详述。

另外,在"销售出库单序时簿"中,选择菜单栏【下推】→【生成 销售发票(专用)】,也可以生成销售发票,方法相同。

小提示

销售发票(专用)指的是含税发票,销售发票(普通)指的是不含税发票。

---

4. 销售发票的勾稽

勾稽有两种含义,一种是指单据之间紧密的关联关系,即源单据通过上拉式、下推式关联生成目标单据的情形下,除了必要资料的补充外,不进行任何关联数据,如数量、金额等改变的关联,称之为单据勾稽。二是指发票在审核的同时,直接与出库单执行核销的,是确定销售成本和销售收入实现匹配的标志。

在录入"销售发票(专用)"对话框,在工具栏上单击【保存】→【审核】按钮后,再单击【勾稽】,系统自动弹出"销售发票勾稽"窗口,第一次弹出此窗口时,系统还要求设置"销售发票"、"销售出库单"和"销售费用发票"显示的列名称。直接单击工具栏【勾稽】按钮即可完成"销售发票(专用)"与"销售出库单"之间的勾稽。如图2-1-9所示。

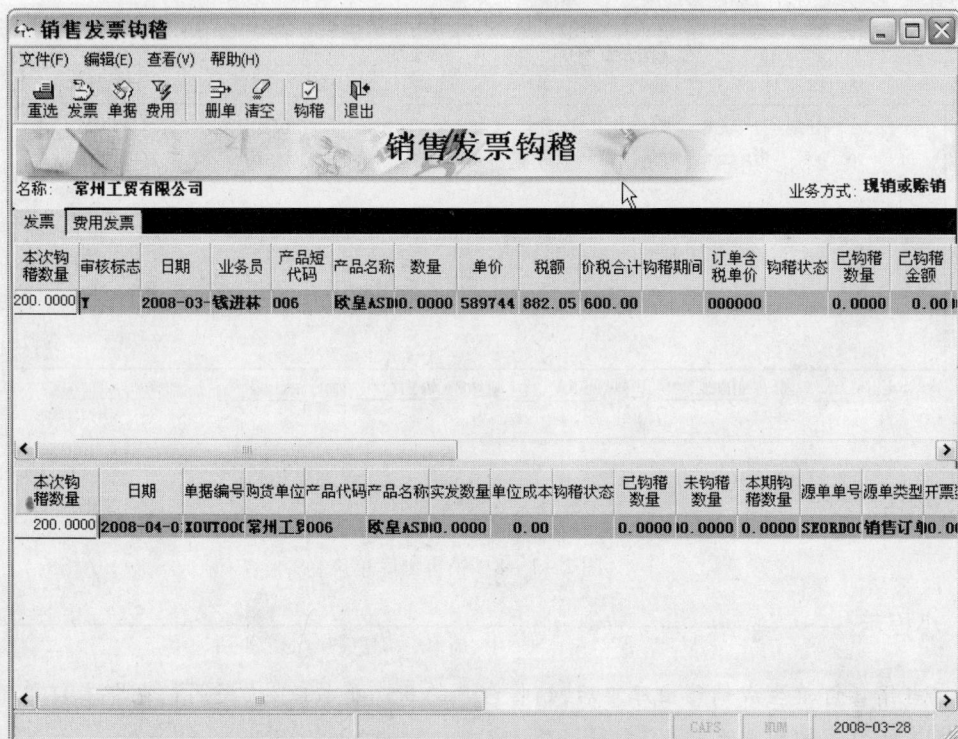

图2-1-9　销售发票勾稽

另外一种方法是在"销售发票序时簿"中,选中相应的销售发票单据,再单击工具栏上【勾稽】按钮,后续操作同第一种。

> **小提示**
>
> 在"销售订单序时簿"或"销售出库单序时簿"或"销售发票序时簿"窗口中,可以在工具栏或菜单栏中对单据进行审核、反审核、删除、作废等操作。
>
> 任何对单据的操作都是可逆的,例如,审核后的单据可以进行反审核;作废的单据可以反作废;勾稽的单据可以进行反勾稽等。

5. 销售退货

在 K/3 系统中,客户的销售退货是录入红字销售订单、红字销售出库单和红字销售发票,红字销售发票也需与红字销售出库单勾稽。具体操作请参见前面步骤。

6. 委托代销商品与受托代销商品

在做委托代销时,由于商品仍属于本公司,改变的仅仅是商品存放的地方,所以只需在仓库中新建一个委托代销企业的仓库名称,将实仓中的商品调拨到该仓库即可,销售出库与销售发票仍采用原来的操作方法,最后,当委托代销企业将剩余商品发回公司时,只需将新建仓库内的商品调拨回实仓即可。

受托代销商品时,由于收到的是不属于本公司的商品,本公司没有所有权,所以不需要知道其金额,只要管理其数量即可。所以在收到受托代销商品时,新建一个代管虚仓,录入收料通知单将商品入这个新建的代管仓;销售商品时,根据收料通知单做外购入库单入实仓,外购入库单中的数量为实际销售数,价格为委托销售企业给本公司的价格,由外购入库单生成采购发票并勾稽作为销售商品的成本,再根据实际销售数做销售出库单和销售发票并勾稽,作为销售商品的收入。退回货物给委托方时,做退料通知单出虚仓。

7. 分期收款销售商品

分期收款销售商品,与普通的销售方式几乎没有什么不同,不同点就是收款是分期分步进行的。做这类单据时,可以根据收款时间的不同,将出库单进行拆分,由拆分后的出库单与销售发票进行勾稽(根据权责发生制,企业没有分期收款销售这种方式)。

8. 客户信用管理

客户信用即是允许客户欠本公司多少货款,当客户欠款达到一定数额时,销售人员就要采用一定的方式方法来规避风险。

首先,要客户资料里的信用管理项,在"基础平台 – 客户"窗口,双击某一客户后,将"是否进行信用管理"选择打上勾✓。再依次点击【供应链】→【销售管理】→【信用管理】→【信用管理维护】,打开"系统基本资料—[信用管理]"窗口,如图 2 – 1 – 10 所示。

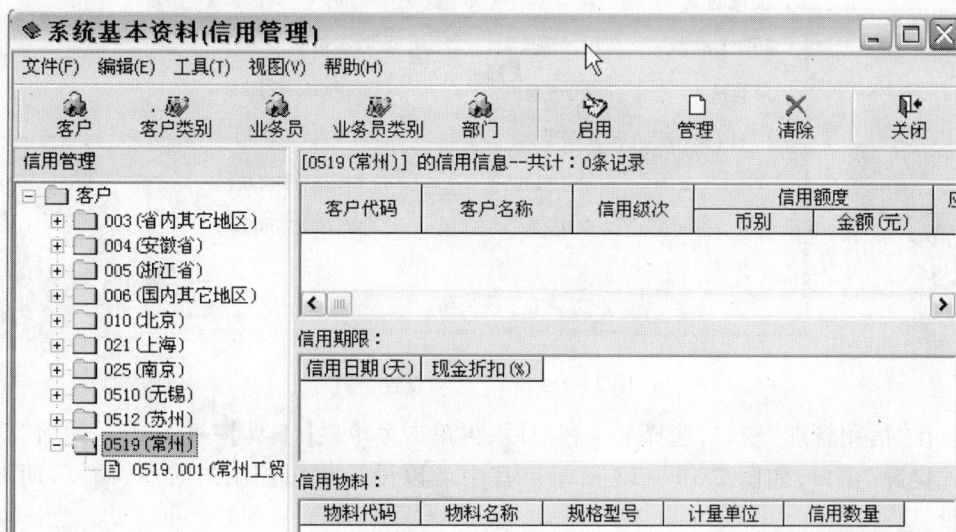

图 2 – 1 – 10 信用管理

在图 2 – 1 – 10 中选择已经启用了信用管理的客户,再单击工具栏中【管理】按钮,弹出如图 2 – 1 – 11 所示对话框。

在图 2 – 1 – 11 中依次设置"信用额度"、"信用数量"、"信用期限"(在左下窗格中新增)以及销售物料的代码与数量。最后单击【保存】按钮即可。

在"信用管理"窗口,选择某一客户后,再单击菜单栏【工具】→【选项】,弹出"选项设置"窗口,如图 2 – 1 – 12 所示。

可在选项设置中设置信用管理的对象、强度与选项等信息。

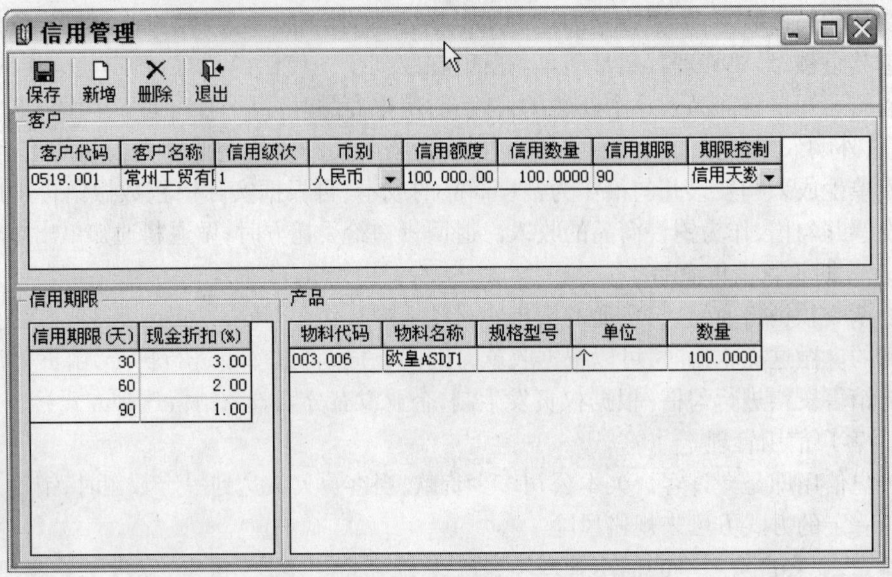

图 2-1-11 信用管理详细设置

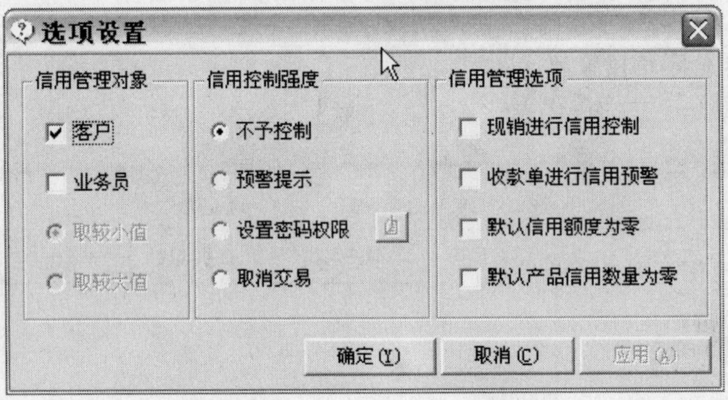

图 2-1-12 "选项设置"窗口

在"信用管理"窗口,选择某一客户后,再单击菜单栏【工具】→【公式】,弹出"信用公式设置"窗口,如图 2-1-13 所示。其中可以设置信用控制的时点、额度、期限与数量。

> **小提示**
>
> K/3 系统的信用管理一般要在完成应收系统初始化的基础上进行,本书仅做介绍。
>
> 当某个企业的信用额度超出允许的范围以后,系统将自动给出提示来提醒业务员。
>
> 销售系统的报表可以在各个子模块中查看,也可以用查询分析工具来查看。

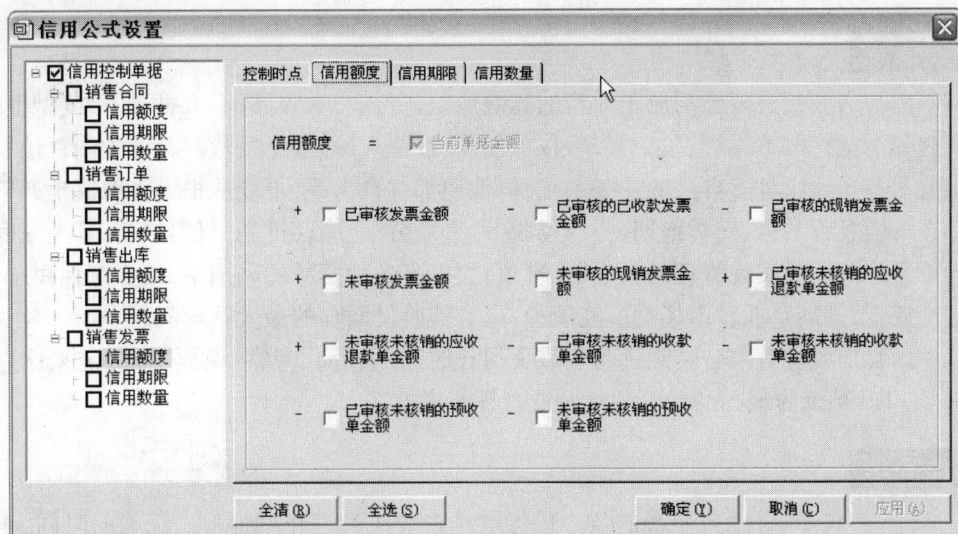

图 2 – 1 – 13　信用公式设置

总　　结

K/3 的销售管理模块比较复杂,尤其是涉及到许多财务与专用术语。在销售管理模块中,着重介绍了日常销售业务处理、销售折扣/价格管理以及客户信用管理等,这些业务功能极大地帮助了企业人员对客户、价格进行管理。

思　　考

1. 销售管理系统的主要业务有哪几类,在 K/3 系统中如何处理?
2. 如何对客户进行信用管理?
3. 对销售价格的管理方法有哪些种?

任务2.2　生产系统模块功能培训

能力目标

掌握生产系统业务流程并能实际操作。

支撑知识

(1)生产管理业务流程。
(2)生产与运营管理知识。
(3)班组与现场管理知识。

可展示成果

(1)生产管理模块的业务操作。

（2）生产部门业务处理流程图。

背景信息

中国常信股份有限公司属于典型的离散型制造行业，为多品种、大批量、重复型生产。生产过程中坚持按单排产、按单领料、按单加工、按单入库、按单发货。目前中国常信股份有限公司各个部门都有自己的业务系统，但他们都各自为政，不能从根本上解决生产管理中存在的信息不共享、交货拖期、与市场脱节、重复劳动、库存过高、材料浪费，甚至家底不清等一系列问题。实现管理的科学化、现代化，提高各种资源的利用率，减少库存积压，降低生产成本，提高企业对市场的应变能力，是常信股份面临的最大管理问题。

中国常信股份有限公司经过与金蝶公司长时间的磋商、考察、调研后，决定采用以金蝶 K/3 ERP 系统为核心的一套现代企业管理解决方案。

功能介绍

MRP(物料需求计划)系统的核心思想就是企业生产三正确原则：正确的时间、正确的地点、正确数量。即追求恰好及时的计划、恰当数量的生产和采购物料，整个系统是以计划为龙头，通过完整的计划管理体系，使企业内部的资源配置最佳。

MRPII(制造资源计划)把生产、财务、销售、工程技术、采购等各个子系统结合成一个一体化的系统，称为制造资源计划（Manufacturing Resource Planning）。

MPS(主生产计划)是根据销售预测与客户的销售订单来进行运算，得到生产任务单据的一种方法，它与 MRP 是单独运行关系。MPS 的对象主要是具有独立需求的物料和比较重要(紧张)的物料。

小提示

ERP 理论的发展是经过库存控制再订货点理论、MRP、MRPII、ERP 与 ERPII 五个阶段，现在所说的 ERP 一般指的是 ERPII，也即 Electronic ERP。

实践案例

中国常信股份有限公司的生产管理系统主要包括 MRP 和 MPS 运算，以及生产任务管理及其相关单据的操作。

应用流程

一、生产经营规划与编制

企业的生产行为主要来自两个方面：一方面是企业基于市场的预测，也即是销售预测；另一方面来源于客户企业的销售订单。所以在生产经营规划中，以企业的发展目标为方向，以市场预测与销售订单为来源，编制整个生产环节的经营规划。

在金蝶 K/3 系统主界面，依次点击【生产管理】→【主生产计划】→【产品预测】→【产品预测—录入】，进入"录入单据"窗口。如图 2－2－1 所示。

在图 2－2－1 中，分别输入日期、企业代码、物料代码与预测数量，最后保存并审核即可。

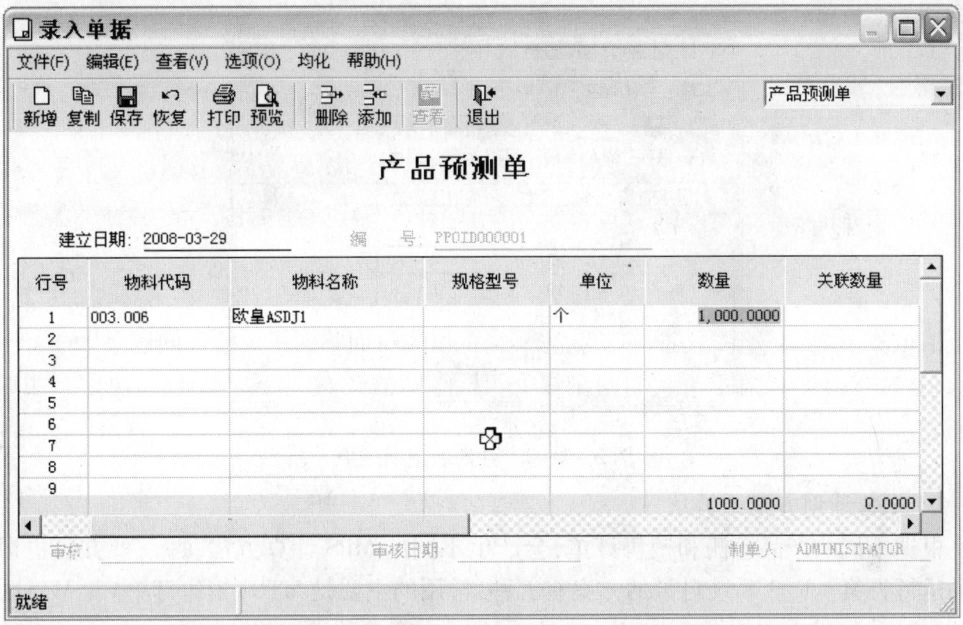

图 2 - 2 - 1　产品销售预测

> **小提示**
>
> 　　生产经营规划来源中的销售订单可在企业实际收到订单时由销售人员录入。
> 　　所谓独立需求是指该需求不依赖于其他物料,如某物料的销售订单,该销售订单对这个物料产生的需求并不受其他物料的影响。
> 　　相关需求是指由于其他的独立需求再产生的需求。例如,客户需要的最终产品是独立需求,而由最终产品的需求导致的零部件需求就是相关需求。

二、MPS 计划参数设置

　　要运行 MPS,必须满足两个条件:一是必须要设置运行 MPS 的物料,一般以自制类的半成品与产成品为主;二是必须有这些物料的需求(销售订单或产品预测);同时,还要对 MPS 的运行参数进行相应的设置。

　　1. 计划展望期设置

　　在金蝶 K/3 系统主界面,依次点击【生产管理】→【主生产计划】→【系统设置】→【计划展望期维护】,进入"计划展望期维护"窗口,如图 2 - 2 - 2 所示。各个企业可以根据生产产品特点的不同,采用不同的展望期。

> **小提示**
>
> 　　计划展望期是一个时间段,决定参与计算的需求单据的时间范围和产生计划订单的时间范围,并可用于实现对 MPS/MRP 运算结果直观灵活的汇总显示及销售订单与产品预测间的关系界定。

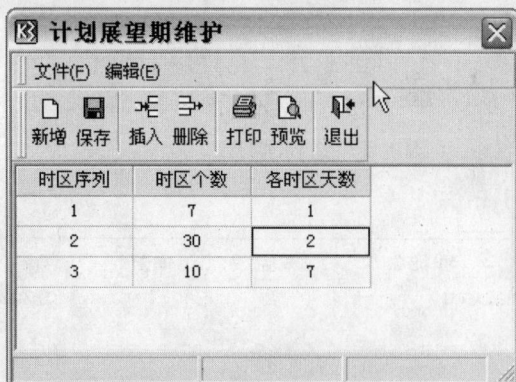

图 2-2-2　计划展望期维护

2. MPS 计划方案维护

　　根据不同的产品预测和销售订单,会产生不同的 MPS 计算方法,每一种方法也即是一种运行方案。K/3 系统自带的方案有五种,常用的主要是 MTO(销售订单)和 MTS1(产品预测),我们只需要根据企业实际情况对 MTO 方案参数进行部分修改。

　　在金蝶 K/3 系统主界面,依次点击【生产管理】→【主生产计划】→【系统设置】→【MPS 计划方案维护】,进入"MPS 计划方案维护"窗口。如图 2-2-3 所示,选择"MTO方案",并单击工具栏【修改】按钮。

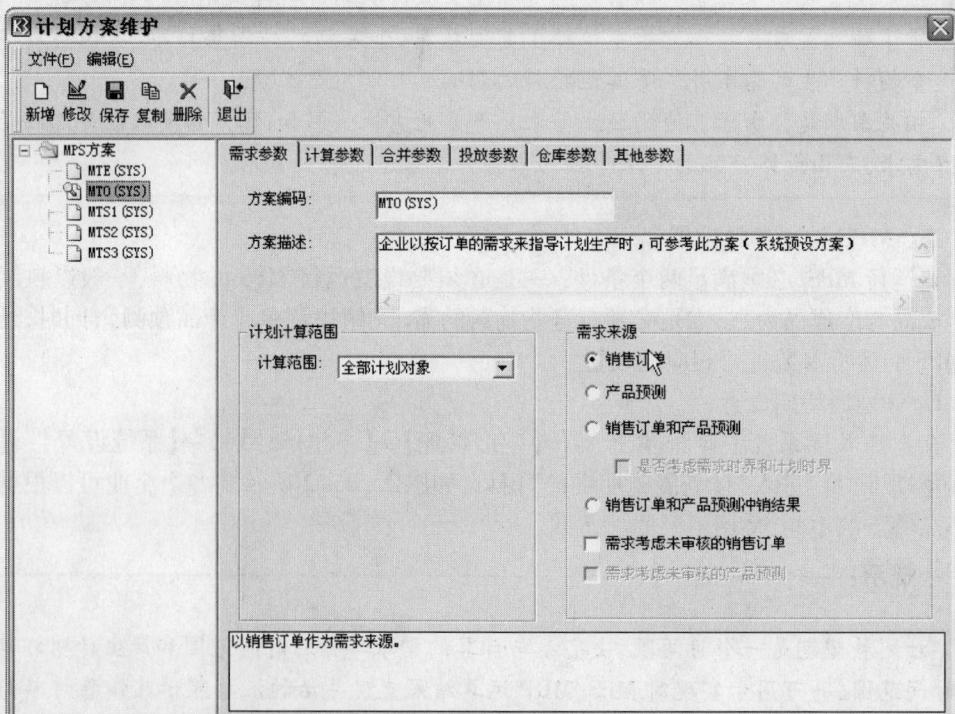

图 2-2-3(a)　MTO 方案(一)

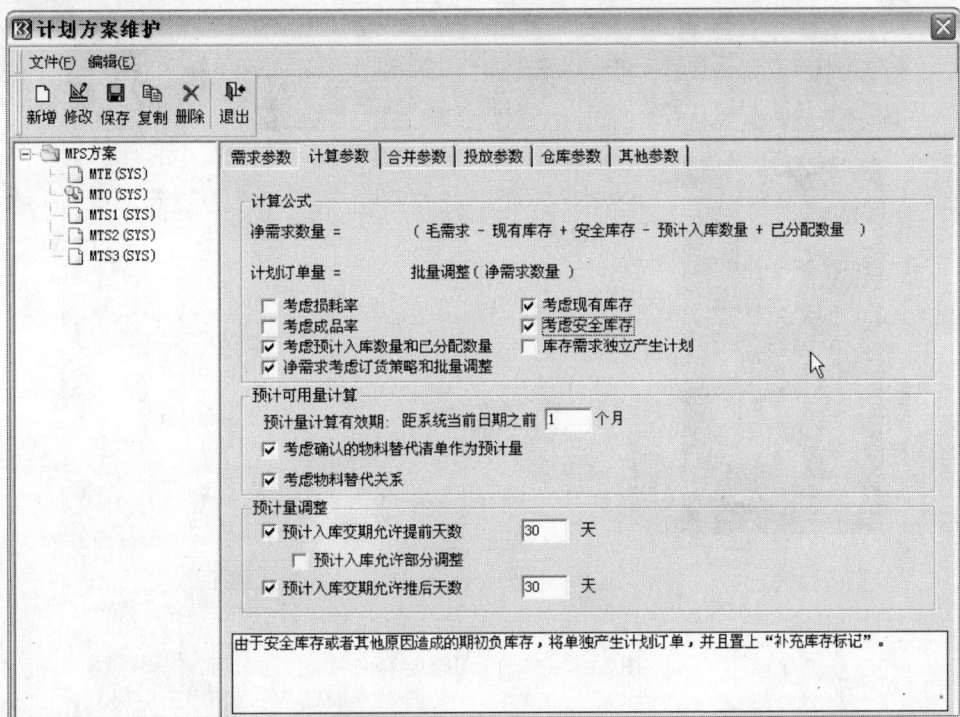

图 2 – 2 – 3(b)　MTO 方案(二)

在需求参数标签中,"需求来源"中选中"销售订单",计算范围选中"全部计划对象"。

在计算参数标签中,选中"计算安全库存"。

在投放参数标签中,选中"运算完成直接投放计划订单",并选中"统一按方案指定采购负责人",在每个⊞按钮后面选择相应的默认值。

仓库参数标签中,选择那些要参与 MPS 运算的仓库。最后单击【保存】按钮。

三、MPS 运算

1. MPS 计算

在"基础平台—基础资料[物料]"窗口将代码为 003.011 的物料"腾信 C3 ADKD +"的计划资料中"计划策略"修改为"主生产计划(MPS)"。在"销售订单 – 录入"窗口,为系统添加一张 003.011 物料"腾信 C3 ADKD +"的销售订单,数量为 400。

在金蝶 K/3 系统主界面,依次点击【生产管理】→【主生产计划】→【MPS 计算】→【MPS 计算】,进入"MPS 运算向导 – 开始"窗口。如图 2 – 2 – 4(a)所示。

单击【下一步】,如图 2 – 2 – 4(b)和图 2 – 2 – 4(c)所示。从中分别单击"BOM 单嵌套检查"、"BOM 单完整性检查"和"低位码维护"来完成对运算的准备。

从"方案参数"对话框中,选择"开始时间"和"运算方案"。单击【下一步】后,弹出运算提示信息,直接单击【下一步】。运算完成后,如图 2 – 2 – 4(d)所示。

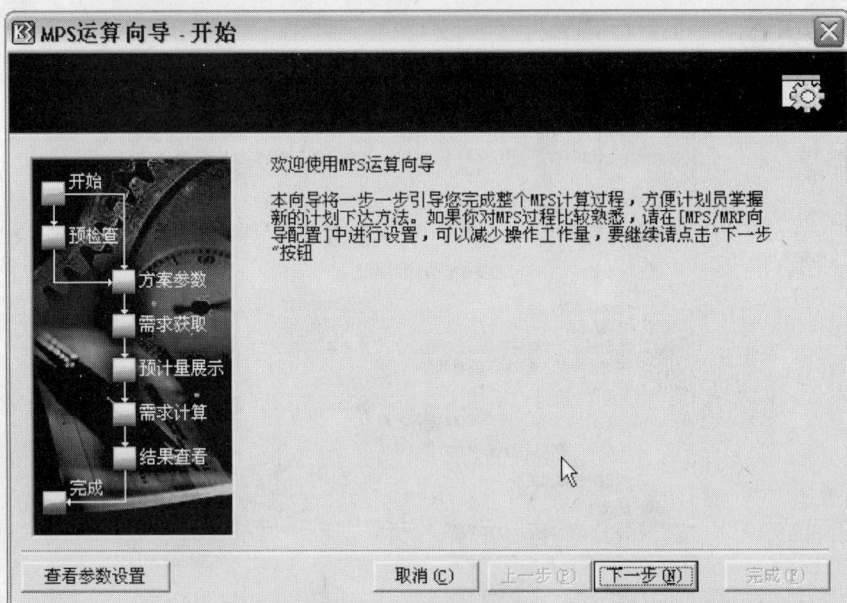

图 2 - 2 - 4(a)　MPS 运算向导

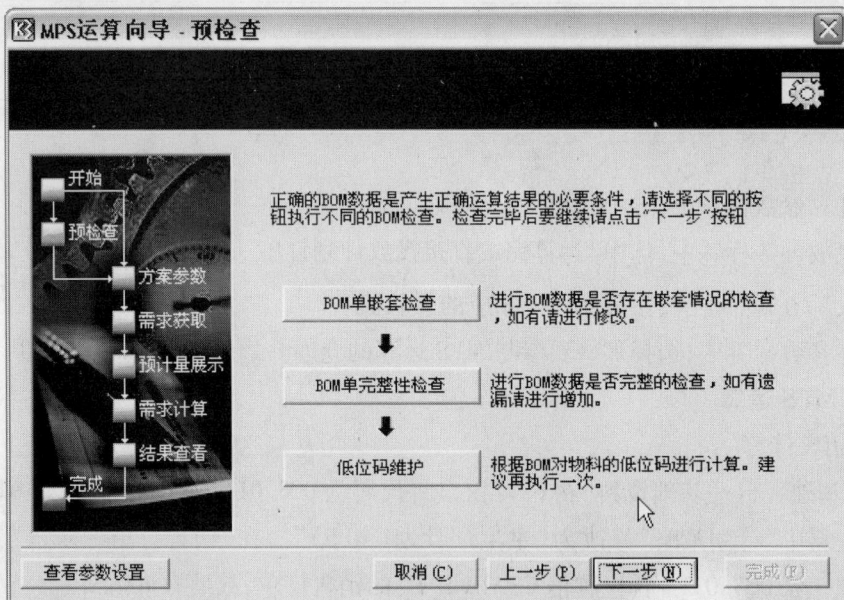

图 2 - 2 - 4(b)　MPS 运算向导

2. 粗能力计划

MPS 运算结束以后,就可以计算企业的粗能力计划。

(1) 依次点击【生产管理】→【粗能力计划】→【粗能力清单】→【粗能力清单生成】,弹出图 2 - 2 - 5 所示窗口。单击【确定】按钮,会完成能力清单的生成。

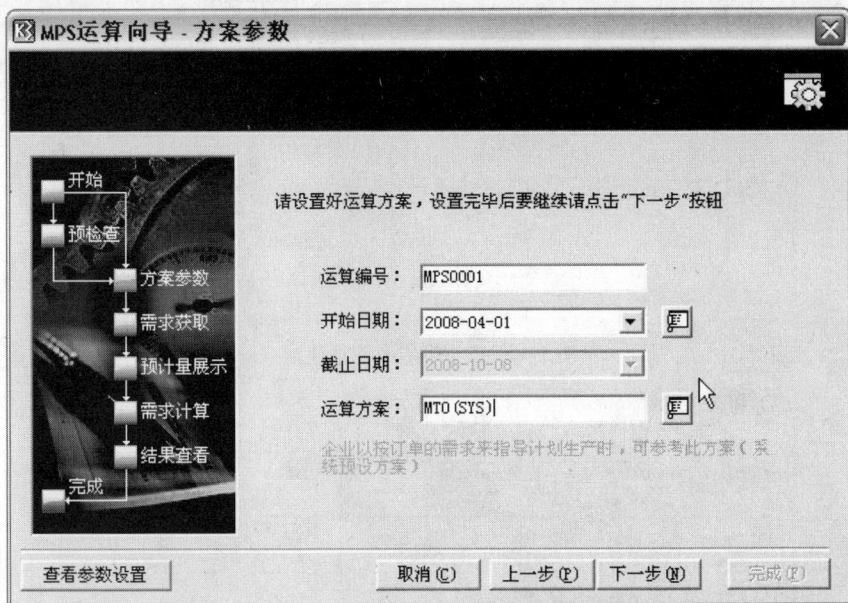

图 2 - 2 - 4(c)　MPS 运算向导

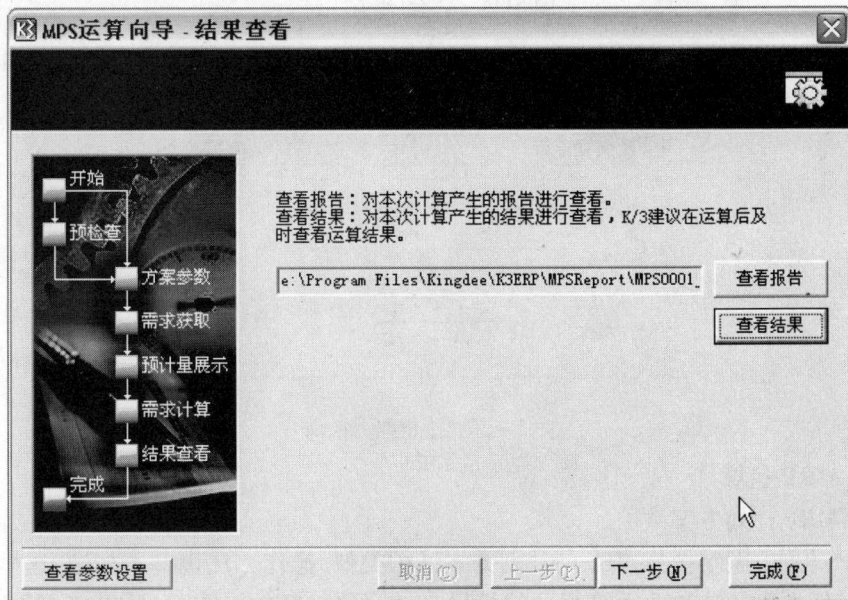

图 2 - 2 - 4(d)　MPS 运算向导

（2）依次点击【生产管理】→【粗能力计划】→【粗能力计算】→【粗能力计算】后,弹出"粗能力计算"对话框,选择好参数后单击【确定】按钮,就会完成对粗能力的计算。如图 2 - 2 - 6 所示。

（3）依次点击【生产管理】→【粗能力计划】→【粗能力查询】→【粗能力查询】,弹出

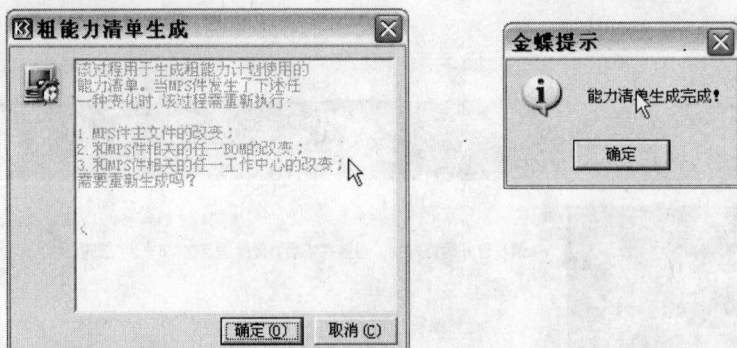

图 2 - 2 - 5　粗能力清单生成

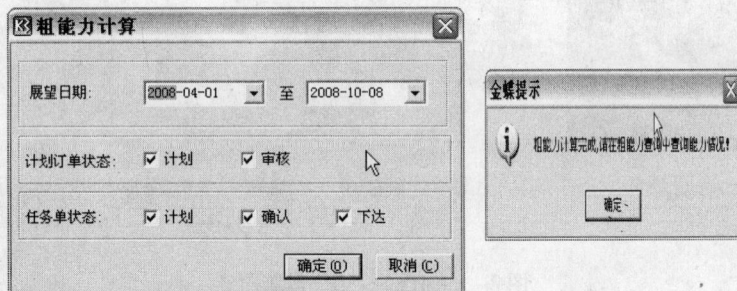

图 2 - 2 - 6　粗能力计划

"粗能力查询"对话框,设置好起始日期与相应的工作中心后,单击【确定】按钮,即可显示企业内部各个工作中心的粗能力。如图 2 - 2 - 7 所示。

图 2 - 2 - 7　粗能力查询

四、MRP 运算

(1) MRP 计划方案维护。

MRP 计划方案维护与 MPS 的计划方案维护类似,操作方法也基本相同,这里不再详述。由于企业是根据 MPS 运算得到的结果来计算原材料的采购量,所以在 MRP 计划方案中我们采用的是 MPS,而不再是 MTO 了。注意:MRP 的所有设置都在【生产管理】→【物料需求计划】模块下完成。

(2) 利用 MRP 对 MPS 运算的结果进行运算,以便产生原材料的采购申请单据。

依次点击【生产管理】→【物料需求计划】→【MRP 计算】→【MRP 计算】,从运算向导中选择"MPS 运算方案",单击【下一步】按钮直至运算完成。运算完成后,系统将自动生成生产 003.011 物料"腾信 C3ADKD + "所需要的零部件和原材料单据。

运算结果如下：

① 在"采购订单序时簿"中，系统自动生成所需原材料的采购申请单；

② 在【生产管理】→【生产任务管理】→【生产任务】→【生产任务 – 查询】中，系统自动生成"生产任务单"，如图 2 – 2 – 8 所示。

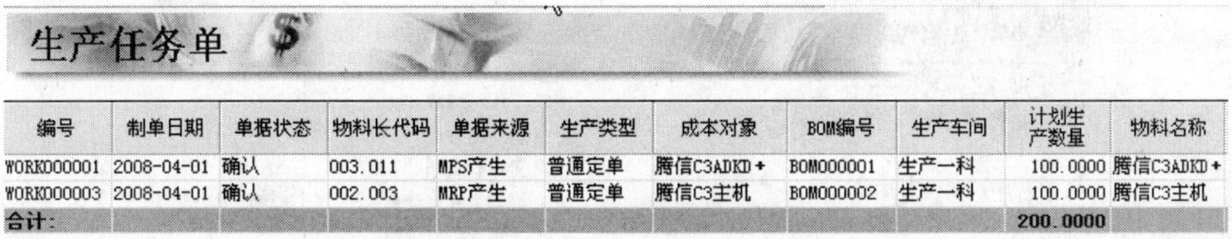

编号	制单日期	单据状态	物料长代码	单据来源	生产类型	成本对象	BOM编号	生产车间	计划生产数量	物料名称
WORK000001	2008-04-01	确认	003.011	MPS产生	普通定单	腾信C3ADKD+	BOM000001	生产一科	100.0000	腾信C3ADKD+
WORK000003	2008-04-01	确认	002.003	MRP产生	普通定单	腾信C3主机	BOM000002	生产一科	100.0000	腾信C3主机
合计：									200.0000	

图 2 – 2 – 8　生产任务单

注意：这两张生产任务单，一张是由 MPS 运算生成，另后一张是由 MRP 根据 MPS 运算生成的结果生成的，是自制中间件（半成品：主机）。

（3）投放生产任务单到生产车间。

在生产任务单序时簿窗口，选择腾信 C3 主机的生产任务单并点击菜单栏【编辑】→【反确认】，使其单据状态为计划状态。再双击腾信 C3 主机的生产任务单，把"生产类型"修改为"工序跟踪普通订单"，把"工艺路线"修改为腾信 C3 主机的工艺路线。再单击工具栏【保存】→【确认】→【下达】，使生产任务单下达至生产车间。如图 2 – 2 – 9 所示。

图 2 – 2 – 9　编辑单据 – 生产任务单

此时，依次点击【生产管理】→【车间作业管理】→【工序计划】→【工序计划单 – 查询】中，即可看见下达到车间的"工序计划单"。选中第一道工序"组装"的工序计划单后，单击工具栏【下推】→【生成派工单】，即可把生产任务派到第一道工序的工作中心，如图 2 – 2 – 10 所示。同样，在"工序计划单序时簿"中，也可以把工序计划单下推为"工序转移单"和"工序汇报单"。

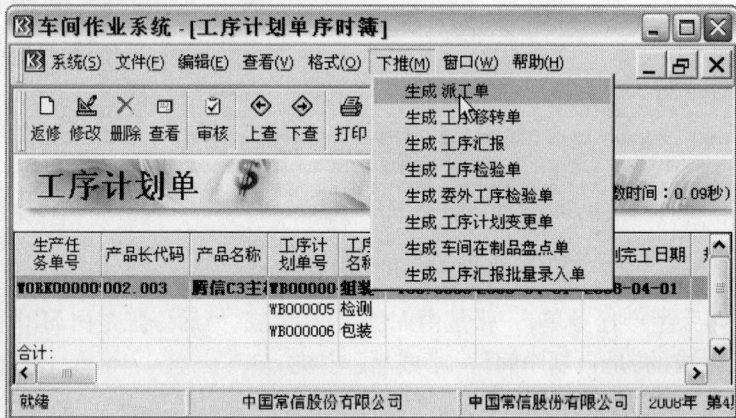

图 2 – 2 – 10   工序计划单

当原材料经过所有工序的加工以后，就可以形成产成品，进行完工入库。

小提示

生产任务单的状态有：计划，确认，下达，结案，挂起和作废，但只有在计划状态才允许用户进行编辑。当位于车间进行生产加工时，状态为下达，最后产品完工入库后，单据状态自动转为结案状态。

工序转移单、工序汇报单等车间作业的单据，都可以在【生产管理】→【车间作业管理】的各个子功能当中查看、修改、删除和审核。

车间作业管理时，要先在系统设置中设置"允许工序派工数量大于工序接收数量"。

（4）生产领料。

当生产任务下达到生产车间以后，车间就要生产领料。在"生产任务单序时簿"窗口中，选择某一"下达"状态的单据，单击工具栏【下推】→【生成领料单】，在随之出现的对话框中单击【生成】，即可出现生成的"生产领料单"，如图 2 – 2 – 11 所示。从中输入"实发数量"、"领料"、"发料"和"仓库"后，分别单击【保存】→【审核】按钮。

小提示

生产环节的退料，只需填入红字的生产领料单即可。

（5）细能力需求计划。

细能力需求计划与粗能力计划有所不同，粗能力计划是反映企业在某一时间段内关键工作中心的能力情况，是以计划展望期为基础，并且粗能力计划的产生是在 MPS 运算结束以后。而细能力计划是在生产任务单下达到车间以后产生的，必须先有车间生产任

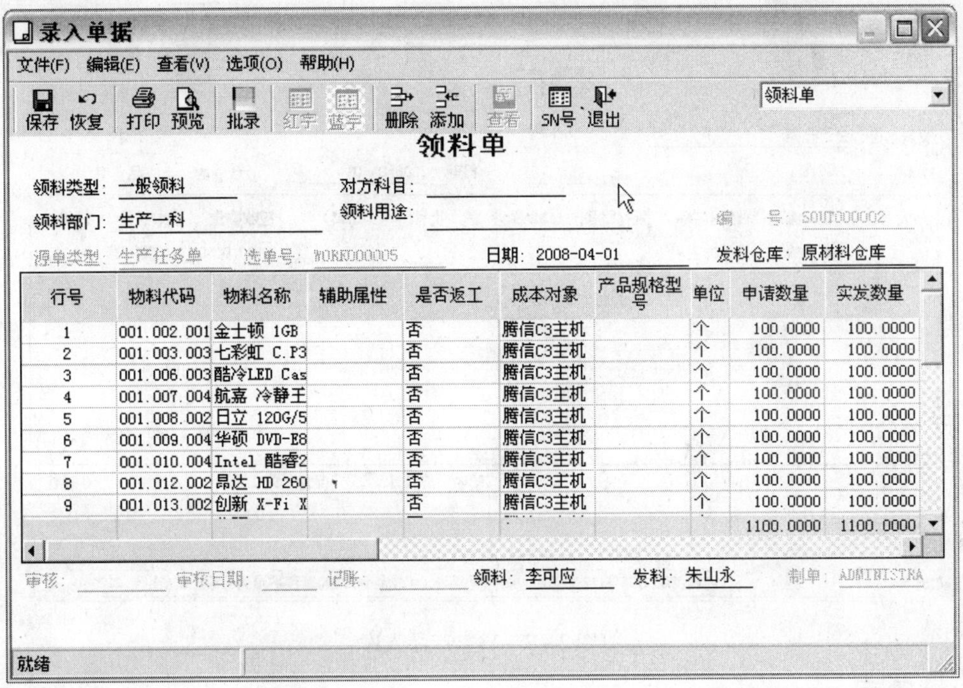

录入单据

文件(F)　编辑(E)　查看(V)　选项(O)　帮助(H)

保存　恢复　打印　预览　批录　红字　蓝字　删除　添加　查看　SN号　退出　领料单

领料单

领料类型：一般领料　对方科目：

领料部门：生产一科　领料用途：　编　号：SOUT000002

源单类型：生产任务单　选单号：WORK000005　日期：2008-04-01　发料仓库：原材料仓库

行号	物料代码	物料名称	辅助属性	是否返工	成本对象	产品规格型号	单位	申请数量	实发数量
1	001.002.001	金士顿 1GB		否	腾信C3主机		个	100.0000	100.0000
2	001.003.003	七彩虹 C.P3		否	腾信C3主机		个	100.0000	100.0000
3	001.006.003	酷冷LED Cas		否	腾信C3主机		个	100.0000	100.0000
4	001.007.004	航嘉 冷静王		否	腾信C3主机		个	100.0000	100.0000
5	001.008.002	日立 120G/5		否	腾信C3主机		个	100.0000	100.0000
6	001.009.004	华硕 DVD-E8		否	腾信C3主机		个	100.0000	100.0000
7	001.010.004	Intel 酷睿2		否	腾信C3主机		个	100.0000	100.0000
8	001.012.002	昂达 HD 260		否	腾信C3主机		个	100.0000	100.0000
9	001.013.002	创新 X-Fi X		否	腾信C3主机		个	100.0000	100.0000
								1100.0000	1100.0000

审核：　审核日期：　记账：　领料：李可应　发料：朱山永　制单：ADMINISTRA

就绪

图2-2-11　生产领料单

务再有细能力计划，它反映的是月（或周或日）的车间工作能力和工作中心资源的工作能力。

与粗能力计划一样，细能力计划也要先进行计算后才能查询。具体操作在【生产管理】→【细能力需求】模块中，操作方法与粗能力需求计划雷同，如图2-2-12所示。

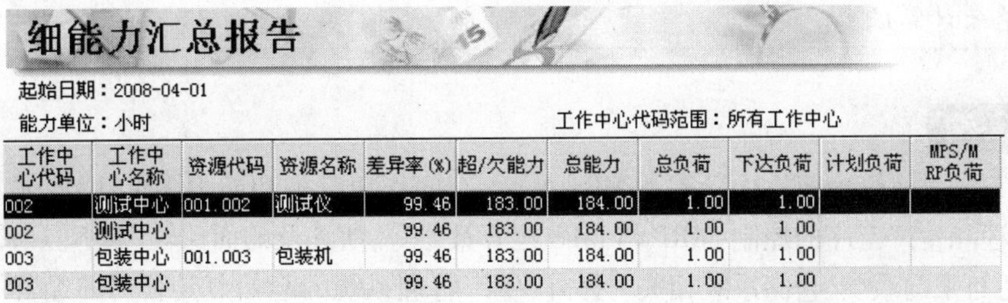

细能力汇总报告

起始日期：2008-04-01

能力单位：小时　工作中心代码范围：所有工作中心

工作中心代码	工作中心名称	资源代码	资源名称	差异率(%)	超/欠能力	总能力	总负荷	下达负荷	计划负荷	MPS/MRP负荷
002	测试中心	001.002	测试仪	99.46	183.00	184.00	1.00	1.00		
002	测试中心			99.46	183.00	184.00	1.00	1.00		
003	包装中心	001.003	包装机	99.46	183.00	184.00	1.00	1.00		
003	包装中心			99.46	183.00	184.00	1.00	1.00		

图2-2-12　细能力需求计划

（6）生产完工。

最终产品的完工，由下达的生产任务单自动生成产品入库单。在“生产任务单序时簿”窗口中，选择某一“下达”状态的单据，单击工具栏【下推】→【生成产成入库】，在随之出现的对话框中单击【生成】，即可出现生成的“产品入库单”，如图2-2-13所示。

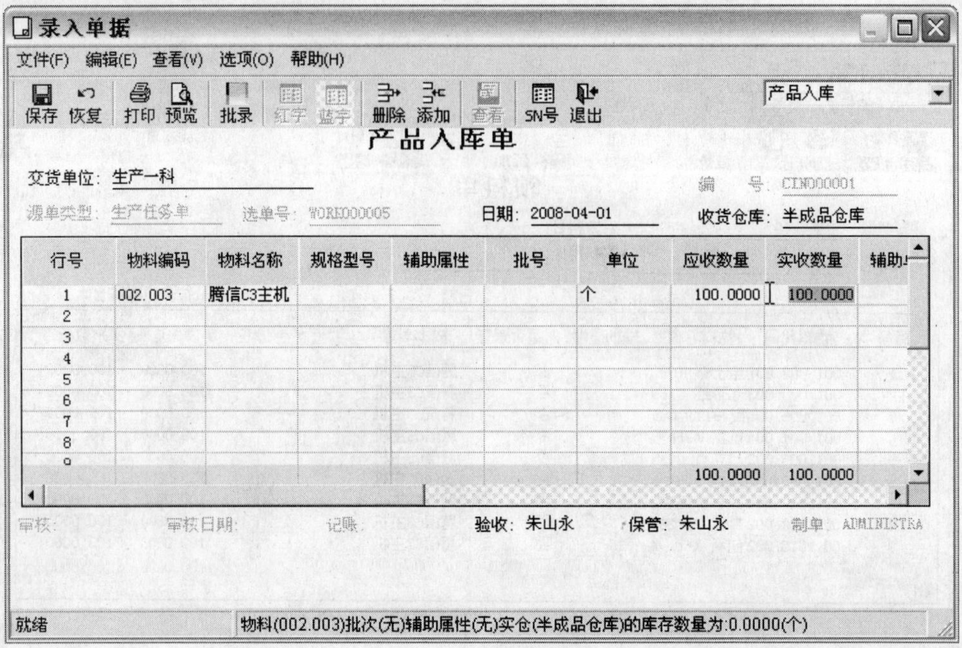

图 2-2-13　产品入库

小提示

生产的产品一旦入库,那么相应的生产任务单将自动结案。

产品入库单中,还必须填入收货仓库、验收、保管等项目。

委外加工管理:若在生产 BOM 中某一中间件是委外属性的话,经过 MRP 运算后得到的生产任务单的属性也将是委外属性。所以委外属性的生产任务单生成的将是委外加工出库单据;加工完成以后,将录入的是委外加工入库,与企业中的生产车间并无直接关系。委外所产生的加工费用通过采购发票勾稽来体现,最后将委外出库与入库核销来计算成本。

总　结

K/3 的生产管理模块中涵盖了 MPS、MRP、车间作业管理和能力需求计划,尤其是针对生产过程和生产工序的控制、MRP 与 MPS 运算策略等,所涉及的面比较广,不但与销售系统相关,还与采购系统、仓储系统相关。另外,生产管理系统的起始点是公司的经营规划与销售单据,通过销售产生的独立需求、BOM 资料以及库存数据来计算各个时界的需求状况。

思　考

1. 粗能力需求计划与细能力需求计划之间有什么关系,具体异同点是什么?

2. 如何运行 MPS 计算,运行 MPS 所需要的条件有哪些?

3. MPS 与 MRP 之间的异同点是什么?

4. 如何对工序上的在制品进行管理?

5. 生产管理系统中,如何体现 JIT 管理思想?

任务 2.3　采购系统模块功能培训

能力目标

掌握采购系统业务流程并能进行实际操作。

支撑知识

（1）采购管理业务流程。

（2）物流与供应链管理知识。

（3）客户关系管理知识。

可展示成果

（1）采购管理模块的业务操作。

（2）采购部门业务流程图。

背景信息

采购管理系统是通过采购订货、仓库收料、采购退货、购货发票处理、供应商管理、价格及供货信息资料等功能综合运用的管理系统,对采购物流和资金流的全过程进行有效地双向控制和跟踪,实现完善的企业物资供应信息管理。

在企业的采购业务中,一般分为现销和赊销两种类型,因为质量或其他原因有时也会发生退货。不同业务类型其业务的处理过程以及财务收支核算的过程有所差异,但是基本流程是一致的,都是采购订单到入库单再到采购发票,发票与入库单钩稽后进行入库核算。因为企业的实际业务比较复杂,处理的过程也各不相同,可以根据实际情况进行相应调整。

功能介绍

采购订单:是企业采购部门交给供应商作为订货依据的单据,也是采购订货业务工作中非常重要的一个管理单据,通过订单可以直接向供应商订货并可查询订单的收料情况和订单执行情况。

采购入库单:是仓管人员收货入库的凭证。它也是体现库存业务的重要单据,外购入库单是货币资金转为储备资金的标志,外购入库单也是财务人员据以记账、核算成本的重要原始凭证。

采购发票:采购发票是供应商开给购货单位,据以付款、记账、纳税的依据。采购发票是采购管理的关键操作,它涉及采购成本,是采购管理与存货核算的接口。采购发票是供应链的重要中心信息之一,也是联系财务、业务系统的重要桥梁。

发票与入库单钩稽:钩稽的实际意义是采购发票与外购入库单之间的核对,钩稽的主要作用是进行实际成本的匹配确认,最后通过外购入库核算后,使外购入库单的成本与采购发票保持一致。在日常业务处理完毕后,可以通过账簿报表去查询已录入的单据或分析采购业务的开展情况。

> **小提示**
>
> 在财务中,采购发票与费用发票都将计入原材料的采购成本。

实践案例

中国常信股份有限公司采购管理系统主要是采购申请单、采购订单、外购入库单与采购发票等相关单据的操作。

应用流程

一、采购价格资料设置

采购价格管理是企业的一个重要的采购政策之一,灵活的价格体系和价格信息查询可以降低采购成本,限价预警控制手段可以防范采购漏洞。

在金蝶 K/3 系统主界面,依次点击【供应链】→【采购管理】→【供应商管理】→【采购管理】,打开"采购价格管理"窗口,单击工具栏【供应商】按钮,如图 2 - 3 - 1 所示。

在图 2 - 3 - 1 左窗格中右击"供应商",并选择"批量新增",将弹出"供应商供货信息"对话框。如图 2 - 3 - 2 所示。依次输入"物料代码"、"供货数量"、"报价"和"折扣率",最后单击【保存】按钮。

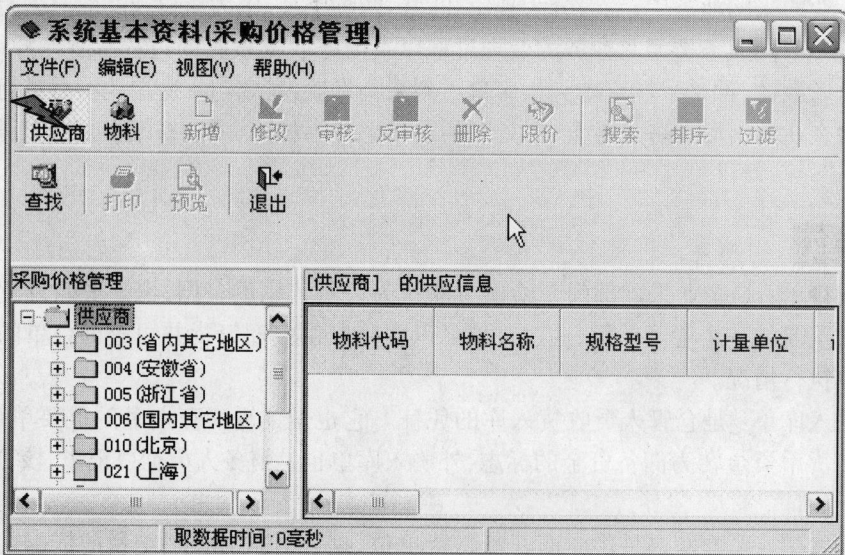

图 2 - 3 - 1　采购价格管理

在"采购价格管理"窗口,先在左边窗格选择某一供应商后,再单击工具栏【限价】按钮,弹出如图 2 - 3 - 3 所示的对话框,从中选择"所有供应商"输入最高限价的数额后,单击【确定】按钮。

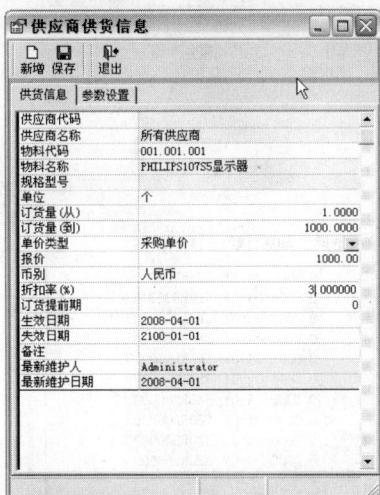

图 2 – 3 – 2　供应商供货信息　　　　图 2 – 3 – 3　供应商供货最高限价

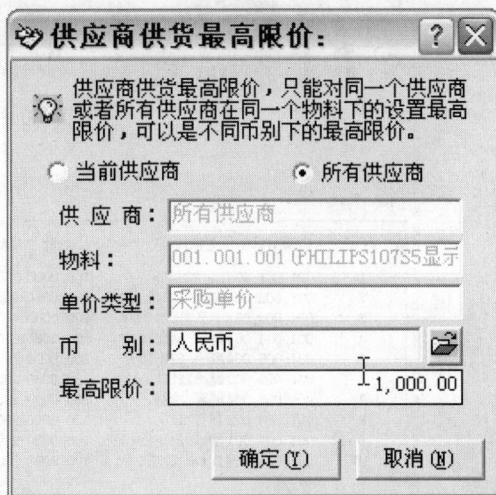

小提示

　　最高限价是指在企业进行购货交易时所能允许的最高出价,可以针对某一供应商设置,也可以针对所有的供应商设置。

　　对供应商的评估是在质量管理中进行的,先新建评估方案,再录入对供应商的评估表。

二、采购日常业务管理

　　采购系统是以生产部门或仓储部门提供的采购申请单开始的,再由采购员向供应商开出具体的采购订单;供应商送货时,采购部门将收到采购发票、费用发票与货物。

　　1. 采购申请单

　　在任务 2.2 生产管理系统中,通过 MRP 运算后系统自动下发了所需原材料的采购申请单,当然,采购申请单也可以根据企业实际需要,可以由企业员工来手工录入。在金蝶 K/3 系统主界面,依次点击【供应链】→【采购管理】→【采购申请】→【采购申请－手工录入】,录入完毕后保存并审核。图 2 – 3 – 4 所示的是任务 2.2 中系统自动生成的采购申请单。

　　2. 采购订单

　　在金蝶 K/3 系统主界面,依次点击【供应链】→【采购管理】→【采购申请】→【采购申请—查询】,进入"采购订单序时簿"窗口,从中选择相应的采购订单后,单击菜单栏【下推】→【生成－采购订单】,在弹出的窗口单击【生成】按钮,即可生成递交给供应商的采购订单,如图 2 – 3 –5 所示。

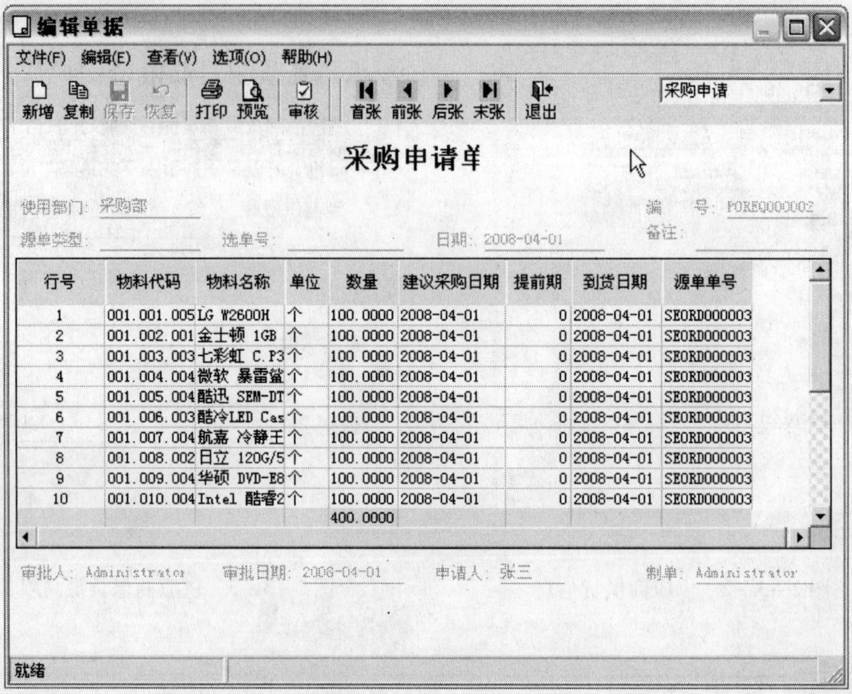

采购申请单

行号	物料代码	物料名称	单位	数量	建议采购日期	提前期	到货日期	源单单号
1	001.001.005	LG W2600H	个	100.0000	2008-04-01	0	2008-04-01	SEORD000003
2	001.002.001	金士顿 1GB	个	100.0000	2008-04-01	0	2008-04-01	SEORD000003
3	001.003.003	七彩虹 C.P3	个	100.0000	2008-04-01	0	2008-04-01	SEORD000003
4	001.004.004	微软 暴雷鲨	个	100.0000	2008-04-01	0	2008-04-01	SEORD000003
5	001.005.004	酷迅 SEM-DT	个	100.0000	2008-04-01	0	2008-04-01	SEORD000003
6	001.006.003	酷冷 LED Cas	个	100.0000	2008-04-01	0	2008-04-01	SEORD000003
7	001.007.004	航嘉 冷静王	个	100.0000	2008-04-01	0	2008-04-01	SEORD000003
8	001.008.002	日立 120G/5	个	100.0000	2008-04-01	0	2008-04-01	SEORD000003
9	001.009.004	华硕 DVD-E8	个	100.0000	2008-04-01	0	2008-04-01	SEORD000003
10	001.010.004	Intel 酷睿2	个	100.0000	2008-04-01	0	2008-04-01	SEORD000003
				400.0000				

使用部门: 采购部　　　　　编　号: POREQ000002
源单类型:　　　选单号:　　　日期: 2008-04-01　备注:

审批人: Administrator　审批日期: 2006-04-01　申请人: 张三　制单: Administrator

就绪

图 2-3-4　采购申请单

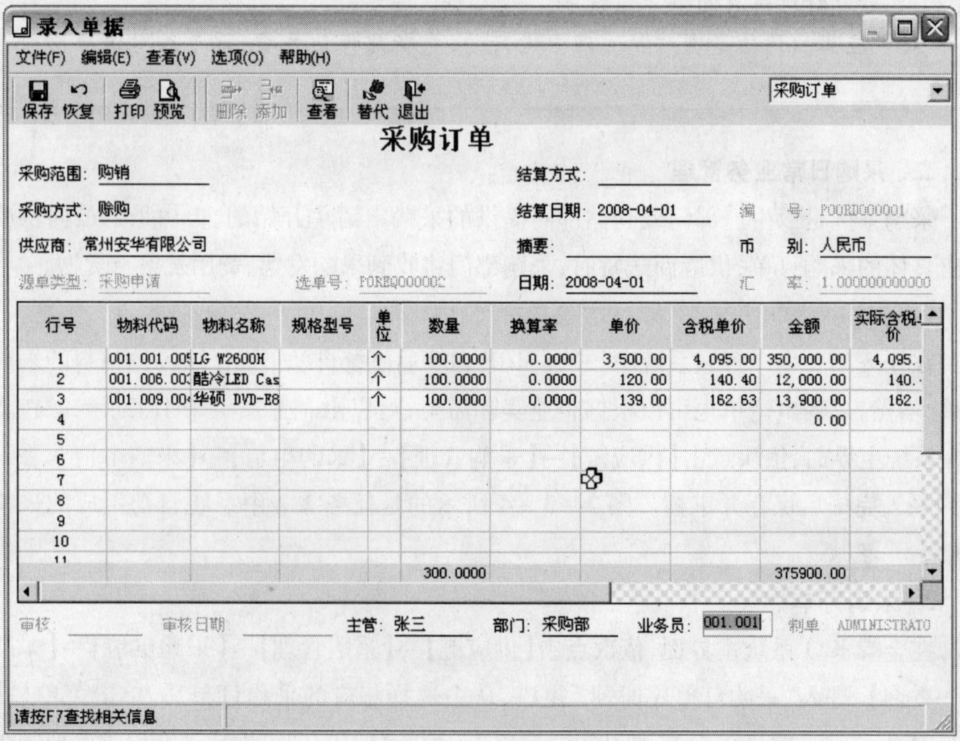

采购订单

行号	物料代码	物料名称	规格型号	单位	数量	换算率	单价	含税单价	金额	实际含税价
1	001.001.005	LG W2600H		个	100.0000	0.0000	3,500.00	4,095.00	350,000.00	4,095.
2	001.006.00	酷冷 LED Cas		个	100.0000	0.0000	120.00	140.40	12,000.00	140.
3	001.009.00	华硕 DVD-E8		个	100.0000	0.0000	139.00	162.63	13,900.00	162.
4									0.00	
5										
6										
7										
8										
9										
10										
11					300.0000				375900.00	

采购范围: 购销　　　　　结算方式:
采购方式: 赊购　　　　　结算日期: 2008-04-01　编　号: POORD000001
供应商: 常州安华有限公司　摘要:　　　币　别: 人民币
源单类型: 采购申请　　选单号: POREQ000002　日期: 2008-04-01　汇　率: 1.00000000000

审核:　　　审核日期:　　主管: 张三　部门: 采购部　业务员: 001.001　制单: ADMINISTRATO

请按 F7 查找相关信息

图 2-3-5　采购订单

> **小提示**
>
> 采购申请单是企业内部部门所需物料的单据,而采购订单是下达给供应商的单据,所以一张采购订单只能给一个供应商,并且单据中明确了采购的价格与数量等信息。
>
> 通过下推生成的采购订单必须保存并审核后才有效。
>
> "采购订单"中的物料,是在"采购申请单"中选择了不同的行来决定的。选择不同的行时,可以按住 Ctrl 或 Shift 键来实现多行的选择。

3. 采购入库单

在金蝶 K/3 系统主界面,依次点击【供应链】→【采购管理】→【入库】→【外购入库—录入】,进入"外购入库单"的录入窗口,如图 2 - 3 - 6 所示。将"源单类型"设置为"采购订单",在"选单号"中选择刚才生成的采购订单(注意:选择时应选择采购订单中的所有行,而不是第一行)。这样,采购订单中的所有其他信息就自动带入到外购入库单中,最后输入收料仓库与职员信息后即可保存审核。

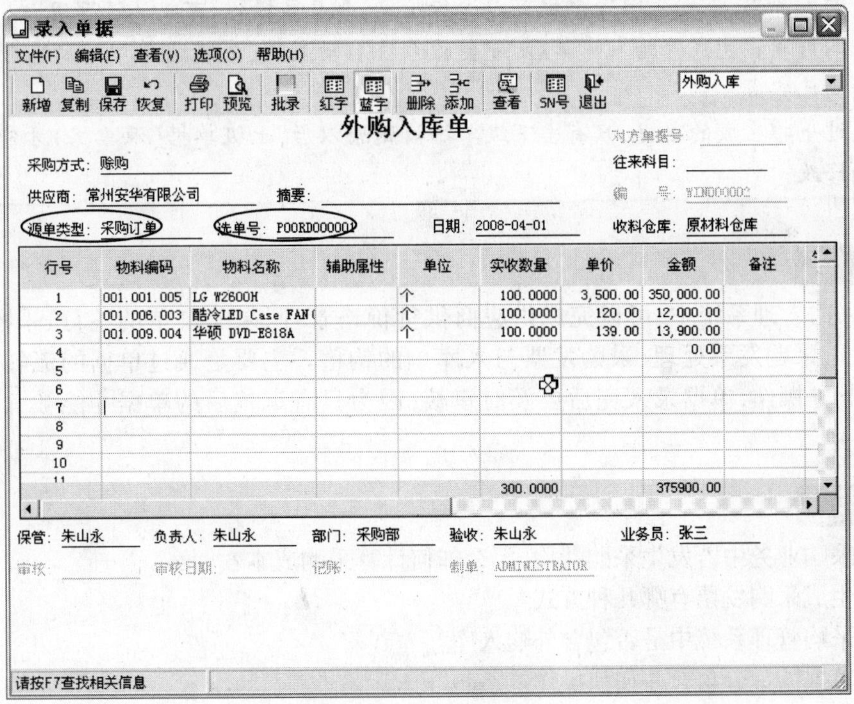

图 2 - 3 - 6 外购入库单

4. 采购发票

采购发票与费用发票的生成方式与外购入库单的生成方式基本类似,操作方法也几乎一样,这里不再详述。另外,采购发票、费用发票录入后,必须与外购入库单进行勾稽,才能确定外购成本。勾稽的方法与销售环节也较类似。

采购发票是通过外购入库单下推的方式生成。

录入费用发票时,先要添加费用的种类,再手工录入费用发票,并将费用发票附加到采购发票中一起与外购入库单勾稽。

5. 收料通知单与退货通知单

收料通知单是在采购部门收到货物和发票后通知仓库部门进行收料的单据,仓库以此来做入库,防止供应商出现多送、漏送情况,它是采购订单与外购入库单的中间环节。它由订单生成,并且能够由它生成外购入库单。

退货通知单是销售环节的单据,是销售订单与销售出库单之间的单据,作用如同收料通知单。

6. 退货

退货时,只需录入红字的外购入库单与红字采购发票即可,方法与销售退货的操作相同。

小提示

业务单据的操作方法很多都是可逆的,例如,采购发票可以通过外购入库单来生成,外购入库单也可以根据采购发票生成。

外购入库单、采购发票等单据可以进行拆单、合并等操作,可以灵活运用。

采购订单在生成外购入库单后,即会被系统自动关闭,表示订单中的所有物资采购事项均已完成。

通过下推生成的单据,只有当下级单据被删除以后,上级单据(源单据)才能被反审核和修改。

总　结

在采购管理系统中,可以完成供应商供货价格管理、采购订单的签订、采购入库、采购退货、采购发票处理、采购发票与入库单的钩稽。主要是通过单据的流转来完成企业的业务操作,单据录入完后要及时审核,因为只有审核后的单据才能被其他单据关联。

思　考

1. 采购业务中若发生采购费用,那么如何计算采购成本?
2. 生成采购发票有哪几种方式?
3. 采购管理系统中是否包含外购入库?
4. 单据的拆分与合并如何操作?
5. 采购管理系统中提前期的作用体现在哪些方面?

任务 2.4　仓储系统模块功能培训

能力目标

掌握仓存系统业务流程并能熟练操作。

支撑知识

（1）仓储管理业务流程。

（2）物料管理知识。

（3）盘点知识。

可展示成果

（1）仓存管理模块的业务操作。

（2）仓储部门业务流程图。

背景信息

仓存管理系统通过入库业务（包括外购入库、产品入库、盘盈入库、其他入库、虚仓入库）、出库业务（包括销售出库、领料单、盘亏毁损、其他出库、虚仓出库）、仓存调拨、组装拆卸单等功能，结合库存盘点、即时库存管理等功能综合运用的管理系统，对仓存业务全过程进行有效地控制和跟踪，实现完善的企业仓储信息管理。与采购管理系统、销售管理系统、存货核算系统的单据和凭证等结合使用，将能提供更完整、全面的业务流程管理和财务管理信息。

功能介绍

仓存管理在 K/3 ERP 系统中主要实现的功能有处理入库业务、出库业务、仓存调拨、盘点等。仓存管理系统根据采购价格管理、销售价格管理、基础数据定义等多方面的内部控制手段，实现仓存出入库的控制。通过盘点完成对企业原材料、库存商品等账实的核对工作，这里主要是实地盘存制，包括备份盘点数据、打印盘点表、输入盘点数据、编制盘点报告表等处理功能，实现对盘点数据的备份、打印、输出、录入、生成盘盈/盘亏单据等。

> **小提示**
>
> 仓存管理系统中的出入库操作主要包括实仓的出入库与虚仓的出入库。

实践案例

中国常信股份有限公司的仓存管理系统主要是实仓的出入库、虚仓的出入库操作和库存盘点。

应用流程

一、仓库日常业务处理

1. 领用原材料

在 K/3 系统主界面，依次点击【供应链】→【仓存管理】→【领料发货】→【生产领料—录入】，弹出如图 2 - 2 - 11 所示的生产领料单，直接输入"领料部门"、"物料代码"与数量以及相关职员信息即可，最后单击【保存】→【审核】按钮。

2. 产成品完工入库

在 K/3 系统主界面，依次点击【供应链】→【仓存管理】→【验收入库】→【产成品入库—录入】,弹出如图 2 - 2 - 13 所示的产品入库单,直接输入"交货单位"、"物料代码"与数量以及相关职员信息即可,最后单击【保存】→【审核】按钮。

3. 外购入库与销售出库

基本操作方法与以上两种类似,这里不再详述。同时,外购入库出现在采购系统中,销售出库也出现在销售系统中。

4. 委外加工业务

(1) 委外加工发出材料。

在 K/3 系统主界面,依次点击【供应链】→【仓存管理】→【领料发货】→【委外加工发出—录入】,如图 2 - 4 - 1 所示。依次填入"加工单位"、"物料代码"和数量以及其他相关信息后,单击【保存】→【审核】按钮。

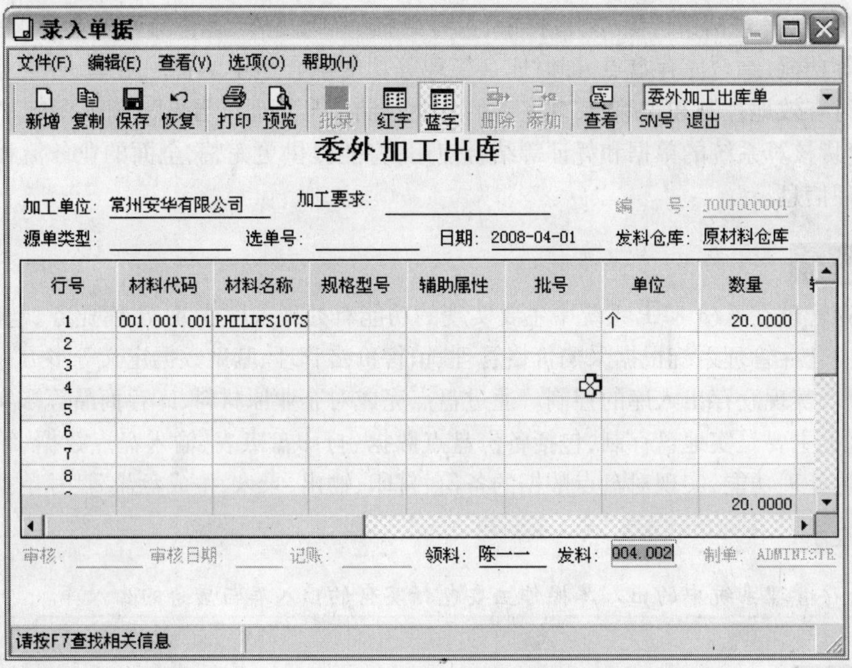

图 2 - 4 - 1　委外加工出库

(2) 委外加工入库。

在 K/3 系统主界面,依次点击【供应链】→【仓存管理】→【验收入库】→【委外加工入库 - 录入】,如图 2 - 4 - 2 所示。依次填入"加工单位"、"物料代码"和数量以及其他相关信息后,单击【保存】→【审核】按钮。

(3) 委外加工费用结算。

在 K/3 系统主界面,依次点击【供应链】→【采购管理】→【结算】→【采购发票—录入】,如图 2 - 4 - 3 所示。依次填入"业务类型"为"委外加工入库"、"源单类型"为"委外加工入库",并在"选单号"中选择刚才添加的委外加工入库单,并填入必要的信息。

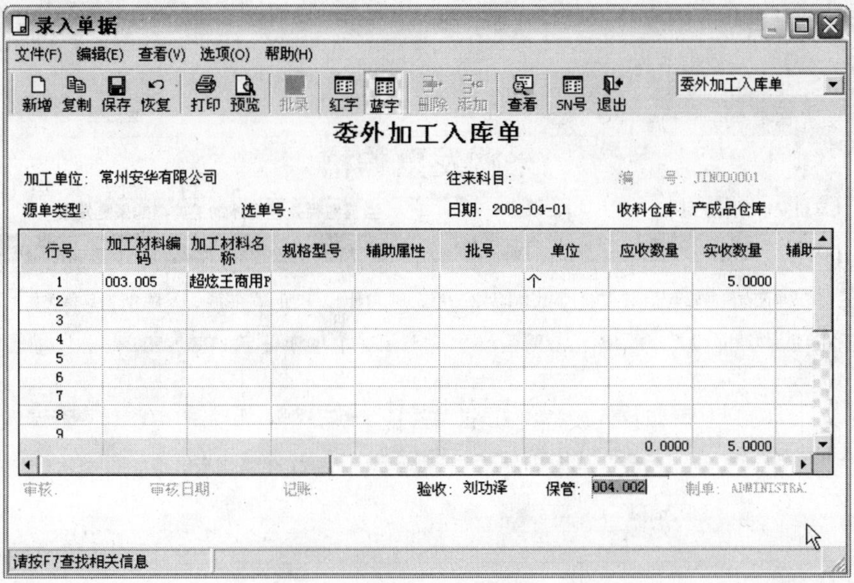

图 2 - 4 - 2 委外加工入库

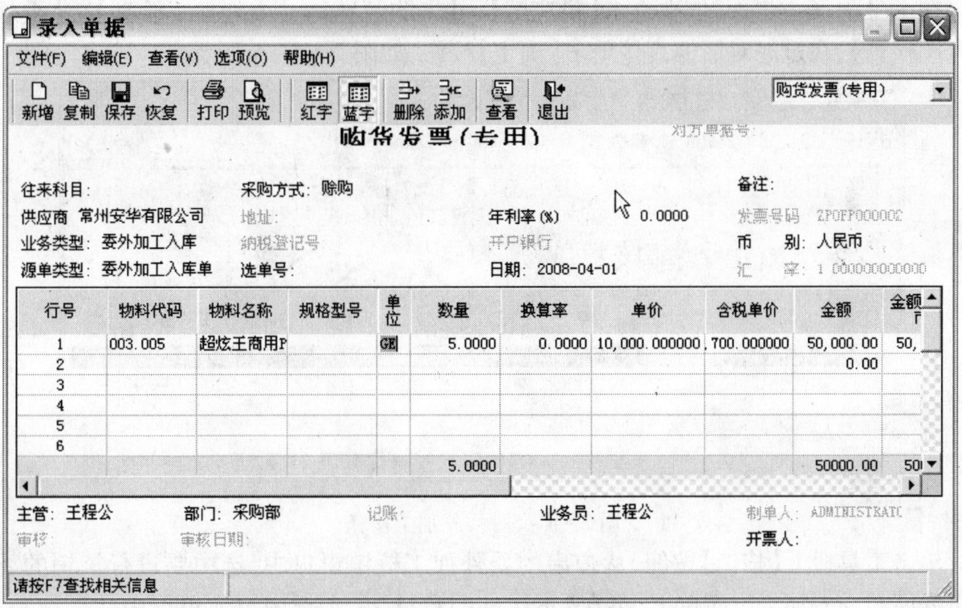

图 2 - 4 - 3 委外加工费用

> **小提示**
>
> 采购发票中必须要有数量、金额、主管、部门等信息。

（4）委外加工入库单与委外费用发票勾稽

在图 2 - 4 - 3 窗口，依次点击【保存】→【审核】→【勾稽】按钮后，会弹出采购发票勾稽的窗口，从中选择显示适当的列后，直接单击【勾稽】按钮，如图 2 - 4 - 4 所示。

最后，进行委外加工入库成本核算。

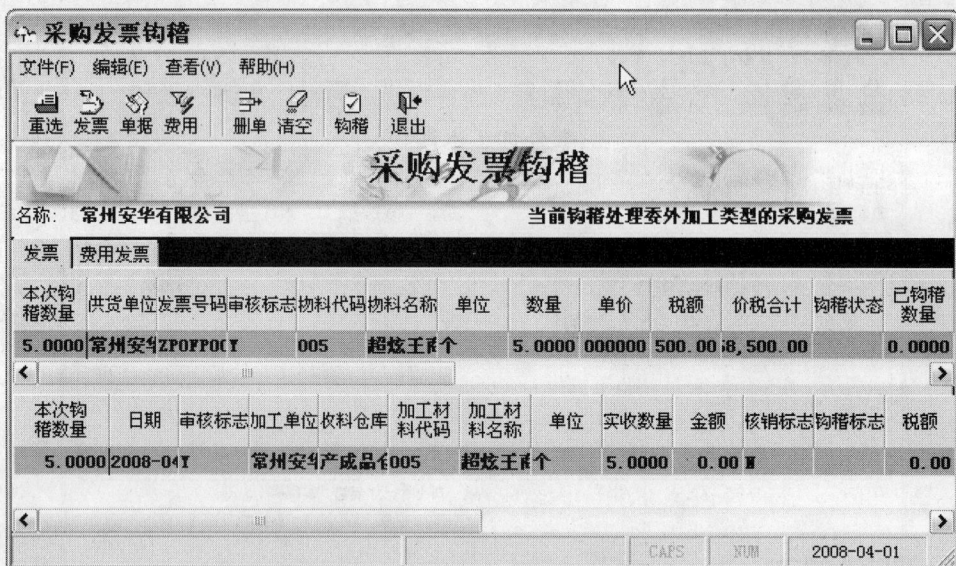

图 2 - 4 - 4　委外加工入库单与委外费用勾稽

在 K/3 系统主界面,依次点击【供应链】→【采购管理】→【委外加工管理】→【委外加工入库核算】,在过滤对话框直接单击【确定】按钮,如图 2 - 4 - 5 所示。

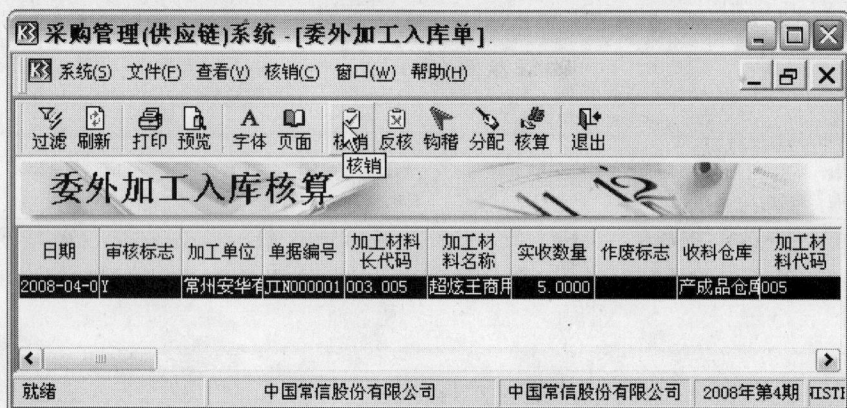

图 2 - 4 - 5　委外加工核算

单击工具栏上【核销】按钮,从弹出的委外加工核销窗口中,选中要进行核销的委外加工入库与委外加工出库单据,再在"本次核销数量"文本框中填入单据中的所有数量。再单击工具栏上【核销】按钮,即可完成核销。返回"委外加工核算"窗口后,单击工具栏上【核算】按钮,即可完成对委外入库的核算,如图 2 - 4 - 6 所示。

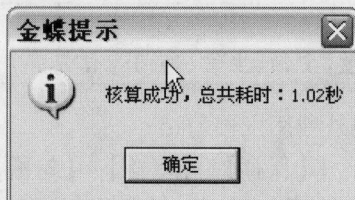

图 2 - 4 - 6　委外入库核算结果

> **小提示**
>
> 　　核销是指当某个单据由于某种原因不需要做账时所采取的一种销除单据的方法。在委外入库核算时,由于入库的金额＝出库金额＋加工费用,委外入库的金额已经包含了委外出库的金额,所以委外出库就不用在系统中做账了(也即通过入库来核销掉出库,这种入库与出库数量金额不等的核销又叫作不对等核销)。另外一种核销:由于员工操作失误,误填了一张单据,要用红字的单据来冲销掉原来错误的单据,红字单据与蓝字单据两者数量金额相等,这种核销叫作对等核销。
>
> 　　委外加工入库核算是存货核算模块中的内容,不属于仓存模块,但为了讲解连续性,也将这部分内容与出入库放在一起。

　　(5) 仓库调拨业务。

　　仓库调拨是指将物料从一个仓库转移到另一个仓库。

　　在 K/3 系统主界面,依次点击【供应链】→【仓存管理】→【仓库调拨】→【调拨单—录入】,输入调出调入仓库与物料的数量和金额后,单击【保存】→【审核】按钮即可完成。

> **小提示**
>
> 　　调拨分为实仓调拨与虚仓调拨,这里指的是实仓调拨。

　　(6) 虚仓管理。

　　在 K/3 系统主界面,依次点击【供应链】→【仓存管理】→【虚仓管理】中,可以进行"虚仓入库"、"虚仓出库"和"虚仓调拨"操作。方法与实仓类似,只是没有物料的金额。

二、库存盘点管理

1. 新增盘点方案

　　在 K/3 系统主界面,依次点击【供应链】→【仓存管理】→【盘点作业】→【盘点方案－查询】,如图 2 - 4 - 7(a)所示。

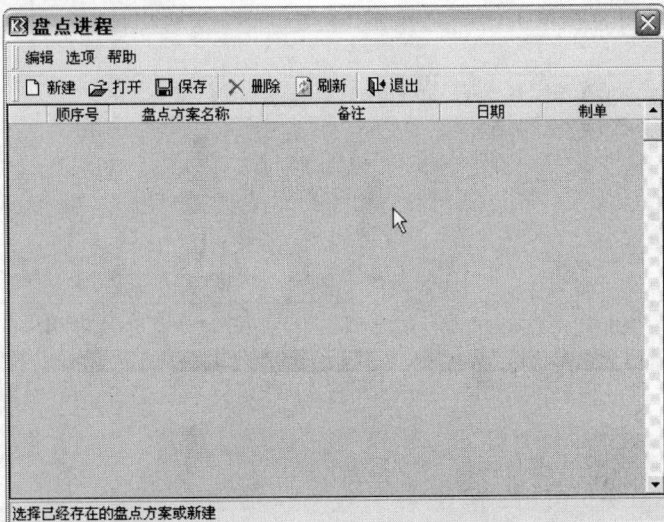

图 2 - 4 - 7(a)　盘点方案查询

单击【新建】按钮,弹出图 2 – 4 – 7(b)。

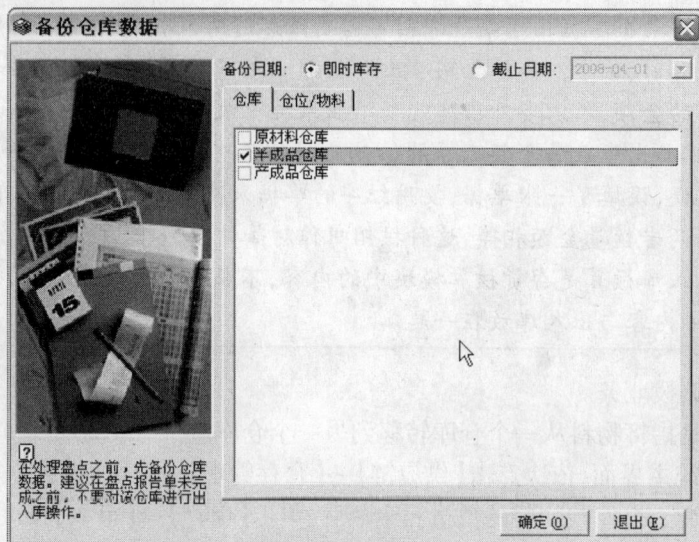

图 2 – 4 – 7(b)　备份仓库数据

选中某一仓库后,单击【确定】按钮,在备份成功对话框中再次单击【确定】按钮以便返回盘点方案对话框。至此,新的盘点方案已经添加成功。

2. 录入盘点数据

在 K/3 系统主界面,选择【供应链】→【仓存管理】→【盘点作业】→【录入盘点数据】,在"录入盘点数据"窗口,输入仓库中实际存放的数,再单击【保存】按钮。

3. 编制盘点报告

在 K/3 系统主界面,选择【供应链】→【仓存管理】→【盘点作业】→【编制盘点报告】,在"物料盘点报告单"窗口,单击【盘盈单】或【盘亏单】按钮来输入盘点的结果,随之出现的盘点报告单中,可直接单击【保存】按钮,如图 2 – 4 – 8 所示。

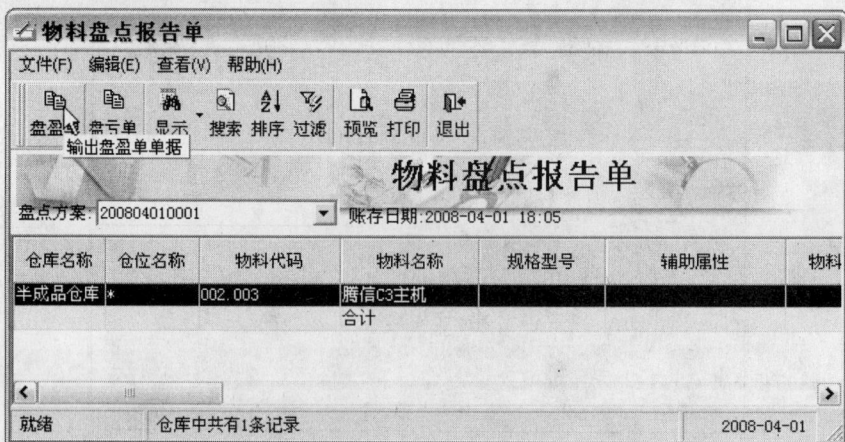

图 2 – 4 – 8　物料盘点报告单

生成的盘盈盘亏单可在【供应链】→【仓存管理】→【库存调整】的明细功能中查询，如图 2 - 4 - 9 所示。

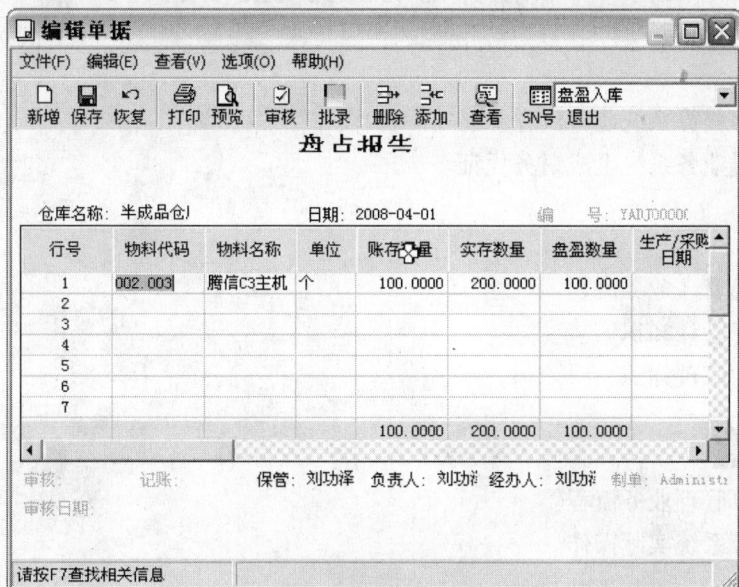

图 2 - 4 - 9　盘点报告

注意：生成的盘盈盘亏单必须要审核后才有效。

4. 仓存业务报表

在仓存系统中，最主要的报表有"库存台账"、"物料收发汇总表"等，可以依次点击【供应链】→【仓存管理】→【报表分析】来查看，这里不再详述。

总　结

本节主要讲述的是物料的出入库处理。物料按不同的来源渠道可分为外购入库、产品入库、盘盈入库、其他入库、虚仓入库五种类型；出库业务主要有销售出库、生产领料、盘亏毁损、其他出库、虚仓出库五种类型；产品入库主要是企业生产加工的自制产品，而调拨则是指物料从一个仓库转移到另一个仓库，调拨处理中涉及到调拨物料成本和金额的确定。盘点处理主要讲述的是账面库存与实际库存核对处理的过程，以及不一致时如何进行盘盈盘亏的处理，库存盘点时，要求盘点期间所有的出入库单据都已全部审核。

思　考

1. 实仓出入库操作与虚仓出入库操作有什么异同点？
2. 如何进行委外加工入库核算？
3. 什么是核销，有哪几种类型？
4. 如何进行仓库盘点业务操作？
5. 通过哪些途径可以知道本期内仓存系统的所有出入库单据？
6. 如何查看仓存系统中某种物料的库存数量与金额？

任务 2.5　核算系统模块功能培训

能力目标

（1）掌握核算系统业务流程并能实际操作。

（2）通过业务系统生成财务凭证。

支撑知识

（1）核算管理业务流程。

（2）财务会计知识。

（3）企业管理知识。

可展示成果

（1）核算管理业务流程。

（2）核算系统实际操作。

背景信息

存货核算是业务系统与财务系统相连的一个重要环节，业务系统中的各种单据都要在存货核算系统中通过核算与结转来完成成本的确认，要为每一张业务单据确定一个正确的成本和金额，核算系统实现了企业业务财务系统的一体化，是财务处理与业务系统的接口。

存货成本核算主要包括三个部分：采购成本核算、生产成本核算以及销售成本核算。

功能介绍

存货核算管理用于企业存货入库成本后核算、存货出入库凭证处理、核算报表查询、期初期末处理及相关资料的维护。存货核算系统中各种实际成本可并行使用，它可以提供总仓、分仓等多种核算方式，在外购入库核算时可自动分配采购费用，外购入库物料的实际成本根据已钩稽采购发票上的采购金额及采购费用自动计算得出，采购的暂估成本可根据系统参数的设置进行暂估调整，也可以采用差额调整和单到冲回方式，自动生成暂估核销相关单据。同时，一种核算单据可对应多个凭证模板，也可指定某个凭证模板为默认凭证模板，同时也可以在每次生成凭证前指定模板。最后在核算系统中将存货余额及发生额与总账系统存货科目余额及发生额进行核对。

> **小提示**
>
> 业务系统与财务系统的接口为两种发票：采购发票与销售发票。由采购发票来确定物料采购成本；由销售发票来确定销售收入、销售出库单来确认与销售成本。

实践案例

月末,中国常信股份有限公司财务人员进行入库类单据和出库类单据的成本核算并对业务单据生成凭证,通过生产领料单对生产领料成本进行归集,最后核算产成品成本与总账系统对账。

应用流程

一、入库业务核算

1. 外购入库核算

外购入库核算主要是针对企业对外采购并已收到发票的入库材料进行核算,它的核算以采购发票上的金额和对应的入库单上的数量为准,从而保证了核算的正确性。所以在外购入库核算中显示的是采购发票,没有发票的物料入库是暂估入库,不属于外购入库核算范围。

在 K/3 系统主界面,依次点击【供应链】→【存货核算】→【入库核算】→【外购入库核算】,在"过滤"窗口中选择"本期"、"全部"外购入库单,单击【确定】按钮。在"外购入库核算"窗口中,单击菜单栏【核算】→【费用分配方式】→【按金额核算】,再单击工具栏【分配】按钮,完成对采购费用的分配。如图 2 – 5 – 1 所示。

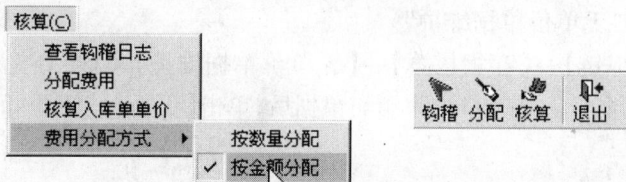

图 2 – 5 – 1　外购入库核算—分配费用

费用分配结束以后,直接单击工具栏中【核算】按钮即可完成外购成本核算。

2. 存货估价入账核算

估价入库核算针对的是采购发票与采购的存货不能同期到达,仓库先收到了货物,仓库先入账,财务在以后期间才收到发票入账,所以在发票到达前,仓库中数据与财务中数据有的差异,因为采购发票在当月无法到达,采购发票与物料入库的处理不在同一个会计期间内,所以财务上一般使用暂估入库,在核算成本时人为地给该物料一个估计成本。

依次点击【供应链】→【存货核算】→【入库核算】→【存货估价入账】,进入"暂估入库单序时簿"窗口以后,直接选中某一单据后,单击工具栏【修改】按钮,修改暂估入库单的价格即可。

注意:暂估入账,仅仅是暂时给个价格,等后期收到发票时,再调整账面数额。

小提示

暂估入账核算与其他入库核算的操作方法基本类似。

3. 自制入库核算

企业自制产品的核算是由生产成本中直接人工、直接材料、制造费用和其他费用中汇总分配后核算得出。

依次点击【供应链】→【存货核算】→【入库核算】→【自制入库核算】,进入图 2 – 5 – 2 所示的窗口,填入价格后,单击工具栏【核算】按钮即可。

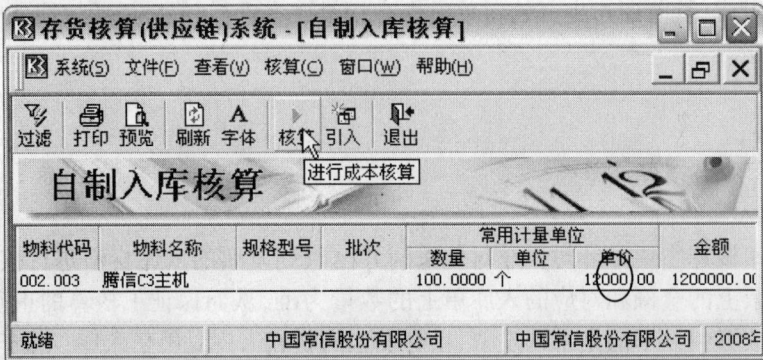

图 2 – 5 – 2　自制入库核算

4. 无单价单据更新

企业的产品除了外购、暂估、其他、自制之外,还包括盘盈入库、不能确定单价单据等。但要想这些单据入账,就必须有相应价格与金额。K/3 系统中提供了对无单价数据进行价格更新的工具:"无单价单据维护"。

依次点击【供应链】→【存货核算】→【无单价单据维护】→【更新无单价单据】,进入图 2 – 5 – 3 所示的窗口。选择单价来源与单据后,单击【更新】按钮即可。

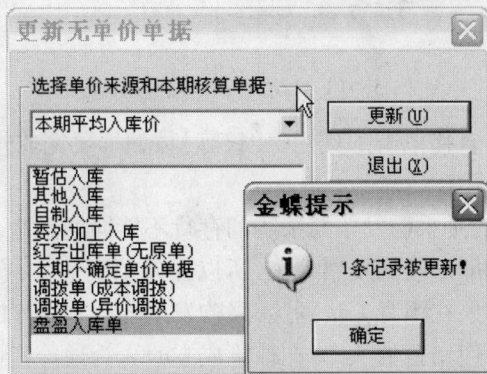

图 2 – 5 – 3　更新无单价单据

二、出库业务核算

1. 出库核算

依次点击【供应链】→【存货核算】→【出库核算】,在弹出的窗口中可以看到有三种出库核算:"红字出库核算"、"材料出库核算"和"产成品出库核算"。对于红字出库核算,可以使用更新无单价单据来更新其价格;材料出库核算是核算生产领料成本与委外成本;产成品出库核算则主要指的是销售成本的核算。

依次点击【供应链】→【存货核算】→【出库核算】→【材料出库核算】,弹出对话框如图 2 – 5 – 4(a)所示。单击【查看】按钮可以查看进行材料出库核算的前提条件,必须满足

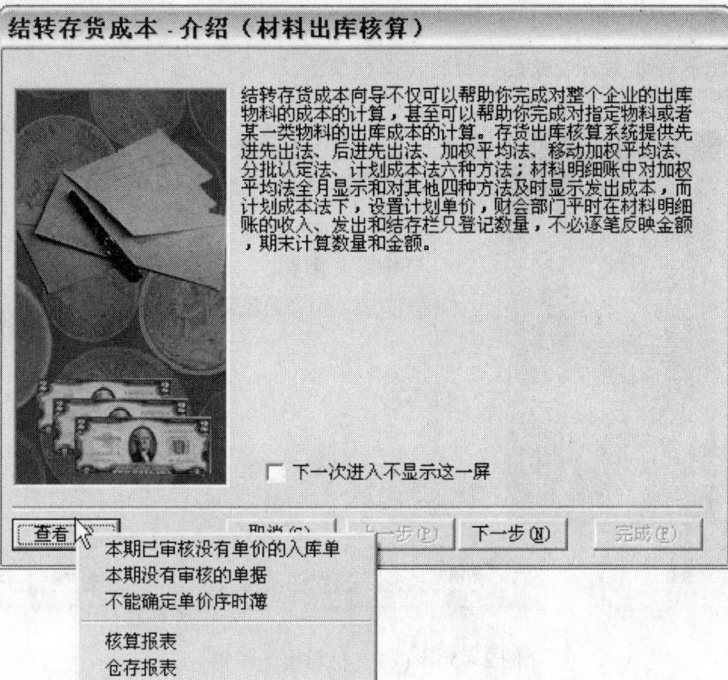

图 2 - 5 - 4(a)　材料出库核算

这些条件后,才能进行出库成本的核算。

单击【下一步】进入图 2 - 5 - 4(b)所示的窗口,从中选择"结转本期所有物料"单选框。

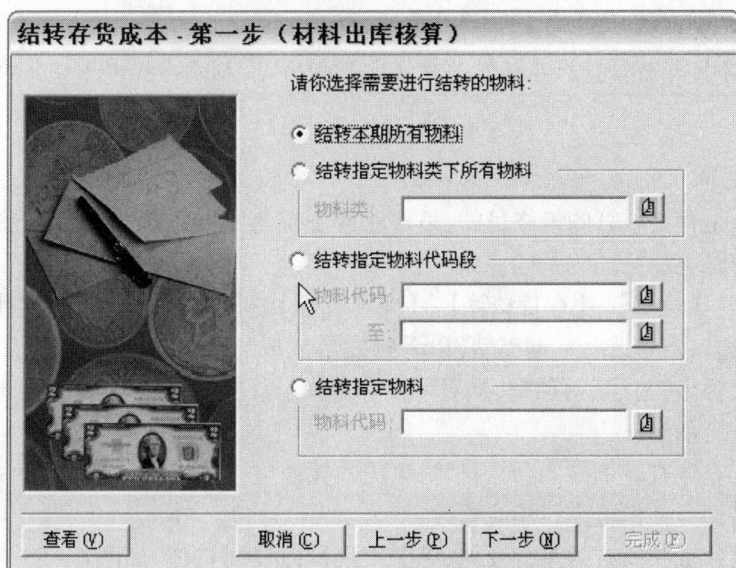

图 2 - 5 - 4(b)　材料出库核算

直接单击【下一步】直至最后,如图 2−5−4(c)所示。

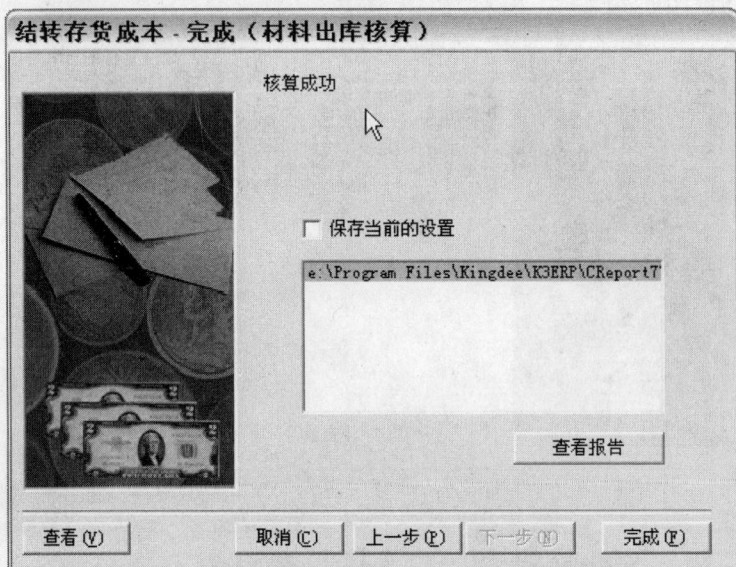

图 2−5−4(c)　材料出库核算

小提示

　　材料出库核算时,若有未审核的单据和不能确定单价的单据,系统就会报错,提示去审核或确定单据的单价,这就需要"无单价单据维护"工具;另一种修改单价的方法是使用【出库核算】→【不确定单价维护】来手工修改单据的单价。

　　材料出库核算若发生错误,可排除错误后重新进行核算。企业中,一般情况下都要运行多次才能保证无误。

　　产品出库核算与材料出库核算的方法完全相同,请参照材料出库核算操作。

---

2. 生成凭证

生成凭证是存货核算的最终目的,是将业务系统与账务系统相结合的过程。核算各种业务的成本是生成凭证的基础。

依次点击【供应链】→【存货核算】→【凭证管理】→【生成凭证】,弹出"生成凭证"窗口,在窗口左边窗格中选择单据类型(以采购发票生成凭证为例),并单击工具栏【重设】按钮。系统会弹出"过滤"对话框,从对话框中选择当月所有采购单据,单击【确定】按钮,如图 2−5−5 所示。

由于不同企业有着不同的会计科目,生成的凭证也不尽相同。所以在生成凭证之前,要对系统自带的凭证模板进行相应修改。

在窗口右边选中所有的采购发票,单击工具栏【选项】按钮,如图 2−5−6 所示。

单击【凭证模板】按钮,系统弹出"凭证模板设置"窗口,在窗口中选中"采购发票(发票直接生成)"的模板,单击【修改】按钮。如图 2−5−7 所示,最后进行保存。

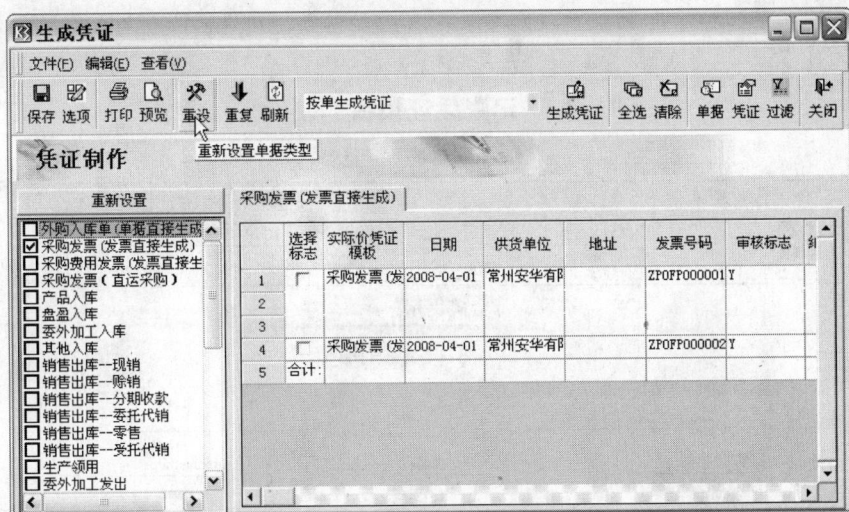

图 2 - 5 - 5　生成凭证

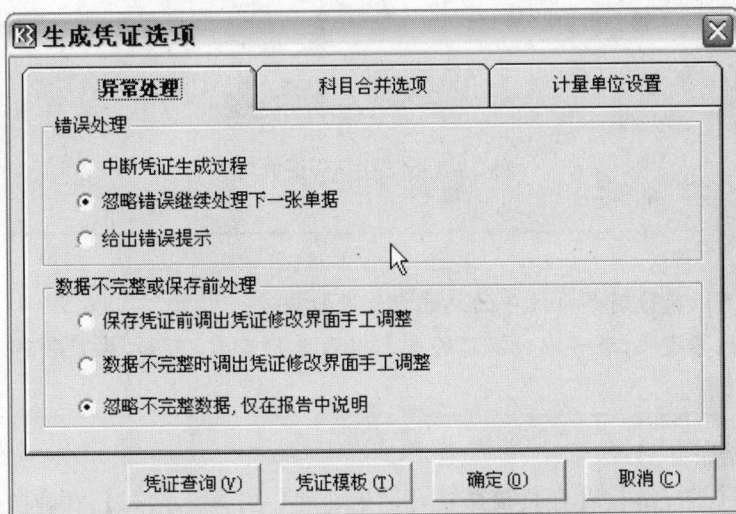

图 2 - 5 - 6　生成凭证选项

注意：由于凭证模板中有"应付账款"科目，而此科目下设有核算项目，所以必须设置其核算项目，否则模板无效。

其他类型的凭证模板依此类推。

凭证模板设置好以后，返回如图 2 - 5 - 5 所示生成凭证窗口，再一次按【重设】来选择所有的采购发票，全选所有发票后，单击工具栏【生成凭证】按钮，即可生成财务系统的记账凭证。如图 2 - 5 - 8 所示。

生成的凭证可以通过依次点击【供应链】→【存货核算】→【凭证管理】→【凭证查询】来进行查看。

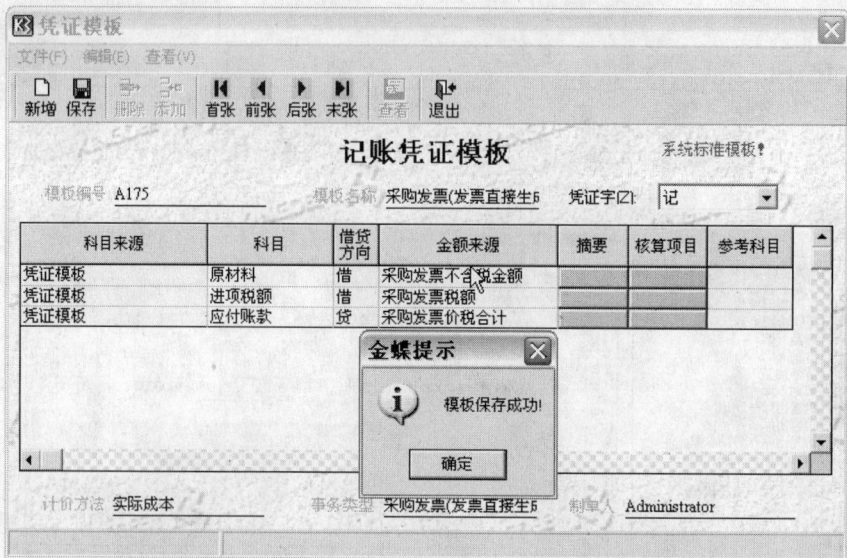

图 2 - 5 - 7　采购发票—记账凭证模板

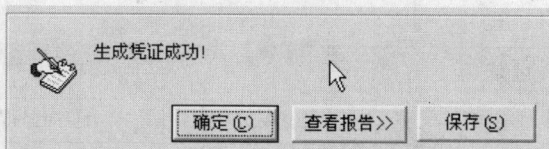

图 2 - 5 - 8　生成凭证成功

小提示

　　凭证也可以通过财务系统中的总账模块进行查看。

　　在存货核算模块,还可以对汇总的成本报表进行查看,例如,生产领料汇总表、销售商品汇总表等。

---

3. 期末结账

　　依次点击【供应链】→【存货核算】→【期末处理】→【期末结账】,在弹出的"向导"窗口中,单击【下一步】→【确定】按钮,即可完成本期业务的结账处理,结转至下一期。

小提示

　　期末关账是指财务人员在期末结账时,不允许业务人员再次录入单据,保证所有数据都真实、合法、有效。

　　期末对账是指把业务系统数据与财务总账系统进行核对,查找差错。

总　　结

　　本节主要讲述的是存货的出入库核算及凭证生成。外购入库物料实际成本根据已钩稽的采购发票上的采购金额及采购费用自动计算得出,系统提供先进先出法、后进先出法、加权平均法、移动平均法、分批认定法五种存货计价方法,可以设置到明细物料。各种存货计价方法可并行使用,准确核算存货的出入库成本。提供负结存出库、红字出库、调拨出库处理。接收采购系统产生的已审核的采购发票、外购入库单等单据,进行外购入库核算和凭证处理等工作。接收仓存系统所有的出入库单据、调拨、盘点单据进行金额核算和凭证处理。接收销售系统产生的已审核的销售发票、销售出库单等单据,进行销售出库核算和销售收入、销售成本凭证处理等工作。核算系统生成的凭证直接传递到总账系统,并可实现仓存系统与总账系统的对账功能。

思　考

1. 业务系统与财务系统的接口主要有哪些内容?
2. 如何设置凭证模板?
3. 如何区分已勾稽和未勾稽的出入库单据?
4. 如何防止采购发票与外购入库单重复记账?
5. 如何防止销售出库与销售发票重复记账?
6. 如何进行材料出库核算,它有哪些先决条件?

任务 2.6　财务系统模块功能培训

能力目标

掌握财务系统业务流程并能熟练操作财务系统。

支撑知识

(1) 财务管理业务流程。
(2) 财务会计知识。
(3) 成本会计知识。

可展示成果

(1) 财务管理模块的业务操作。
(2) 财务部门业务流程图。
(3) 财务报表与各个财务账户。

背景信息

财务系统,是一个企业中十分重要的管理系统,业务系统的所有数据最终通过它来进行成本利润核算,反映企业的经营业绩。同时财务报告报表又是企业外部人员了解企业经营状态的主要途径,税务部门通过资产负债表和利润表来审核企业的税额,年底工商部门也需要企业的三大报表:资产负债表、利润及利润分配表和现金流量表。在 K/3 的财务系统中,主要包括总账系统、报表系统、固定资产系统、现金流量表系统、工资管理系统和应收应付系统,这些独立系统的数据最终会传递到总账系统中,所以在此节中,我们只了解凭证与账务的处理方法,不涉及具体子模块的操作,财务系统中各子模块间的关系如

图 2 - 6 - 1 所示。

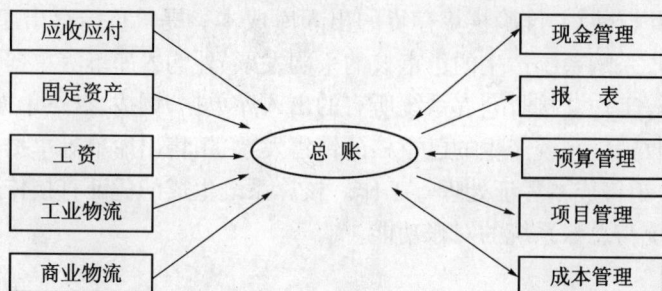

图 2 - 6 - 1　账务系统子模块关系图

功能介绍

　　总账是反映企业总体经营活动和资金运动状况的系统,所有的业务系统数据最终都要反映在总账的各个账户中。

　　总分类账指的是总账模块中的一个分类账户,反映企业某一方面的经济运行与资金运动信息。例如,现金总分类账仅仅反映现金的收支结存情况,是总账中的一部分。

　　明细分类账是总分类账户的补充,一般仅反映某一个细小方面信息的账户。例如,应付账款是总分类账,应付账款账户下设的某一个供应商账户就是应付账款的补充,是明细分类账。

> **小提示**
>
> 　　总账系统是财务会计系统中最核心的系统,以凭证处理为中心,进行账簿报表的管理。可与各个业务系统无缝连接,实现数据共享。企业所有的核算数据最终在总账中体现。

实践案例

　　中国常信股份有限公司的财务部门在发生各项业务资料后,根据存货核算生成的凭证进行账务处理。账务处理程序见图 2 - 6 - 2。

应用流程

一、凭证管理

　　会计核算处理系统是以证—账—表为核心的有关企业财务信息加工系统。会计凭证是整个会计核算系统的主要数据来源,是整个核算系统的基础,会计凭证的正确性将直接影响到整个会计信息系统的真实性、可靠性,因此系统必须能保证会计凭证录入数据的正确性。

　　1. 录入凭证

　　在金蝶 K/3 系统主界面,依次点击【财务会计】→【总账】→【凭证处理】→【凭证录入】,进入"记账凭证—新增"窗口。如图 2 - 6 - 3 所示,在表中分别填入摘要、科目以及

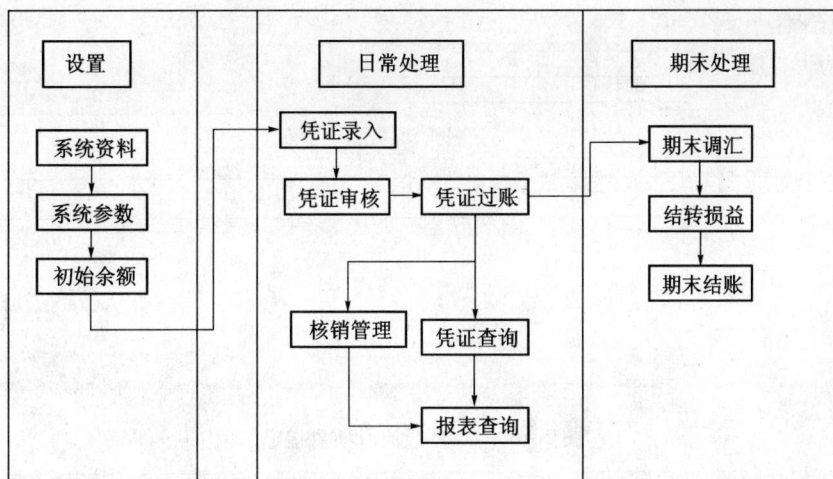

图2-6-2 账务处理程序

图2-6-3 录入记账凭证

发生额后,单击【保存】按钮。

由于我们在总账系统初始化设置参数中,指定了录入凭证时需要指定现金流量表主表与附表项目,所以凡涉及现金和银行存款科目的凭证,都会弹出窗口,要求会计人员指定现金流量表的相关科目,如图2-6-4所示。

指定项目后,单击【确定】即可保存。

2. 凭证查询

在K/3系统主界面,依次点击【财务会计】→【总账】→【凭证处理】→【凭证查询】,在弹出的“过滤”窗口中,选择相应的过滤条件后,单击【确定】按钮,如图2-6-5所示。

图2-6-5中凭证8就是刚才录入的凭证,而其他7条凭证则是由业务系统的存货

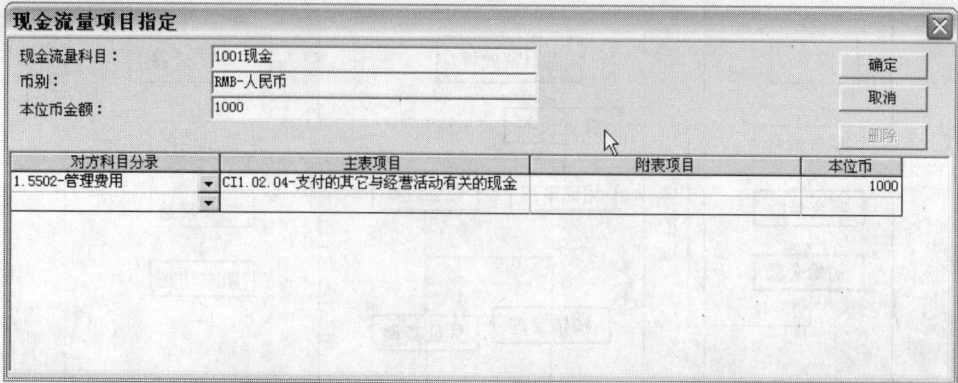

图 2 - 6 - 4　现金流量项目指定

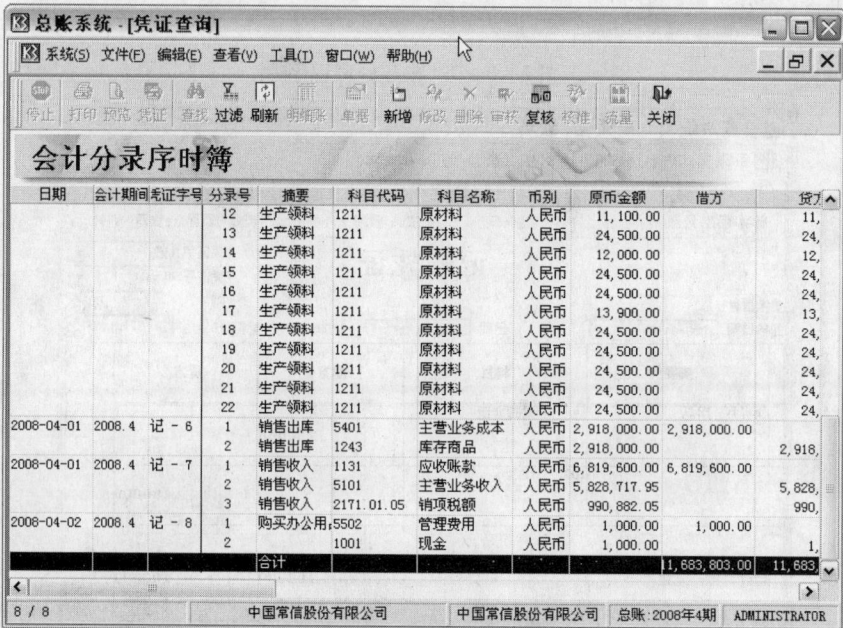

图 2 - 6 - 5　凭证查询

核算生成的。

3. 凭证审核

在"凭证查询"窗口,依次单击菜单栏【编辑】→【成批审核】按钮,可以对所有未审核的凭证进行审核。

4. 凭证过账

凭证录入到总账系统中以后,凭证上的发生额并没有登记到相应的账户中,所以必须使用凭证过账功能,才能在账户中登记凭证上记载的内容。

依次单击菜单栏【编辑】→【全部过账】可以把未过账的凭证登记在账户中。如图 2 - 6 - 6 所示。

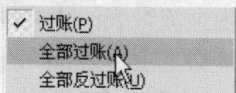

图 2 - 6 - 6　凭证过账

二、账簿

1. 总分类账

总分类账查询功能用于查询总分类账的账务数据,查询总账科目的本期借方发生额、本期贷方发生额、本年借方累计、本年贷方累计、期初余额、期末余额等项目的总账数据。

在 K/3 系统主界面,依次点击【财务会计】→【总账】→【账簿】→【总分类账】,系统首先弹出"总账查询条件输入"界面,设定查询条件。如图2-6-7所示,再单击【确定】按钮。总分类账见图2-6-8。

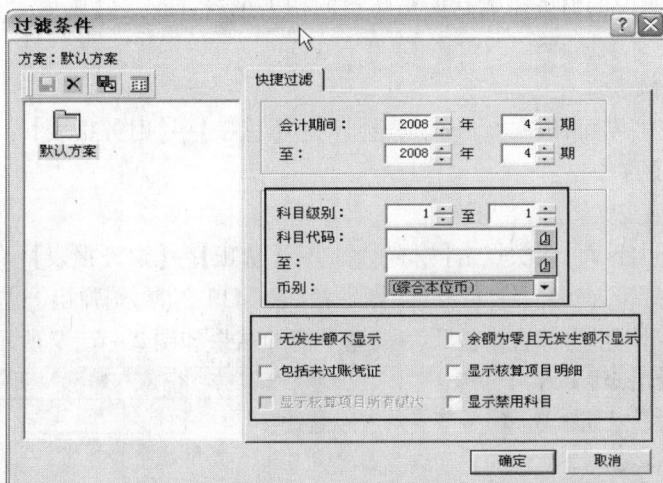

图 2-6-7 账簿查询过滤条件

图 2-6-8 总分类账

小提示

总分类账中,双击某一行可以打开此账户下的所有明细分类账。

明细分类账的查看方式与总分类账类似,依次点击【财务会计】→【总账】→【账簿】→【明细分类账】,即可查看。

2. 财务报表

注意:这里所说的财务报表指的是账户的相关报表,而不是【财务会计】→【报表】中的三大报表。

(1) 科目余额表。

在K/3系统主界面,依次点击【财务会计】→【总账】→【财务报表】→【科目余额表】,进入科目余额表的查询。

(2) 试算平衡表。

在K/3系统主界面,依次点击【财务会计】→【总账】→【财务报表】→【试算平衡表】,进入"试算平衡表"的查询。在进入"试算平衡表"窗口之前,先弹出"过滤条件设置"界面,在其中选择"币别"为综合本位币。试算平衡的结果如图2-6-9所示。

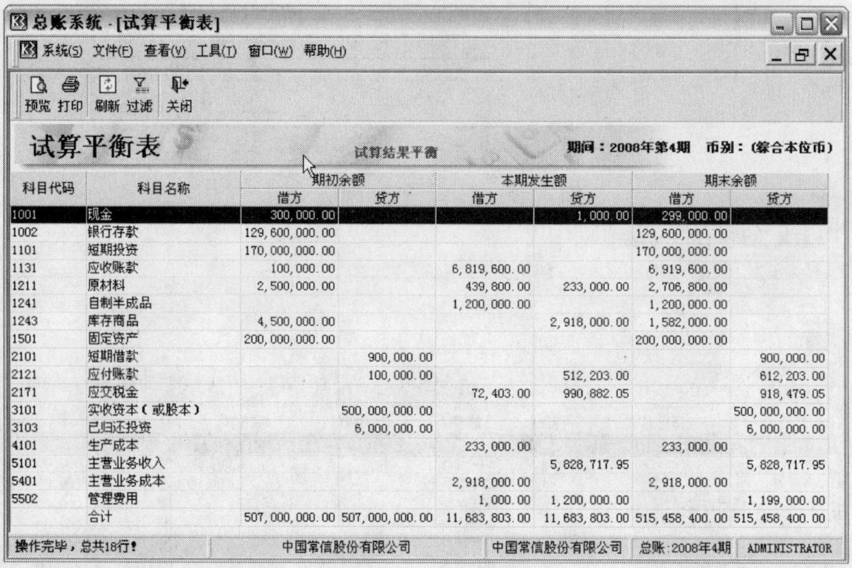

科目代码	科目名称	期初余额		本期发生额		期末余额	
		借方	贷方	借方	贷方	借方	贷方
1001	现金	300,000.00			1,000.00	299,000.00	
1002	银行存款	129,600,000.00				129,600,000.00	
1101	短期投资	170,000,000.00				170,000,000.00	
1131	应收账款	100,000.00		6,819,600.00		6,919,600.00	
1211	原材料	2,500,000.00		439,800.00	233,000.00	2,706,800.00	
1241	自制半成品			1,200,000.00		1,200,000.00	
1243	库存商品	4,500,000.00			2,918,000.00	1,582,000.00	
1501	固定资产	200,000,000.00				200,000,000.00	
2101	短期借款		900,000.00				900,000.00
2121	应付账款		100,000.00		512,203.00		612,203.00
2171	应交税金			72,403.00	990,882.05		918,479.05
3101	实收资本(或股本)		500,000,000.00				500,000,000.00
3103	已归还投资		6,000,000.00				6,000,000.00
4101	生产成本			233,000.00		233,000.00	
5101	主营业务收入				5,828,717.95		5,828,717.95
5401	主营业务成本			2,918,000.00		2,918,000.00	
5502	管理费用			1,000.00	1,200,000.00		1,199,000.00
	合计	507,000,000.00	507,000,000.00	11,683,803.00	11,683,803.00	515,458,400.00	515,458,400.00

图2-6-9 试算平衡

三、期末账务处理

1. 期末调汇

本功能主要用于对外币核算的账户在期末自动计算汇兑损益,生成汇兑损益转账凭证及期末汇率调整。依次点击【财务会计】→【总账】→【结账】→【期末调汇】,输入相应币别的汇率即可。

2. 结转损益

期末时,应将各损益类科目的余额转入"本年利润"科目,以反映企业在一个会计期间内实现的利润或亏损总额。依次点击【财务会计】→【总账】→【结账】→【结转损益】,

弹出向导对话框,直接单击【下一步】→【下一步】,最后再单击【完成】,如图 2 - 6 - 10 所示。

图 2 - 6 - 10　结转损益

3. 期末结账

在对期末调汇与结转损益所生成的凭证重新过账后,就可以把财务系统进行结账,财务数据也一并结转到下期。

在 K/3 系统主界面,依次点击【财务会计】→【总账】→【结账】→【期末结账】,打开“期末结账”向导界面,单击【开始】按钮,如图 2 - 6 - 11 所示。

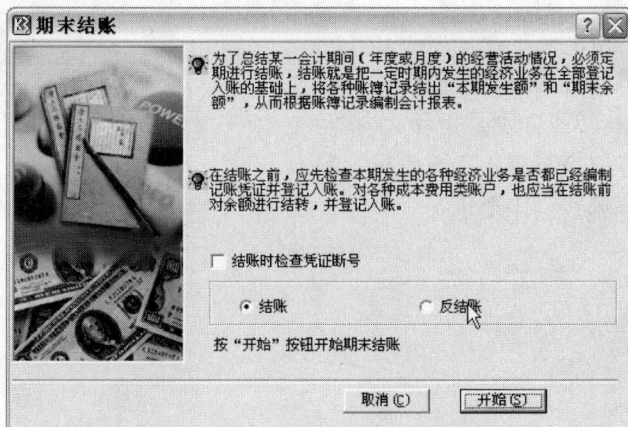

图 2 - 6 - 11　期末结账

在弹出的确认对话框中,单击【确定】按钮,完成这一期财务系统的业务处理工作。

四、报表

1. 资产负债表

在 K/3 系统主界面,依次点击【财务会计】→【报表】→【(性质)—模板】→【企业资产负债表】,打开报表系统,K/3 系统的报表系统类似于 Excel 表格,每个单元格中输入相应的公式以取出账户中的数据。首先设置好取数的会计期间(【工具】→【公式取数参数】),再单击【视图】→【显示数据】即可以查看报表数据。最后单击【保存】按钮。

2. 利润分配表与现金流量表

基本的操作方法与资产负债表类似,这里不在详述。由于在做会计记账凭证时,就已指定了现金流量的项目,所以现金流量表可以直接查看。依次点击【财务会计】→【总账】→【现金流量】→【现金流量表】即可查看。

> **小提示**
>
> 资产负债表新建好以后,也可以单独进行保存,选择【文件】→【另存为】进行保存。
>
> 现金流量表的编制比较复杂,为了保证数据的正确性,一般要求在录入凭证时,就要指定主表与附表项目。
>
> 现金流量表也可以通过单独模块进行管理,依次点击【财务会计】→【现金流量表】→【现金流量表】→【现金流量表】。

总　结

财务系统中,是以编制财务报告报表为基本目的,全面综合地反映企业资金运行状况与财务信息。在处理账务时,以录入凭证开始,经过审核凭证、凭证过账、外币调汇与结转损益到最后期末结账。企业经营成果是通过资产负债表、利润及利润分配表和现金流量表来综合反映,当然也可以自定义一些财务分析指标来分析企业的资金运行情况。

思　考

1. 凭证分为哪几种,各种凭证之间如何关联?
2. 过账、结账与转账分别是指什么内容?
3. 企业的财务报表与报告主要有哪几种?
4. 期末结账有哪些程序要求?

项目三　企业ERP软件系统分析与上线 ③

项目引入

中国常信股份有限公司是一家研发、生产、销售网络计算机的企业,属典型的离散制造型企业,公司即将于近期迁入信息产业园内。公司现有办公室、技术中心、生产制造部、销售部、采购部、财务部、仓储物流中心、人力资源部、综合管理部等主要职能部室,有两个生产车间,共计两条生产线。公司目前采用按订单生产的方式组织生产。公司主要客户为其他制造型企业、政府机关、卫生教育医疗等企事业单位。为配合搬迁后企业能够顺利运行,公司计划在新生产办公场地建设的同时,实施金蝶 K/3 ERP 系统,以确保公司管理的规范有序,确保企业生产经营活动的顺利开展,提高公司的管理效率。

任务 3.1　ERP 系统分析报告与可行性分析

能力目标

（1）能设计系统分析报告。
（2）能组织开展系统的可行性分析。
（3）会撰写分析报告。

支撑知识

（1）系统分析调研的技巧。
（2）信息系统分析与设计知识。
（3）人际交往的技巧。

可展示成果

ERP 系统分析报告及项目可行性分析。

背景信息

通过中国常信股份有限公司的基础资料准备与 ERP 软件系统功能培训,中国常信股份有限公司内部员工对 ERP 系统有了一个比较全面地了解,ERP 系统分析报告与可行性分析就是针对 K/3 V10.3ERP 软件的功能进行分析,调查它是否能够满足中国常信股份有限公司的业务部门需求和财务处理的功能。如果可行,则系统正式上线运行;若不可行,软件无法解决企业现在的核心功能,则及早发现以规避风险。

功能介绍

ERP 系统分析报告是对现有的 ERP 软件系统进行分析,把软件系统中的功能与现实的职能进行综合考虑。

实践案例

中国常信股份有限公司在系统初始化与功能培训后,对 K/3 系统进行综合分析与可行性研究。

应用流程

一、金蝶 K/3 系统总体功能与架构分析

金蝶 K/3 ERP 系统集供应链管理、财务管理、人力资源管理、客户关系管理、办公自动化、商业分析、移动商务、集成接口及行业插件等业务管理组件为一体,以成本管理为目标,计划与流程控制为主线,通过对成本目标及责任进行考核激励,推动管理者应用 ERP 等先进的管理模式和工具,建立企业人、财、物、产、供、销的完整管理体系。

采购管理系统是通过采购申请、采购订货、进料检验、仓库收料、采购退货、购货发票处理、供应商管理、价格及供货信息管理、订单管理、质量检验管理等功能综合运用的管理系统,对采购物流和资金流的全过程进行有效地双向控制和跟踪,实现完善的企业物资供应信息管理。该系统可以独立执行采购操作;与供应链其他子系统、应付款管理系统等其他系统结合运用,将能提供更完整、全面的企业物流业务流程管理和财务管理信息。

销售管理系统是通过销售报价、销售订货、仓库发货、销售退货、销售发票处理、客户管理、价格及折扣管理、订单管理、信用管理等功能综合运用的管理系统,对销售全过程进行有效控制和跟踪,实现完善的企业销售信息管理。该系统可以独立执行销售操作;与采购管理系统、仓存管理系统、应收款管理系统、存货核算管理系统等其他系统结合运用,将能提供更完整、全面的企业物流业务流程管理和财务管理信息。

仓存管理系统通过入库业务(包括外购入库、产品入库、委外加工入库、其他入库)、出库业务(包括销售出库、领料单、委外加工出库、其他出库、受托加工领料)、仓存调拨、库存调整(包括盘盈入库、盘亏毁损)、虚仓单据(包括虚仓入库、虚仓出库、虚仓调拨、受托加工产品入库)等功能,结合批次管理、物料对应、库存盘点、质检管理、即时库存管理等功能综合运用的管理系统,对仓存业务的物流和成本管理全过程进行有效控制和跟踪,实现完善的企业仓储信息管理。该系统可以独立执行库存操作;与采购管理系统、销售管理系统、存货核算系统、成本管理系统的单据和凭证等结合使用,将能提供更完整、全面的企业物流业务流程管理和财务管理信息。

存货核算管理系统用于工商业企业存货出入库核算、存货出入库凭证处理、核算报表查询、期初期末处理及相关资料维护。功能如下:

(1)各种实际成本和计划成本计价法可并行使用;

(2)提供总仓、分仓、分仓库组等多种核算方式;

(3)外购入库核算可自动分配采购费用,自动生成暂估补差单;

(4)提供完整的委外加工核算流程;

(5)一种核算单据可对应多个凭证模板,凭证模板设置灵活、简单。

财务系统主要功能:多重辅助核算、凭证分账制核算流程、账簿报表查询、往来业务的核算处理、精确计算账龄、其他业务系统无缝链接和内部往来协同等。

二、项目可行性分析

由于篇幅较大,这里仅列出可行性分析的基本条目。如表 3 - 1 - 1 所列。

表 3 – 1 – 1　项目可行性分析目录

1　引言	4.4.6　对地点和设施的影响
2　可行性研究的前提	4.4.7　对经费开支的影响
2.1　要求	4.5　局限性
2.2　目标	4.6　技术条件方面的可行性
2.3　条件、假定和限制	5　可选择的其他系统方案
2.4　进行可行性研究的方法	5.1　可选择的系统方案 1
2.5　评价尺度	5.2　可选择的系统方案 2
3　对现有系统的分析	6　投资及效益分析
3.1　处理流程和数据流程	6.1　支出
3.2　工作负荷	6.1.1　基本建设投资
3.3　费用开支	6.1.2　其他一次性支出
3.4　人员	6.1.3　非一次性支出
3.5　设备	6.2　收益
3.6　局限性	6.2.1　一次性收益
4　所建议的系统	6.2.2　非一次性收益
4.1　对所建议系统的说明	6.2.3　不可定量的收益
4.2　处理流程和数据流程	6.3　收益/投资比
4.3　改进之处	6.4　投资回收周期
4.4　影响	6.5　敏感性分析
4.4.1　对设备的影响	7　社会因素方面的可行性
4.4.2　对软件的影响	7.1　法律方面的可行性
4.4.3　对用户单位机构的影响	7.2　使用方面的可行性
4.4.4　对系统运行过程的影响	8　结论
4.4.5　对开发的影响	

总　　结

系统分析报告与可行性分析是实施 ERP 软件系统所必须经过的两个过程,有时也可以在 ERP 软件选型前进行。

思　　考

1. ERP 软件系统分析报告与可行性分析的区别在什么地方?
2. 项目可行性分析的作用是什么?

任务 3.2　企业信息化整体解决方案

能力目标

掌握企业信息化整体解决方案的编写方法。

支撑知识

(1) 企业管理知识。

（2）制造业信息化知识。

（3）系统分析知识。

可展示成果

企业信息化解决方案书。

背景信息

离散制造业不论在产品结构、生产模式方面，还是在生产规模、经济总量、生产技术、自动化程度和品种规格等方面与其他行业（商品流通业）都有不同之处。在提供管理信息化解决方案时，生产模式、供应链管理、成本核算等关键方案要依据不同企业而重新制定。

功能介绍

企业信息化整体解决方案是对企业产供销、人财物进行全面管理，将企业资金流、物料流、信息流集成在一个平台上，各个业务系统既可单独使用，也可集成使用。所有系统都是基于同一个平台开发而成，故其操作方法、界面方案统一、标准，稳定可靠，而且能自由调整，甚至可重新开发一个新系统，以满足企业不断发展、业务不断变化的需要。

实践案例

中国常信股份有限公司信息化整体解决方案的编写。

应用流程

一、离散制造行业概况

1. 离散制造行业主要特点

离散制造业产业的特点有：产品种类多，品种繁杂；专业性强，又是多学科集合，生产技术和生产设备、测试技术和设备，差异很大；产品的安全性、绿色化也是影响其发展前途和市场的重要因素。

2. 离散制造行业基本情况

工业制造业是我国国民经济支柱产业之一，也是新兴科学技术发展与应用的产业。在《中华人民共和国国民经济和社会发展"十一五"和 2010 年远景目标纲要》中确定了我国制造业的远景目标，目前制造业与信息产业一起成为整个国民经济的主导与支撑经济。

3. 离散制造行业发展趋势

从传统的加工过程利润已经慢慢转变为知识与服务型利润，知识与服务在整个行业的利润比重越来越大。

二、离散制造行业企业组织运营特点

1. 离散制造行业典型组织架构和管理模式（图 3 – 2 – 1）

（1）销售部。负责销售合同、销售订单、销售发票、销售出库、销售发货的管理；负责市场活动；运行 K/3 系统后的职责：运行销售管理系统，进行销售报价、销售合同、客户管理、价格及折扣管理（包括不同期间的价格管理）、销售订单管理、信用管理。

（2）采购部。会同设计、质量管理、财务等部门确定供应商，管理供应商数据；根据生

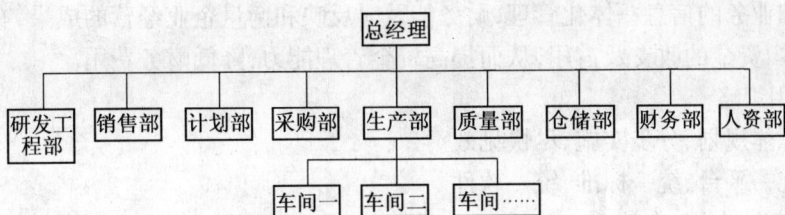

图 3 - 2 - 1　组织架构

产计划和材料汇总定额编制产品的采购件和委外件的采购计划,与供应商签订合同或直接采购,负责按期保质组织到货;根据生产计划审批组织发料;负责采购件仓库的管理。

(3) 生产部。负责生产调度;生产统计;半成品仓库的管理。运行 K/3 系统后的职责:生产报表统计。半成品仓库运行仓存系统,进行半成品仓库的管理。自制件生产任务的排产、生产进度和数量的跟踪、生产作业统计。运行 K/3 系统后的职责:自制件生产任务的排产、生产进度和数量的跟踪、生产作业统计。

(4) 仓储部。原材料发料及退料,成品出入库;负责原材料仓库、成品仓库的管理。运行 K/3 系统后的职责:仓库发料、生产退料、仓库发货、销售退货、仓存报表统计。原料成品仓库运行仓存系统,进行原料和成品仓库的管理。

(5) 财务部。会计核算;资金管理;固定资产的价值管理;成本核算—包括工资核算、材料核算;财务分析;价格管理。运行 K/3 系统后的职责:会计核算;应付应付款管理;成本核算—包括工资核算、材料核算;提供价格资料。

2. 行业企业组织运营特点。

产品的高新技术不断地发展,促使产品生命周期正在进一步缩短,加速了产品的更新换代。有的产品制造商为适应新的发展思路,将分散的设计、开发、制造、装配进行革新和整合,使产品更趋向于使用标准的零部件,以较低的价格提供更多不同的产品。

产品结构特点:较短的产品生命周期,竞争激烈、技术更新快和产品生命周期短是离散制造行业的基本特征。一方面,由于技术上的不断突破,如芯片设计技术、制造工艺等的发展;另一方面,由于需求的不断变化,外加上朝阳行业中由于利益吸引,企业数量多,竞争激烈,都导致了市场上产品更新快,品种数量多。产品种类多,产品结构难以描述。

除了品种多、产量大之外,还有以下特点:种类多,是与多种基础学科和新兴学科、生产工艺结合的技术产品。

生产经营特点:混合制造模式;不同的竞争层次;产品的商业化,大众化;销售过程控制严格。

三、离散制造行业企业组织运营在 ERP 中实现

1. 总体目标

通过 ERP 系统的应用,至少应达成以下目标。

建立先进的信息管理平台,优化和规范业务流程,全面提升企业运营效率,增强盈利能力,打造企业的核心竞争力。实现企业内外部供应链的信息化集成管理,加快信息流和物流速度,快速响应客户需求,提高客户满意度甚至超越客户期望。通过 ERP 先进的 MPS/MRP 运算和精细化车间排程管理,使生产计划、委外计划和采购计划最优化,做到生产和采购适时、适质、适量,大幅度降低库存水准,降低生产成本,加快资金周转速度。

实现财务和业务的信息一体化管理,财务能及时反映和衡量企业经营的成果,有效管理企业生产成本、资金的收支及占用,从而提高资金管理能力,降低财务费用。

2．应用策略

（1）总体规划、分步实施、尽快见效。

（2）统一平台、统一标准、统一软件。

（3）简单、实用、有效。

（4）建立和健全 IT 管理机制。

3．方案特色

（1）平台个性化。

（2）财务业务一体化。

（3）业务流程灵活自定义。

（4）丰富的预警信息。

（5）强大的业务功能。

四、总体架构

主要包括以下三部分,限于篇幅,本书只列出标题。

（1）技术架构。

（2）业务架构。

（3）业务流程。

五、基础数据管理

1．企业基础数据

从对企业数据处理的角度来看,企业资源规划是一个基于企业基础数据的集成管理软件包。ERP 系统对企业的生产、后勤以及销售等基础数据进行了有序化地集中管理。在企业物流、资金流和信息流中,以信息流为核心,建立有效的企业基础数据来源渠道,采用合适的数据分析工具,来得到有效的信息,以提高企业的获利能力和核心竞争力为目标,就可以指导企业物资调拨和资金流向。所以,对企业基础数据结构的合理调整,对基础数据的有效管理和维护,是企业信息化管理的重要前提,也是 ERP 系统建立、使用和维护中的重点工作所在。

企业基础数据大致分为两类：静态数据,在进行产、供、销等常规业务处理时,静态数据一般不会发生变化。如物料清单数据、工作中心、工艺路线、系统参数等,企业一般称为基础数据。动态数据,是反映生产经营动态情况的数据,如生产计划、生产订单、客户订单和采购订单、库存量等。当然,静态也是相对的,因为事物总是处于运动变化之中,而变化是绝对的。因此,即使是静态数据也必须定期维护,以保证数据的完整性和准确性。

2．关键需求分析

分析实施成败的原因,ERP 系统要能在企业中正常运行,除了根据系统目标正确进行硬件和软件选型外,还有影响系统应用成败的三个关键因素：数据、人员和组织管理。有人将企业实施管理信息系统从技术、管理、数据三者的相对重要性说成是："三分技术、七分管理、十二分数据",ERP 讲究的是数据的完整性、准确性、可靠性。数据是否准确与规范,是 ERP 实施成败的关键之一。

总　　结

　　企业信息化解决方案主要是对企业所在行业的分析,主要内容是行业企业组织运营在 ERP 中实现,以及 ERP 软件系统的几种架构,分析企业信息化成败的主要要素就是数据与报表的正确性和基于流程的管理。

思　　考

1. 离散制造行业的企业信息化解决方案主要包括哪些内容?
2. 企业信息化解决方案中的关键项目是什么?

项目引入

中国常信股份有限公司是一家研发、生产、销售网络计算机的企业,属典型的离散制造型企业,公司即将于近期迁入信息产业园内。公司现有办公室、技术中心、生产制造部、销售部、采购部、财务部、仓储物流中心、人力资源部、综合管理部等主要职能部室,有两个生产车间,共计两条生产线。公司目前采用按订单生产的方式组织生产。公司主要客户为其他制造型企业、政府机关、卫生教育医疗等企事业单位。为配合搬迁后企业能够顺利运行,公司计划在新生产办公场地建设的同时,实施金蝶 K/3 ERP 系统,以确保公司管理的规范有序,确保企业生产经营活动的顺利开展,提高公司的管理效率。

任务 4.1　企业业务系统数据验收

能力目标

能够对业务系统项目运行情况进行客观总结与评价,并能够出具验收报告。

支撑知识

(1) 验收报告的编写格式。

(2) 项目管理知识。

(3) 企业管理知识。

可展示成果

物流与财务系统验收报告。

背景信息

物流系统的项目验收主要是针对单据操作与业务报表的验收,企业实施 ERP 软件系统的基本目的就是操作正确、报表准确,为企业带来数据共享和先进管理思想在企业中的应用。

功能介绍

项目验收是对前期工作的一个总体回顾与总结,也是对双方实施小组工作成果地肯定,同时为以后正常运行提供指引。

实践案例

2008 年 5 月至 12 月底,中国常信股份有限公司的业务系统操作已经基本完成,可以进行业务系统项目验收。

应用流程

一、供应链管理系统数据验收

1. 材料业务数据验收

在金蝶 K/3 系统主界面,选择【供应链】→【存货核算】→【报表分析】→【材料明细账】,进入"材料明细账"窗口。如图 4-1-1 所示,可得出所有原材料科目的存货信息。

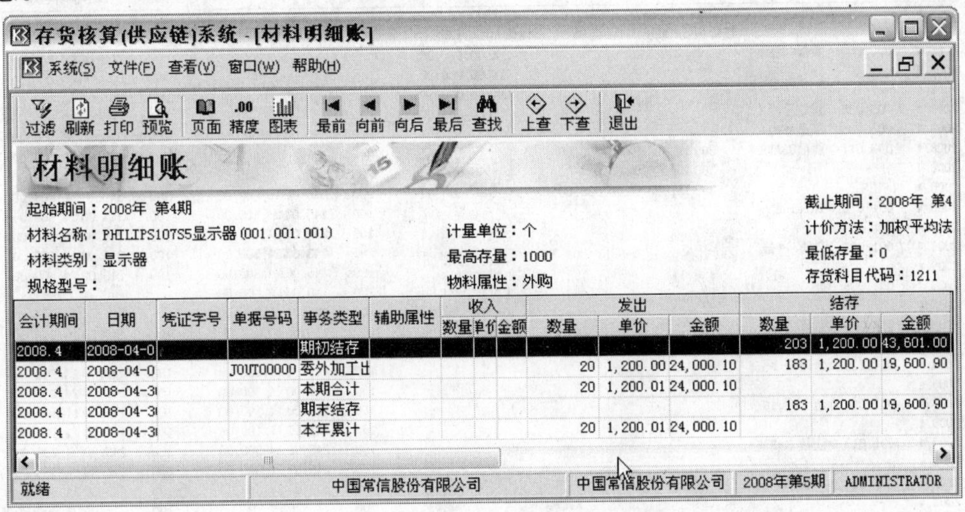

图 4-1-1　材料明细账

2. 产成品业务数据验收

在金蝶 K/3 系统主界面,选择【供应链】→【存货核算】→【报表分析】→【产成品明细账】,进入"产成品明细账"窗口。如图 4-1-2 所示,可得出所有产成品与半成品科目的存货信息。

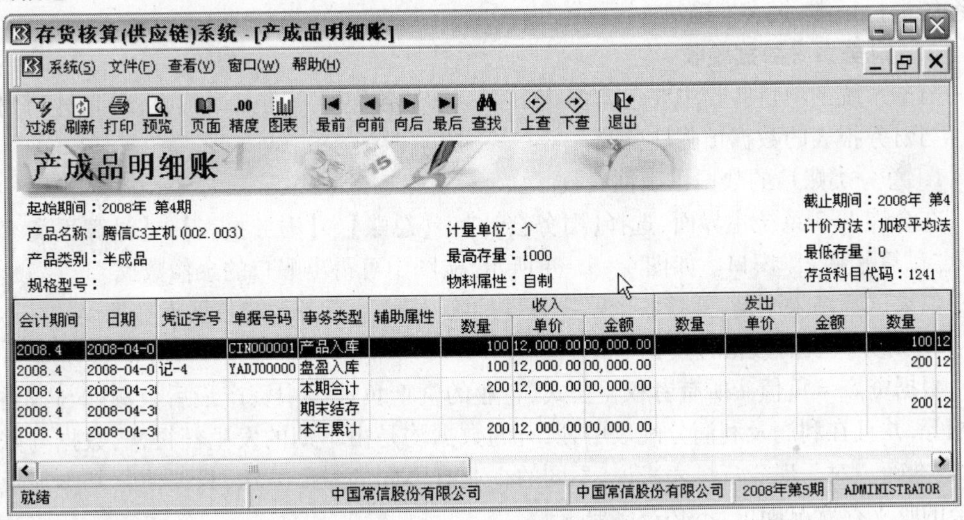

图 4-1-2　产成品明细表

3. 物料收发汇总表业务数据验收

在金蝶 K/3 系统主界面,选择【供应链】→【存货核算】→【报表分析】→【存货收发存汇总表】,进入"存货收发存汇总表"窗口。如图 4－1－3 所示,从图中可得出所有存货信息。

起始期间：2008年 第4期　　　　　　　　　　　　　　　　　　截止期间：2008年 第4期
物料代码范围：所有物料　　　　　　　　　　　　　　　　　　汇总依据：1—2级物料类别

会计期间	物料代码	物料名称	期初结存			本期收入			本期发出			期末结存		
			数量	单价	金额	数量	单价	金额	数量	单价	金额	数量	单价	金额
2008.4	002.003	腾信C3主板				200	00,000.00					200	12,000.00	00,000.00
2008.4						200	00,000.00					200	12,000.00	00,000.00
2008.4						200	00,000.00					200	12,000.00	00,000.00
2008.4	003.005	超炫王商用				5	50,000.00					5	10,000.00	50,000.00
2008.4	003.006	欧皇 ASDJ1							200	14,590.00	18,000.00	-200	14,590.00	18,000.00
2008.4	003.011	腾信C3ADK	300	15,000.02	00,006.00							300	15,000.02	00,006.00
2008.4			300	15,000.02	00,006.00	5	50,000.00		200	14,590.00	18,000.00	105	15,542.91	32,006.00
2008.4			300	15,000.02	00,006.00	5	50,000.00		200	14,590.00	18,000.00	105	15,542.91	32,006.00
2008.4	001.010.0	Intel 酷睿							100	245.00	24,500.00	-100	245.00	24,500.00
2008.4									100	245.00	24,500.00	-100	245.00	24,500.00
2008.4	001.007.0	航嘉 冷静							100	245.00	24,500.00	-100	245.00	24,500.00
2008.4									100	245.00	24,500.00	-100	245.00	24,500.00
2008.4	001.006.0	酷冷LED C				100	12,000.00		100	120.00	12,000.00			
2008.4						100	12,000.00		100	120.00	12,000.00			
2008.4	001.009.0	华硕 DVD-				200	27,800.00		100	139.00	13,900.00	100	139.00	13,900.00
2008.4						200	27,800.00		100	139.00	13,900.00	100	139.00	13,900.00
2008.4	001.015.0	金河田 飓							100	245.00	24,500.00	-100	245.00	24,500.00
2008.4									100	245.00	24,500.00	-100	245.00	24,500.00
2008.4	001.002.0	金士顿 1G							100	111.00	11,100.00	-100	111.00	11,100.00
2008.4									100	111.00	11,100.00	-100	111.00	11,100.00
2008.4	001.013.0	创新 X-Fi							100	245.00	24,500.00	-100	245.00	24,500.00
2008.4									100	245.00	24,500.00	-100	245.00	24,500.00
2008.4	001.014.0	华硕 (ASUS							100	245.00	24,500.00	-100	245.00	24,500.00
2008.4									100	245.00	24,500.00	-100	245.00	24,500.00
2008.4	001.099.0	日立电锤	45	100.00	4,500.00							45	100.00	4,500.00
2008.4			45	100.00	4,500.00							45	100.00	4,500.00
2008.4	001.012.0	昂达 HD 2							100	245.00	24,500.00	-100	245.00	24,500.00

图 4－1－3　存货收发存汇总表

4. 数据与报表核对

将上述报表数据与仓存系统(物料收发汇总表)的物料收发存进行核对,若无差错,则系统运行正常、报表准确。

二、财务系统数据验收

财务系统的项目验收主要包含两个方面:一是各类账户的数据验收;二是针对财务指标与财务报表的数据正确性验收。

1. 总分类账户的数据正确性验收

在金蝶 K/3 系统主界面,选择【财务会计】→【总账】→【财务报表】→【试算平衡表】,进入"试算平衡表"窗口。如图 4－1－4 所示,从图中可得出账户的余额数据。

如果试算结果平衡,并且各个账户数据准确,则表明财务系统数据正确无误。

2. 财务报表的数据验收

根据资产＝负债＋所有者权益公式,企业的资产负债表中资产最后余额就与权益余额相等,并且在利润及利润分配表中,所有的数据均是由本期的发生额得来,数据与账户一致、准确。对于现金流量表来说,不同的企业有不同的做账方法,只要使其基本能反映资金的收支存状况即可,不必过多要求。

试算平衡表　　　　　　试算结果平衡

科目代码	科目名称	期初余额		本期发生额		期末余额	
		借方	贷方	借方	贷方	借方	贷方
1001	现金	300,000.00			1,000.00	299,000.00	
1002	银行存款	129,600,000.00				129,600,000.00	
1101	短期投资	170,000,000.00				170,000,000.00	
1131	应收账款	100,000.00		6,819,600.00		6,919,600.00	
1211	原材料	2,500,000.00		439,800.00	233,000.00	2,706,800.00	
1241	自制半成品			1,200,000.00		1,200,000.00	
1243	库存商品	4,500,000.00			2,918,000.00	1,582,000.00	
1501	固定资产	200,000,000.00				200,000,000.00	
2101	短期借款		900,000.00				900,000.00
2121	应付账款		100,000.00		512,203.00		612,203.00
2171	应交税金			72,403.00	990,882.05		918,479.05
3101	实收资本（或股）		500,000,000.00				500,000,000.00
3103	已归还投资		6,000,000.00				6,000,000.00
3131	本年利润			1,719,000.00	5,828,717.95		4,109,717.95
4101	生产成本			233,000.00		233,000.00	
5101	主营业务收入			5,828,717.95	5,828,717.95		
5401	主营业务成本			2,918,000.00	2,918,000.00		
5502	管理费用			1,000.00	1,000.00		
	合计	507,000,000.00	507,000,000.00	19,231,520.95	19,231,520.95	512,540,400.00	512,540,400.00

图 4-1-4　试算平衡表

小提示

　　试算平衡表中的各账户数据应与各总分类账的数据相等,总分类账应与各明细分类账之和相等。

　　试算平衡是以综合本位币的结果显示的,它把外币统一换算成本位币进行运算。

总　　结

　　K/3 业务系统的数据验收主要包括两个方面:一个是供应链系统的数据验收,另一个是财务系统数据正确无误;并且财务系统中的物流数据应由业务系统直接生成,这样就保证了数据来源的唯一性与准确性。

思　　考

1. 业务系统的数据验收主要包括哪些方面?
2. 如何确保财务系统的业务数据准确唯一?
3. 如何确定财务报表数据的正确性?

任务4.2　企业信息化项目整体验收

能力目标

　　能够对企业 ERP 系统项目运行情况进行客观总结与评价,并能够出具验收报告。

支撑知识

　　(1) 验收报告的编写格式。

（2）项目管理知识。

（3）企业管理知识。

可展示成果

ERP 系统实施验收报告。

背景信息

中国常信股有限公司 K/3 系统应用项目从 2008 年 4 月底开始实施以来,在中国常信股有限公司和金蝶公司地精心呵护下,现在已经完成了系统试运行工作,并开始了正式运行。从系统实施的角度看,该项目已成功地完成了实施的全部工作。

功能介绍

项目验收是对前期工作的一个总体回顾与总结,也是对双方实施小组工作成果地肯定,同时为以后正常运行提供指引。

实践案例

2008 年 10 月至 11 月底,中国常信股份有限公司的 ERP 软件系统已经基本完成实施,可以进行系统项目验收。

应用流程

一、项目验收报告书

1. 项目工作回顾

在半年多的时间里,中国常信股份的实施人员和金蝶公司的实施顾问精诚合作,通过兢兢业业的工作,在有限的时间里完成了系统实施的艰巨任务并取得了显著的成果。从项目的历程可以充分体会到实施人员在实施期间工作的繁重和复杂。

（1）项目启动、系统定义及系统培训阶段(4 月上旬及 5 月)的工作内容。

① 项目双方利用一个多月的时间对企业原业务流程进行了讨论、整理,并最终制定出了具有常信股份特色、符合 K/3 系统应用标准的新业务流程;

② 根据确认后的标准业务流程,制定了常信股份 K/3 系统编码规则,确定了包括会计科目编码、商品编码、供应商编码、客户编码等在内的 8 类企业基础资料的编码规范。

（2）数据准备、系统初始化及系统试运行阶段(5 月及 6 月)的工作内容。

① 在经过全面周密的数据准备工作后,系统进入初始化阶段;

② 双方利用一周时间对原系统数据进行了归集与整理。

（3）系统切换及系统运行阶段(5 月到 6 月)的工作内容。

① 通过项目双方的反复讨论和测试,完成了系统运行中的报表需求定义及相关报表制作;

② 对可能有问题的流程进行了改进,完善了企业的业务流程,使常信股份的业务运作更加规范。

2. 项目取得的成绩

项目经过了近 7 个月的实施,取得了圆满的成功,通过艰辛的努力,可以看到 K/3 正在企业的应用中日益展现出它的优势。

（1）建立起一套规范的采购、销售、仓库、计划、生产管理体系，严格控制物流的每一个环节；

（2）建立起一套准确的基础资料信息，有效管理公司各类资源，提高企业市场竞争力；

（3）企业人员充分了解了相关工作的流程并熟练地掌握了 K/3 系统的应用；

（4）为企业理清内部业务、清除不良数据提供了机会和工具。

系统初始化前的数据准备工作，从某种程度上理清了常信股份公司内部相应的业务，K/3 的应用屏蔽了一些不合理的数据录入和查询方式，基本扫除了系统中的异常数据，并将为企业日后的运营带来准确的信息，帮助企业提高了企业分析、预测与决策的能力。

K/3 系统灵活的数据查询和功能强大的报表模块，不仅为企业提供了普通的查询报表，还为企业提供了自定义报表的方案，企业可以根据自身管理地需要自行定义相关报表，从而为企业预测与决策提供了强有力的工具。

3. 项目工作评价

项目的成功离不开集体的智慧，正是在实施过程中由于金蝶实施顾问和企业各层人员的充分重视和勤奋的工作，项目才能取得卓有成效的结果。

（1）双方高层领导对项目给予了高度的重视。

中国常信股份高层领导亲自参与了系统定义等关键阶段的工作，并且在项目进行过程中作了大量的协调与动员工作，保证了实施过程中的人力与物力资源。

金蝶公司高层领导对该项目也给予了极大的重视，为资源调配等细节工作扫清了障碍，并且在关键阶段对项目小组给与指导，很好地把握了项目的大方向。

（2）项目小组成员良好的职业素质保证了项目的正常运行。

（3）项目双方沟通充分、顺畅。

双方良好的沟通使很多问题在出现之前得以预见并及时采取改进措施；充分的沟通也使项目双方增强了在工作中的默契，使项目能在双方完美的配合中顺利进行。

（4）常信股份各部门和相关人员大力支持、配合。

在数据准备、系统初始化和试运行过程中，常信股份的相关部门和人员为项目的顺利进展做了大量的工作，准确地提供了相关资料信息，并抽调人手配合数据的录入；在工作中相关人员尽心尽职，录入的数据准确、完整并提出了许多非常宝贵的意见和建议。

4. 项目前景展望

项目实施工作虽然取得了重大成功，但项目的运行维护工作将根据服务合同的要求继续开展，公司将会按照服务合同条款对系统的日常运行进行跟踪和维护，同时金蝶公司也将针对企业对 K/3 提出的一些好的建议进行产品的改善。

K/3 系统在常信股份的应用将帮助企业完善基础管理，给企业提供信息化建设的基础。K/3 系统还将帮助常信股份完善内部企业管理，为公司内部信息共享提供依据，同时帮助公司内部企业与行业接轨并紧跟市场步伐。

对于常信股份，现在是一个历史性的时刻，K/3 系统的成功应用已带给企业新的发展机遇,企业将在激烈的市场竞争中凭借全面的信息和强大的预测、决策能力占取有利的地位。

　　祝常信股份在日后的发展中蒸蒸日上,功业有成!

金蝶公司"常信股份"项目实施小组

2008 – 11 – 25

二、ERP 软件系统项目实施验收确认单

中国常信股份有限公司金蝶项目实施验收确认单

　　在中国常信股份有限公司(以下简称"甲方")与金蝶软件有限公司(以下简称"乙方")双方领导的大力支持和关心下,按照双方签订的合同所确定的内容,经过双方项目组全体人员的共同努力,顺利完成了中国常信股份有限公司的实施工作,完成了一个月以上完整的数据处理,数据准确,金蝶软件符合甲方提出的业务账务处理需求,甲方同意接受金蝶软件投入正常运行,至此该项目实施阶段工作正式结束,项目进入运行维护阶段,由乙方 K/3 服务部负责日常运行维护工作。

甲方(盖章):　　　　　　　　　　　　乙方(盖章):

代表(签字):_____　　　　　　代表(签字):_____

日期:　　年　　月　　日　　　　　　日期:　　年　　月　　日

总　结

　　经过多个月辛苦的努力,中国常信股份有限公司的 Kingdee K/3 V10.3 项目终于成功验收,验收工作不是 ERP 软件系统的终止,而是对其实施阶段的总结。

思　考

1. 企业 ERP 系统项目验收报告书有哪几个部分,分别是什么内容?
2. 为什么要出具项目实施验收确认单?

附录一 中国常信股份有限公司 ERP 系统实施资料

任务 1.1 成立企业信息化项目组织

任务 1.1.1 建立并启用账套

公司名称：中国常信股份有限责任公司。

公司地址：中国江苏省常州市武进区鸣新东路 2 号。

公司电话：086 - 519 - 86338171。

公司资料：中国常信股份有限责任公司是一家研发、生产、销售网络计算机的企业，属典型的离散制造型企业，公司即将于近期迁入信息产业园内。公司现有办公室、技术中心、生产制造部、销售部、采购部、财务部、仓储物流中心、人力资源部、综合管理部等主要职能部室，有两个生产车间，共计两条生产线。公司目前采用按订单生产的方式组织生产。公司主要客户为其他制造型企业、政府机关、卫生教育医疗等企事业单位。为配合搬迁后企业能够顺利运行，公司计划在新生产办公场地建设的同时，实施金蝶 K/3 ERP 系统，以确保公司管理的规范有序，确保企业生产经营活动的顺利开展，提高公司的管理效率。

机构代码：001。

机构名称：中国常信股份有限责任公司。

账套类型：标准供应链解决方案。

账套属性：记账本位币为人民币，保留两位小数位，使用自然月份会计期间。2008 年 3 月购买 Kingdee K/3 ERP V10.3 版本的 ERP 软件系统，4 月份进行系统初始化并启用账套。

任务 1.1.2 ERP 系统用户管理

用户类型	用户名称	默认密码	所属用户组	用户授权	备注
ERP 系统管理员	admin	空	无	账套管理	系统默认
数据库系统管理员	sa	空	无	数据库管理	系统默认
ERP 系统用户	张三	空	采购部	采购模块	
ERP 系统用户	王程公	空	采购部	采购模块	
ERP 系统用户	孙苗	空	采购部	采购模块	
ERP 系统用户	钱进林	空	销售部	销售模块	

（续）

用户类型	用户名称	默认密码	所属用户组	用户授权	备注
ERP 系统用户	张林	空	销售部	销售模块	
ERP 系统用户	钱程	空	销售部	销售模块	
ERP 系统用户	朱群	空	生产部	生产模块	
ERP 系统用户	李可应	空	生产部	生产模块	
ERP 系统用户	陈一一	空	生产部	生产模块	
ERP 系统用户	赵伟	空	生产部	生产模块	
ERP 系统用户	朱山永	空	仓储部	仓储模块	
ERP 系统用户	刘功泽	空	仓储部	仓储模块	
ERP 系统用户	胡一统	空	仓储部	仓储模块	
ERP 系统用户	袁众学	空	财务部	财务模块	
ERP 系统用户	秦汗可	空	财务部	财务模块	
ERP 系统用户	周板华	空	财务部	财务模块	
ERP 系统用户	赵得志	空	总经理办公室	全模块查询权	总经理
ERP 系统用户	赵公成	空	总经理办公室	全模块查询权	副总经理
ERP 系统用户	金宝	空	总经理办公室	全模块查询权	副总经理

任务 1.1.3　ERP 系统项目实施团队组建

项目实施管理（奖惩）制度

ERP 培训、实施、使用、维护考核办法

为了保证 ERP 系统持续有效地实施和运行,保证各项数据真实客观的形成以及传递,提高公司的管理水平以及效率,特制定 ERP 培训、实施、使用、维护考核办法。

1. 适用范围

该办法适用于信息有关的所有岗位,包括数据的提供、收集、传递、处理、分析等各环节,同时包括对该信息系统的维护和管理。

2. 定义

ERP(Enterprise Resource Planning,企业资源计划系统)的概念,是美国 Gartner Group 公司于 1990 年提出的,其确切定义是:MRP Ⅱ(企业制造资源计划)下一代的制造业系统和资源计划软件。除了 MRP Ⅱ 已有的生产资源计划、制造、财务、销售、采购等功能外,还有质量管理,实验室管理,业务流程管理,产品数据管理,存货、分销与运输管理,人力资源管理和定期报告系统。

3. 管理职责

3.1　项目组的考核职责

3.1.1　对业务组、实施组的培训情况实施考核

3.1.2　对业务组、实施组的项目进度实施考核

3.1.3　对业务组、实施组的工作质量是否达到要求实施考核

3.1.4　对业务组、实施组及部门间的沟通、协调、配合的情况实施考核

3.1.5　在实施过程中项目组对因本人或本部门的工作影响 ERP 工作进度的中层或中层以下的管理人员有罢免原职务的建议权

3.2　业务组的考核职责

3.2.1　负责对本部门使用功能模块实施和系统数据录入，维护的情况的考核

3.2.2　负责对修改通过后的方案实行考核

3.2.3　对本部门的培训和宣导工作实施考核

3.3　实施组的考核职责

3.3.1　对部门人员工作的进度实施考核

3.3.2　对部门人员培训的落实情况实施考核

3.3.3　对部门人员的工作是否达到质量要求实施考核

4. 管理内容和要求

4.1　凡必须参加全程培训学习的项目实施组成员及需分程参加培训学习的有关人员（以项目组通知为准），在规定培训学习时间内，不得缺勤、迟到、早退。若发现迟到、早退第一次扣 5 元，第二次扣 20 元，依此类推累加扣罚。未经项目组负责人批准而发生的缺勤，第一次扣 50 元，第二次扣 100 元，依此类推。

4.2　培训学员必须完成学习作业和考试。每缺一次学习作业扣款 20 元，无故缺考每次扣罚 30 元，必须参加补考。对考试不合格的可参加补考，补考不合格调离原岗位。

4.3　培训学员参加考试，公司对每次考试累计五次获前三名者奖励 100 元。若考试成绩累计叁次排在最后两名者，则一次性扣罚 30 元。

4.4　对考试的考核，由顾问组阅卷评分，交人力资源部统计考核。

4.5　培训学习的考勤（包括作业的完成），由项目组统计考核，每次培训必须有签到和至少一次点名。

5. 检查与考核

5.1　本办法由项目的领导小组领导项目小组组织各部门实施

5.2　本办法由项目的领导小组领导项目小组检查和考核

任务 1.2　企业信息化需求分析与调研

中国常信股份有限公司 ERP 项目

销售业务调研报告

一、部门基本情况

1. 公司是否有多个销售部门？

2. 销售主管和销售人员名单,如有多个销售部门,请同时列出多个销售部门的人员名单。

3. 销售业务是否由统一的部门进行管理?

4. 公司是否有外地分公司/办事处/代理商/中转仓?

5. 外地分公司/办事处/代理商/中转仓是否有产品库存?

6. 是否有计划由专门的人员负责录入销售订单?

7. 不同的产品是否由不同销售人员负责?

8. 不同的地点是否由不同的销售人员负责?

二、客户情况

1. 客户的信息是否统一由专人维护?

2. 公司有无统一的客户编码? 编码长度共_____位,请说明编码原则。

3. 公司的客户总数约为_____个,国内客户有_____家,主要分布在_____地区:经常往来的有_____家;占公司销售额_____%;国外客户有_____家,主要分布在_____地区:经常往来的有_____家;占公司销售额_____%;大客户有_____家。

4. 是否对客户进行分类/分级?

5. 客户订单中是否带有自身的产品编号(即客户产品编号)?

6. 客户的不满和投诉主要集中在哪些方面(质量、交货准时性、服务、价格)?

三、信用额度与价格管理

1. 公司是否建立了客户信用额度控制制度?

2. 一般客户的信用额度为多少(1~10000;10000~100000;100000~500000;500000以上)?

3. 何时对客户进行信用检查(签定订单时;审核订单时;发货时;开发票时)?

4. 进行信用检查时,哪些因素会考虑在内(应收款;预付款;已发货定单)?

5. 客户如果超过信用额度,如何处理(催促付款,暂停接收订单;继续接收订单,但会压后安排生产;按正常客户订单处理、其他处理方式)?

6. 谁可以决定与超过信用额度的客户继续进行业务(销售员;销售部门主管;主管销售的副总;总经理)?

7. 是否有完整的客户价格资料库?

8. 公司的产品销售价格是否含税?

9. 同一产品,针对不同的客户,公司是否会有不同的价格?

10. 不同地区的客户,是否会有不同的价格表?

11. 与客户签订的订单价格是否可以与价格表上不同?

12. 如何掌握客户的价格折扣(销售人员可灵活掌握;公司对折扣有严格的管理,销售人员严格按折扣价格表执行)?

13. 公司是否会统一调整产品的价格(每年;每季;原材料涨价或降价时;其他)?

14. 产品报价的依据(产品价格表的标准价格;购买的数量;购买的次数;其他)?

15. 请描述报价的审批流程。

四、订单管理

1. 公司的可销售件中包含以下哪些类型的物品(产成品;半成品;原材料;废品/废料;其他)?

2. 公司是否有成套销售/组装销售的产品?

3. 销售的产品出货时,是否需搭配配件或组件一起出货?

4. 销售产品的同时是否会销售产品的增值服务?

5. 是否会有与客户签订销售合同,但发货需直接发给指定第三方用户的情况?

6. 公司的各相关部门之间是否会有内部销售订单?

7. 是否有外币订单? 请说明存在哪几种外币。

8. 公司的产品销售是否有销售淡旺季之分?

9. 公司销售订单的接收方式有哪些(传真;邮件;电话;正式书面合同;口头下单;其他)?

10. 销售计量单位与报价单位、发货单位、发票单位、库存计量单位是否一致?

11. 订单交期: 最短_____天,最长_____天,平均_____天,紧急订单月平均_____张。

12. 公司定单交期达成率如何(≥98% ;90% ~98% ;80% ~90% ;70% ~80% ;≤70%)?

13. 公司所有销售订单的处理流程(从接单到出货、结算)是否一致?

14. 订单变更要求是否频繁? 变动订单占总订单量_____% ;订单变更流程如何?

15. 如何对销售订单的执行情况进行跟踪(专人负责;各销售人员自行跟踪;PMC 计划人员)?

16. 公司有无订单评审环节,参与评审的分别是哪些部门,流程如何? 请列示。

17. 产成品是否需要批号跟踪? 批号何时产生? 批号的规则如何? 请列示。

18. 请画出本部门的整体业务流程,包括审批流程和与其他部门的接口。

19. 请描述产品出货流程。

20. 请描述产品退货流程。

五、日常使用表单

1. 请列出本部门日常使用的表单,并请将每种类型表单附在本调研清单后,如报价单、客户订单、出货通知单。

2. 请列出本部门日常使用的报表,并请将每种类型报表附在本调研清单后。如订单统计表、出货统计表、销售金额统计表等。

六、需求

1. 销售业务中其他需要特别说明的问题?

2. 希望使用系统之后,系统能够实现的关键功能?

任务1.3　确定基础资料编码规范

一、会计科目

注意: 在整理科目设置时请先确定各级科目对应位数。

科目整理举例：

科目代码	科目名称	期末调汇	往来核算	核算项目	说　明
1002	银行存款				
1002.01	工商银行—人民币				上下级科目以"."区分
1002.02	建设银行—美元	是		美元	
1131	应收账款			客户	

按照系统提供的标准科目模板引入后修改成符合企业现有会计科目设置。

二、币别

代　码	名　称	代　码	名　称
RMB	人民币	USD	美元
注：以货币英文缩写作为代码			

三、计量单位

组　名	代　码	名　称	系　数	是否默认单位
重量组	KG	千克	1	1
重量组	T	吨	1000	0
重量组	J	斤	0.5	0
重量组	G	克	0.001	0
数量组	GE	个	1	1
数量组	GEN	根	1	0
数量组	HE	盒	6	0
数量组	JIAN	件	1	0
数量组	K	块	1	0
数量组	M	米	1	0
数量组	TIAO	条	1	0
数量组	XIANG	箱	10	0
数量组	ZHI	只	1	0

四、部门

代　码	名　称	代　码	名　称
002	生产部	002.001	生产一科
注：以流水号作为部门代码			

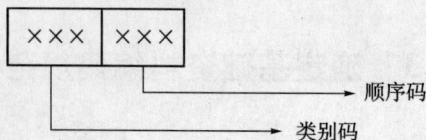

五、职员

代　码	名　称	代　码	名　称
001	采购部	001.001	张三

注：以流水号作为职员代码

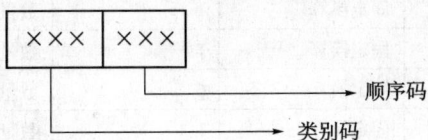

顺序码

类别码

六、供应商

代　码	名　称	代　码	名　称
0519	常州（代表地区）	001.001	常州佳立

注：以流水号作为供应商代码

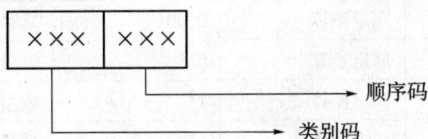

顺序码

类别码

七、仓库

代　码	名　称	代　码	名　称
001	原材料仓库	002	半成品仓库

注：以流水号作为仓库代码

直接新建仓库名称即可。

八、物料

代　码	名　称	代　码	名　称
001	原材料	001.001	显示器
001.001.000001	PHILIPS107S5 显示器		

注：以流水号作为物料代码

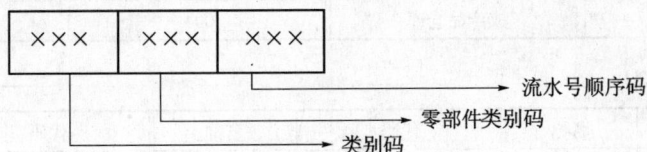

流水号顺序码

零部件类别码

类别码

任务1.4　基础资料数据收集与录入 ✠

一、币别

代　码	名　称	代　码	名　称
RMB	人民币	USD	美元

二、会计科目

按照系统提供的标准科目模板引入。

三、计量单位

代　码	名　称	换算方式	换算率	类　别	是否默认
GE	个	固定换算	1	数量组	是
GEN	根	固定换算	1	数量组	
HE	盒	固定换算	6	数量组	
JIAN	件	固定换算	1	数量组	
K	块	固定换算	1	数量组	
M	米	固定换算	1	数量组	
TIAO	条	固定换算	1	数量组	
XIANG	箱	固定换算	10	数量组	
ZHI	只	固定换算	1	数量组	
G	克	固定换算	0.001	重量组	
J	斤	固定换算	0.5	重量组	
KG	千克	固定换算	1	重量组	是
T	吨	固定换算	1000	重量组	

四、部门资料

代　码	名　称	代　码	名　称
001	采购部	002	销售部
003	生产部	006	公司办公室
003.001	生产一科	004	仓储部
003.002	生产二科	005	财务部
007	技术部	008	信息部

五、仓库资料资料

代　码	名　称	代　码	名　称
001	原材料仓库	002	半成品仓库
003	成产品仓库	004	赠品仓库

六、职员资料

代码	名称	代码	名称	代码	名称
001.001	张三	002.001	钱进林	006.001	赵得志
001.002	王程公	002.002	张林	006.002	赵公成
001.003	孙苗	002.003	钱程	006.003	金宝
003.001.001	李可应	003.002.001	朱群		
003.001.002	陈一一	003.001.002	赵伟		
004.001	朱山永	005.001	袁众学		
004.002	刘功泽	005.002	秦汗可		
004.003	胡一统	005.003	周板华		

注意：在新建职员前，请先按部门资料新建上级组。

例如，陈一一的职员代码为 003.001.002，其中 003 代表生产部这个上级组，001 代表的是生产一科，002 代表的是生产一科中的一个职员流水号。

七、客户资料

代　码	名　　称	备　注	代　码	名　　称	备　注
003	省内其他地区	上级组	0510	无锡	上级组
004	安徽省	上级组	0510.001	无锡东贸有限公司	明细
004.0551	合肥	上级组	0512	苏州	上级组
004.0551.001	合肥金鸟纺织有限公司	明细	0512.001	苏州三全钢构厂	明细
005	浙江省	上级组	0519	常州	上级组
006	国内其他地区	上级组	0519.001	常州工贸有限公司	明细
010	北京	上级组	0519.002	常州商业实业公司	明细
010.001	北京机械工程有限公司	明细	0519.003	常州电脑城 E 区 109 商铺	明细
021	上海	上级组	0519.004	常州宏图电脑南大街店	明细
021.001	上海微微集团	明细	0519.005	常州市苏宁股份有限公司	明细
025	南京	上级组	0519.007	常州卫生实业总公司	明细
025.001	南京大坝厂	明细	0519.008	常州东方商贸有限公司	明细
025.002	南京利东股份有限公司	明细			

八、供应商资料

代　码	名　　称	备　注
003	省内其他地区	上级组
004	安徽省	上级组
004.0551	合肥	上级组
004.0551.001	合肥雷鸣纺织有限公司	明细客户
005	浙江省	上级组
006	国内其他地区	上级组
010	北京	上级组
010.001	北京天工工程有限公司	明细客户
021	上海	上级组
021.001	上海紫金集团	明细客户
025	南京	上级组
025.001	南京雨润有限责任公司	明细客户
025.002	南京雨花台股份有限公司	明细客户
0510	无锡	上级组
0510.001	无锡远东商贸有限公司	明细客户
0512	苏州	上级组
0512.001	苏州机电有限公司	明细客户

（续）

代　码	名　　称	备　注
0519	常州	上级组
0519.001	常州安华有限公司	明细客户
0519.002	常州洛阳实业公司	明细客户
0519.003	常州电脑城 A 区 16 商铺	明细客户
0519.004	常州加加有限公司	明细客户
0519.005	常州市九州股份有限公司	明细客户
0519.007	常州得利来实业总公司	明细客户
0519.008	常州购物商贸有限公司	明细客户

九、物料资料

代　码	名　　称	价格	代　码	名　　称	价格
001.001	显示器		001.010.005	Intel 赛扬双核 E1200	385
001.002	内存		001.011.001	华硕 A3	70
001.003	主板		001.012.001	8600GT – GD3 UP 烈焰战神	749
001.004	鼠标		001.012.002	昂达 HD 2600XT"神戈"版	599
001.005	键盘		001.012.003	NVIDIA Geforce 9600GT	1300
001.006	风扇		001.012.004	蓝宝石 HD3850 蓝曜天刃 PRO	999
001.007	电源		001.013.001	创新 Sound Blaster ZS	470
001.008	硬盘		001.013.002	创新 X – Fi Xtreme Music	780
001.009	光驱		001.013.003	德国坦克 HiFier	990
001.010	CPU		001.014.001	TP – LINK TL – WN322G +	115
001.011	软驱		001.014.002	Intel 3945ABG	190
001.012	显卡		001.014.003	华硕（ASUS）WL – 167g	150
001.013	声卡		001.014.004	水星（Mercury）MW54U	90
001.014	网卡		001.015.001	酷冷仲裁者 L33	299
001.015	机箱		001.015.002	金河田飓风Ⅱ 8197B	235
001.009.001	三星 TS – H652N	269	001.015.003	航嘉时光之门 H301	290
001.009.002	索尼 BWU – 200S	560	001.015.004	多彩 SLIM 机箱 DLC – 0608	290
001.009.003	先锋 DVR – 115CH	288	002	半成品	
001.009.004	华硕 DVD – E818A	139	002.001	超炫 X1 主机	9800
001.009.005	先锋 DVD – 228	288	002.002	欧皇 A 主机	19020
001.010.001	AMD 速龙 64 X25000 +	560	002.003	腾信 C3 主机	8900
001.010.002	Intel 酷睿 2 双核 E4500	850	002.004	流吴 O4 主机	14000
001.010.003	Intel 奔腾双核 E2160	650	002.005	SDKX5 主机	34900
001.010.004	Intel 酷睿 2 四核 Q6600	1840	003.006	欧皇 ASDJ1	34098

代　码	名　　　称	价格	代　码	名　　　称	价格
003.007	欧皇 ASDJ2 +	25000	001.005.004	酷迅 SEM – DT35	129
003.008	欧皇 ASDJ3	23098	001.005.005	苹果新概念 iMac 超薄	499
003.009	欧皇 ASDJ4 +	25099	001.006.001	散热风扇 7025	60
003.010	欧皇 ASDJ5	22990	001.006.002	艾美特 CS35RV	85
003.016	流吴 O4	22920	001.006.003	酷冷 LED Case FAN（TLF – S82）,	120
003.017	流吴 O5 +	19990	001.006.004	P28 风扇	45
003.018	流吴 O6	13690	001.006.005	Tt 火山 7A 静音风扇	190
003.019	流吴 O7 +	22890	001.007.001	航嘉冷静王钻石版	190
003.020	流吴 O8	25880	001.007.002	航嘉冷静王钻石 Vista 版	278
001	原材料		001.007.003	长城 BTX – 500SE	389
001.001.001	PHILIPS107S5 显示器	1200	001.007.004	航嘉冷静王至尊版	430
001.001.002	三星 T200 显示器	3500	001.007.005	金河田劲霸 ATX – S410	245
001.001.003	LG M4210C 显示器	5600	001.008.001	希捷 160G/7200.9	790
001.001.004	LG W2252TQ	2300	001.008.002	日立 120G/5400 转/	415
001.001.005	LG W2600H	3500	001.008.003	西部数据 320G/7200	540
001.001.006	戴尔 2408WFP	6100	001.008.004	三星 160G/7200 转/	395
001.002.001	金士顿 1GB DDR2 667	160	001.008.005	IBM 60G ThinkPad X40	3100
001.002.002	金士顿 512MB DDR400	230	003	产成品	
001.002.003	现代 1GB DDR400	170	003.001	超炫王商用 PCS1	18900
001.002.004	现代 2GB DDR2 667	288	003.002	超炫王商用 PCS2	24090
001.002.005	三星 1GB DDR2 800（金条）	145	003.003	超炫王商用 PCS3 +	23050
001.003.001	昂达 A78GT	599	003.004	超炫王商用 PCS4	22000
001.003.002	华硕 M2A – VM	499	003.005	超炫王商用 PCS5	17800
001.003.003	七彩虹 C. P35 X5	599	003.011	腾信 C3ADKD +	15000
001.003.004	捷波悍马 HA03	499	003.012	腾信 C4ADKD +	34098
001.003.005	精英 A780GM – A	700	003.013	腾信 C5ADKD +	29088
001.004.001	罗技 G1	159	003.014	腾信 C6ADKD +	31099
001.004.002	双飞燕 X7"霹雳斧"	278	003.015	腾信 C7ADKD +	29000
001.004.003	罗技 V470 蓝牙激光鼠标	360	003.021	SDKX5PC	19000
001.004.004	微软暴雷鲨 6000	199	003.022	SDKX6PC	24908
001.004.005	Razer Diamonback 3G	478	003.023	SDKX7PC	23999
001.005.001	戴尔 SK – 8115	59	003.024	SDKX8PC	19999
001.005.002	Razer 黑腹狼蛛	698	003.025	SDKX9PC	24909
001.005.003	罗技 G15（新版）	946			

十、会计科目余额

科目代码	科目名称	方向	期初余额	核算项目
1001	现金	借	300000	
1002	银行存款	借	129600000	
1002.01	建设银行—美元	借	7200000	
1002.02	工商银行—人民币	借	122400000	
1101	短期投资	借	170000000	
1101.01	股票	借	170000000	
1131	应收账款	借	100000	常州工贸
1211	原材料	借	2500000	
1243	库存商品	借	4500000	
1501	固定资产	借	200000000	
2101	短期借款	贷	900000	
2121	应付账款	贷	100000	常州安华
3101	实收资本(或股本)	贷	500000000	
3103	已归还投资	贷	6000000	

十一、存货期初余额

代码	名称	价格	数量	金额
001.001.001	PHILIPS107S5 显示器	1200	203	243600
001.001.002	三星 T200 显示器	3500	209	731500
001.001.003	LGM4210C 显示器	5600	191	1069600
001.001.004	LG W2252TQ	2300	196	450800
003.011	腾信 C3ADKD +	15000	300	4500000

十二、生产系统初始数据

1. 工作中心		2. 工序	
代码	名称	代码	名称
001	组装中心	001	组装
002	测试中心	002	测试
003	包装中心	003	包装

3. 资源清单		4. 工艺路线	
代码	名称	均是由组装、测试包装三道工序组成	
001	设备		
002	人员		
001.001	组装机		
001.002	测试仪		
001.003	包装机		

任务1.5 物料清单(BOM)分层维护

组别				
组别代码	组别名称			
001	腾信			
产品				
BOM 代码	代码	物料名称	规格型号	单位
BOM000001	003.011	腾信 C3ADKD +		个
材料				
代码	物料名称	规格型号	单位	数量
002.003	腾信 C3 主机		个	1
001.001.005	LG W2600H		个	1
001.004.004	微软暴雷鲨 6000(Laser Mouse600		个	1
001.005.004	酷迅 SEM - DT35		个	1

BOM 代码	代码		物料名称	规格型号	单位
BOM000002	002.003		腾信 C3 主机		个
材料					
代码	物料名称		规格型号	单位	数量
001.002.001	金士顿 1GB DDR2 667			个	1
001.003.003	七彩虹 C. P35 X5			个	1
001.006.003	酷冷 LED Case FAN(TLF - S82),			个	1
001.007.004	航嘉冷静王至尊版			个	1
001.008.002	日立 120G/5400 转/8M/并口/笔记本			个	1
001.009.004	华硕 DVD - E818A			个	1
001.010.004	Intel 酷睿 2 四核 Q6600			个	1
001.012.002	昂达 HD 2600XT"神戈"版			个	1
001.013.002	创新 X - Fi Xterme Music			个	1
001.014.003	华硕(ASUS)WL - 167g			个	1
001.015.002	金河田飓风Ⅱ8197B			个	1

任务2.1 销售系统模块培训

1. 开票与发货同时进行

南京大坝厂于 2008 年 4 月 10 日向销售部销售人员张林订购超炫王商用 PCS4 电脑 500 个,销售价 12500 元(不含税价)。2008 年 4 月 13 日销售部通知仓库发货,同日仓库发货,销售部并开具销售发票。

业务流程：销售订单→销售发货通知单→销售出库单→销售发票

2. 先开票后发货

南京利东股份有限公司于 2008 年 4 月 15 日向销售部销售人员张林订购腾信 C3ADKD + 电脑 100 个,销售价 12800 元(不含税价);超炫王商用 PCS4 电脑 200 个,销售价 12699 元(不含税)。2008 年 4 月 17 日销售部开具销售发票,2008 年 4 月 20 日销售部通知仓库发货,同日仓库发货。

业务流程：销售订单→销售发票→销售发货通知单(从销售发票获取)→销售出库单

3. 销售退货

南京大坝厂购买超炫王商用 PCS4 电脑 50 个,销售价 12800 元(不含税价),因有质量问题于 2008 年 4 月 23 日退货,同日仓库将退回货物入库。销售部于 2008 年 4 月 24 日开出红字发票。

业务流程：红字销售出库单→红字销售发票

4. 现销

2008 年 4 月 25 日南京利东股份有限公司向销售员张林购买超炫王商用 PCS4 电脑 1000 个,销售价 13000 元(不含税)。同日销售部开具销售发票并发货。货款即时支付。

业务流程：销售发票→销售发货通知单(从销售发票获取)→销售出库单

5. 销售分次发货

2008 年 4 月 27 日常州工贸有限公司向销售员钱程购买超炫王商用 PCS4 电脑 2000 个,销售价 12800 元(不含税)。货物分别在 4 月 28 日发出 500 个、在 4 月 30 日发出 1500 个。月末开出销售发票。

业务流程：销售出库单(分两张单录入)→销售发票(获取单据时同时选择两张单据关联生成)

操作要点：获取单据时,如需选择多张单据,可通过按 Ctrl 或 Shift 键去选择单据)。

6. 分期收款销售业务

2008 年 4 月 26 日销售员钱程以分期收款方式向常州工贸有限公司销售超炫王商用 PCS4 电脑 8000 个,销售价 12500 元(不含税);腾信 C6ADKD + 10000 个,销售价 36000 元(不含税)。并约定 2008 年 5 月 3 日向常州工贸有限公司收取第一期超炫王商用 PCS4 电脑 3000 个的货款,并开具相应的销售发票。

业务流程：销售出库单→(下月收款时做)销售发票

操作要点：下月进行发票审核时,必须先在销售出库单序时簿中,利用“编辑”菜单中的“拆分单据”选项进行销售出库单的拆单工作,然后再将拆分的单据与对应的销售发票审核。

任务 2.2　生产系统模块培训

(1) 2008 年 4 月 27 日常州工贸有限公司向销售员钱程购买超炫王商用 PCS4 电脑 2000 个,销售价 12800 元(不含税)。按上述要求,从生产系统中运行 MPS、MRP、粗细能力需求计划以及车间工序作业计划。

(2) 2008 年 4 月 27 日常州工贸有限公司向销售员钱程购买超炫王商用 PCS4 电脑

2000 个,销售价 12800 元(不含税)。按上述要求,从生产系统中单独运行 MRP、粗细能力需求计划以及车间工序作业计划。

任务 2.3 采购系统模块培训

1. 货到单未到

采购部采购人员张三于 2008 年 4 月 3 日向常州安华有限公司订购三星 T200 显示器 1000 个,单价 1000 元(不含税价)。2008 年 4 月 4 日货到,当日采购部门通知仓库入库,仓库管理员朱山永经检验合格后入库(原材料仓)。2008 年 4 月 8 日常州安华有限公司开出增值税发票。

业务流程:采购申请单→采购订单→采购收料通知单→外购入库单→采购发票

2. 暂估入库

采购部采购人员张三于 2008 年 4 月 10 日向常州得利来实业总公司订购三星 T200 显示器 3000 个,单价 900 元(不含税价);金士顿 512MB DDR400 内存 2000 个,单价 233 元(不含税价)。2008 年 4 月 11 日货到,当日采购部门通知仓库入库,仓管人员朱山永检验合格后入库(原材料仓)。

业务流程:采购订单→采购收料通知单→外购入库单→采购发票(下月发票到后做)

3. 单货同到

采购部采购人员王程公于 2008 年 4 月 20 日向常州加加有限公司订购 Intel 酷睿 2 双核 E4500CPU 2000 个,单价 880 元(不含税价)。2008 年 4 月 25 日货到,当日采购部门通知仓库入库,仓管人员朱山永经检验合格后入库(原材料仓)。同日收到常州加加有限公司开出的增值税发票。

业务流程:采购申请单→采购订单→采购收料通知单→外购入库单→采购发票

4. 单先到货后到

采购部采购人员王程公于 2008 年 4 月 25 日向常州加加有限公司订购 Intel 酷睿 2 双核 E4500CPU 1000 个,单价 894 元(不含税价)。2008 年 4 月 27 日收到常州加加有限公司开出的增值税发票,次日货到,采购部门通知仓库入库,仓管人员朱山永验收入库(原材料仓)。

业务流程:采购订单→采购发票→采购收料通知单(从采购发票获取)→外购入库单

5. 退货业务

仓管人员朱山永发现 2008 年 4 月 25 日向常州加加有限公司购入的 Intel 酷睿 2 双核 E4500CPU 100 个有质量问题,采购人员决定并于 2008 年 4 月 29 日从原材料仓退货。2008 年 4 月 30 日常州加加有限公司开出红字增值税发票。

业务流程:红字外购入库单→红字采购发票

6. 收到部分货物

采购部采购人员王程公于 2008 年 4 月 26 日向王程公订购 Intel 酷睿 2 双核 E4500CPU 3000 个,单价为 900 元(不含税价)。2008 年 4 月 28 日收到常州得利来实业总公司发来散热风扇 70251000 个,采购部门通知仓库入库,仓管人员朱山永验收入库(原材料仓)。

业务流程：采购订单→采购收料通知单→外购入库单

任务 2.4　仓储系统模块培训

1. 生产领料单

生产一科李可应于 2008 年 4 月 10 日向仓库领用原材料 Intel 酷睿 2 双核 E4500CPU 600 个。

2. 生产退料（红字生产领料单）

生产一科李可应于 2008 年 4 月 15 日退回原材料 Intel 酷睿 2 双核 E4500CPU 50 个到原材料仓。

3. 产品入库单

生产二科朱群于 2008 年 4 月 20 日入库超炫王商用 PCS4 电脑 100 个。

4. 委外加工出库单

2008 年 4 月 17 日朱群领料 Intel 酷睿 2 双核 E4500CPU 50 个，发送到常州工贸有限公司加工。

5. 委外加工入库单

2008 年 4 月 25 日常州工贸有限公司将加工好的产成品超炫王商用 PCS4 电脑 100 个送回仓库。

委外加工业务流程：委外加工出库→委外加工入库

6. 产品入库单

生产一科李可应于 2008 年 4 月 22 日入库产成品超炫王商用 PCS4 电脑 300 个。

7. 调拨单

2008 年 4 月 26 日发现超炫王商用 PCS4 电脑 300 个应该入产成品仓，而现在入了原材料仓，现更改重新入库。

8. 盘盈、盘亏单

企业于 2008 年 4 月 30 日进行仓库盘点，发现实际库存超炫王商用 PCS4 电脑比账面多 50 支，Intel 酷睿 2 双核 E4500CPU 比账面少 80 个，做盘盈盘亏处理。

9. 其他出库单

销售人员张林于 2008 年 4 月 21 日从产成品仓库领取了 10 个超炫王商用 PCS4 电脑送给客户常州工贸有限公司。

任务 2.5　核算系统模块培训

（1）依上述采购数据核算采购成本。
（2）依上述生产数据核算生产成本。
（3）依上述销售数据核算销售成本。
（4）依上述委外加工数据核算委外成本。
（5）最终生成财务系统凭证。
（6）期末结账。

任务 2.6　财务系统模块培训

（1）将上述供应链系统所产生的凭证进行审核过账。

（2）进行期末调汇，美元汇率为 7.5。

（3）期末结转损益。

（4）生成资产负债表、利润与利润分配表。

附录二　企业资源计划(ERP)理论模型及其发展

ABC 公司 ERP 项目组成员在摸清企业管理现状、理解 ERP 概念的基础上,又对 ERP 理论作了深入了解。ERP 理论的发展前后共五个阶段,一是 20 世纪 40 年代的库存控制订货点理论;二是六七十年代的物料需求计划(MRP)阶段;三是 80 年代的制造资源计划(MRP-Ⅱ)阶段;四是 90 年代的企业资源计划(ERP)阶段;五是 90 年代末期开始出现目前仍处于发展之中的 ERP – Ⅱ阶段。下面我们就沿着 ERP 理论的发展轨迹,来看看 ABC 公司项目组成员是如何认识与了解 ERP 原理的。

一、库存控制订货点理论

1. 库存控制订货点理论概述

20 世纪三四十年代,企业控制物料的方法一般采用控制库存物品数量的方法来实现,在计算机尚未出现的情况下,发出采购订单和向供应商进行催货是当时所能做到的一切。库存管理人员的主要工作就是排查物料的库存情况,如发现某一种物料没有了,就填写缺料表,以通知采购部门采购。仓库管理人员开列的缺料表,是当时库存中没有的原材料,而极可能这部分原材料却是急需投入生产的。

库存控制订货点理论就是在当时这一条件下,为改变被动状况而提出的一种根据过去的经验预测未来的一种物料需求方法。这种方法的着眼点就在于进行合理的库存补充,保证仓库中的某一种物料始终都有一定的存量,以便需要时随时使用。

人们设计出当时被称为"科学的库存管理模型",主要是希望能用这种方法来弥补由于不能确定近期内正确的物料储备数量和需求时间所造成的缺陷。这一库存管理方法的工作原理是,当库存量达到或低于预先确定的数量,即再订货点时,就要立即进行订货以补充库存。而再订货点、订货量的确定又与最大库存量、安全库存、单位时间的库存消耗水平等有关。如附图 2 – 1 所示。

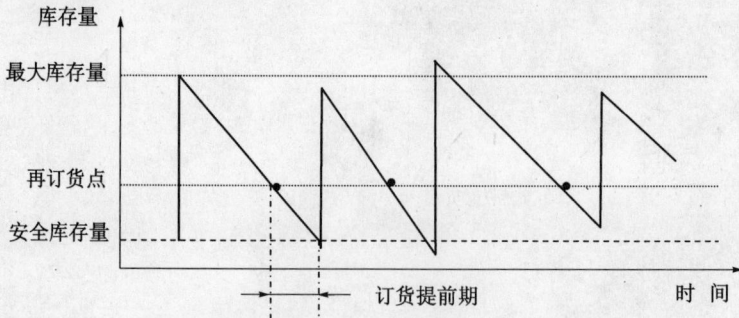

附图 2 – 1　库存控制订货点理论示意图

安全库存是指除了保证在正常状态下的库存计划量外,为了防止由不确定因素引起的缺货而备用的缓冲库存。再订货点是指发生下一次订货行为时所出现的状态,即体现为一定的库存量。订货提前期即为从订货开始直至物料到达仓库的这一时间段。

订货点的计算公式为

订货点 = 单位时间的库存消耗水平 × 订货提前期 + 安全库存量

这一库存补充方法发展到后期,人们又对它作了完善,进行库存补充时不再仅仅考虑现有的库存量,而将已发出的订货量也考虑了进来,即当某种原材料的现有库存和已发出的订货量之和低于订货点,就必须进行新的订货,以保持足够的库存来支持新的需求。同时,订货方法也发生了变化,形成了两种不同的订货方式:定期订货方式和定量订货方式。

定期订货方式是指按一定的订货时间周期进行订货,发生下次订货的条件为订货间隔,见附图2-2,这种订货方式适用于品种数量大、库存资金占用量少的非重要物资即 C 类物料。定量订货方式是指当库存量下降到再订货点时,按规定的数量(通常指将库存补充到最大库存量,后又发展为经济订货批量)进行订货补充的一种库存管理方式,如附图2-3 所示,这种订货方式适用于品种数量少、库存资金占用量却非常大的一些重要物资即 A 类物料。

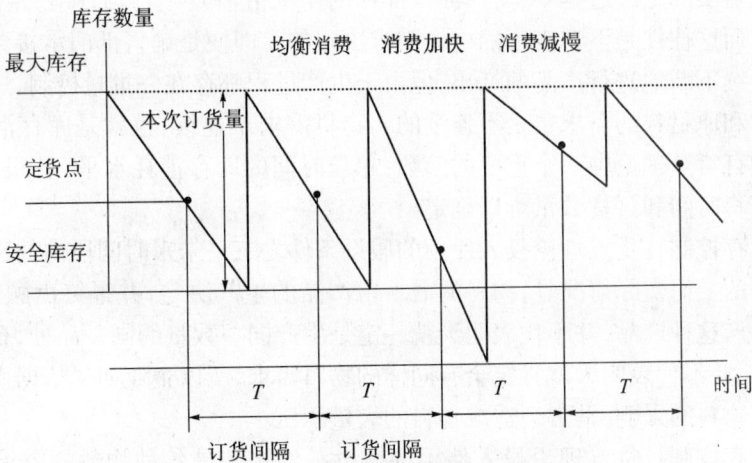

附图 2-2　定期订货方式示意图

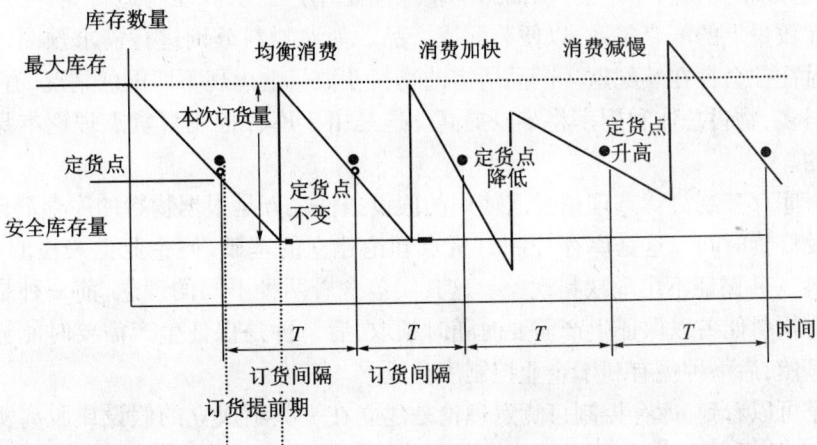

附图 2-3　定量订货方式示意图

2. 库存控制订货点理论的局限

在当时环境下,这种库存控制模型起到了一定的作用,弥补了由于不能确定订货时点和订货数量给生产带来的影响。但随着市场的发展变化和产品的日趋复杂,这种模型的应用受到了相当大的限制,最主要的原因是库存控制订货点理论的应用是建立在某些假设之上的,它追求数学模型的完美。

下面,让我们一起来分析这一理论的局限性:

(1) 库存控制订货点理论投入使用的假设条件之一是物料资源是无限的,也就是说不管在什么时间、什么地点企业都能买到生产需要的物料,这显然是不成立的,与实际生产存在相当大的差距。第一,任何资源,包括物料资源都是有限的,所以我们才会去研究它的合理使用问题;第二,物料的市场供应不稳定,企业不可能在任何时间、任何地点都能买到生产所需的物料;第三,用于物料采购的资金安排是有计划的,也就是说一个企业的资金资源也是有限的。

(2) 库存控制订货点理论投入使用的假设条件之二是物料需求是相对均匀、连续、稳定的。但企业实际生产过程中,对产品零部件的需求恰恰是不均匀、不稳定的,库存消耗是间断的。而这往往是下道工序的生产需求决定的。即使是销售部门承接到的合同足够要求企业连续不断地进行产品的产出,但由于生产过程都存在一批量控制,这就必然会引起对零部件和原材料的需求也是不连续的。物料需求不连续,也就是库存消耗不连续导致库存控制订货点理论中一个重要的参数"单位时间的库存消耗水平"就很难确定,从而直接导致订货时间和订货数量难以确定。

(3) 库存控制订货点理论投入使用的假设条件之三是未来时间段内的物料需求是通过预测得到的。而实际情况是,物料的需求由产品的生产决定,并最终由顾客订单决定。企业今天生产这种产品,并不代表明天就一定是生产同一数量的同一品种,企业今天消耗了某种物料,并不代表明天就肯定会有同样的物料需求,所以企业如果依据库存控制订货点理论进行物料的采购,常常会造成物料的大量积压。

(4) 库存控制订货点理论投入使用的假设条件之四是各种物料的需求是相互独立的。库存控制订货点理论不考虑物料之间的关系,它面向的对象是单个物料,并不面向产品,容易造成相关物料不匹配,从而影响企业满足用户需求。在制造行业,往往各物料的使用存在数量上的配套关系,以便装配成产品。如对物料分别进行需求预测、订货,在装配产品时往往会存在装配这一产品所需的物料在数量上出现不匹配的情况,有的物料少,有的物料多,物料总体利用率将难以提高。这是由于库存控制订货点理论本身存在缺陷所造成的。

(5) 库存控制订货点理论投入使用的假设条件之五是根据物料的库存消耗情况来确定订货及订货时间。这是库存控制订货点理论建立的基础,但企业更关注的是"何时使用该物料",并保证不出现缺料现象。这其实蕴含着两种不同的理念,前一种是保证库存中经常有物料储备以保证生产需要时随时领取,后一种是保证生产需要时能够及时地供应。很显然,后一种更有利于企业控制库存成本。

大家可以看到,库存控制订货点理论是建立在一些不成立的假设或脱离实际的基础上的,但它的提出确实对库存管理起到了促进作用,甚至部分观点至今仍在使用,虽说现在已不再具有重要的实用价值,却向人们提出了许多应当解决的新问题,从而引发了物料需求计划的出现。

二、物料需求计划(MRP)

20 世纪 60 年代,人们为了克服库存控制订货点理论的弊端,进一步满足生产需求,同时最大限度地降低库存积压,降低生产成本,提高企业的市场竞争力,在订货点理论的基础上人们相继提出了"物料独立需求和相关需求"理论、"要在适当的时候提供适当的物料"的准时制理论。

1965 年,美国 Joseph A. Orlicky 博士提出了"物料独立需求和相关需求"理论,他认为企业内部的物料可分为独立需求和相关需求两种类型。独立需求是指需求量和需求时间由企业外部的需求来决定,例如,客户订购的产品、科研试制需要的样品、售后服务维修需要的备品备件等;相关需求是指根据物料之间的结构组成关系由独立需求的物料所产生的需求,例如,半成品、零部件、原材料等的需求。独立需求可以用订货点方法来处理,但相关需求必须用另外一种方法来处理。

对物料的管理,并不仅仅包括物料的库存管理,还包括了必须建立物料需求科学、系统的计划、控制体系。物料管理中,一方面要满足生产过程对物料的需求,保证生产过程的连续;另一方面又要控制物料的储备,减少流动资金的占用,加速资金周转,降低生产成本。

物料需求计划就这样于 20 世纪 60 年代在美国出现,并在 70 年代得到了飞速的发展。MRP 的基本思想就是物料的需求量和需求时间是由生产(生产计划)来确定的,同时这种需求还与产品结构有关。

MRP 的基本任务是:① 从最终产品的生产计划(独立需求)导出相关物料(原材料、零部件等)的需求量和需求时间(相关需求);② 根据物料的需求时间和生产(或订货)周期来确定其开始生产(或订货)的时间。

1. MRP 工作原理

MRP 的基本内容是编制零部件的生产计划和原材料的采购计划。然而,要正确编制零件计划,首先必须落实产品的生产进度计划,用 MRP Ⅱ 的术语就是主生产计划(Master Production Schedule,MPS),这是 MRP 展开的依据。MRP 还需要知道产品的零件结构,即物料清单(Bill Of Material,BOM),才能把主生产计划展开成零件计划;同时,还必须知道库存数量才能准确计算出零件的采购数量。

因此,MRP 的工作原理就是根据主生产计划,利用输入的信息,这些信息包括物料清单、工艺路线、库存信息等,产生分时间段的采购计划(即采购订单)和生产作业计划(即生产定单),所以此阶段的 MRP 又称为时段式的 MRP。

MRP 系统工作原理如附图 2-4 所示。

MRP 的输入信息包括三个方面。① 主生产计划:一个企业一定时期内计划生产的产品名称、数量和日期;② 物料清单:是为装配或生产一种产品所需要的零部件、原材料的一份清单,它说明产品是由什么组成的,各需要多少;工艺路线:产品按什么方式和过程来进行生产,需要的时间又是多少;③ 库存信息:物料清单中所列出的每个项目的库存数、可用数,以供编制订单。

(1) 主生产计划。

主生产计划是确定每一个具体的最终产品在每一具体时间段内生产数量的计划。这里的最终产品是指对于企业来说最终完成、要出厂的完成品,它要具体到产品的品种、型

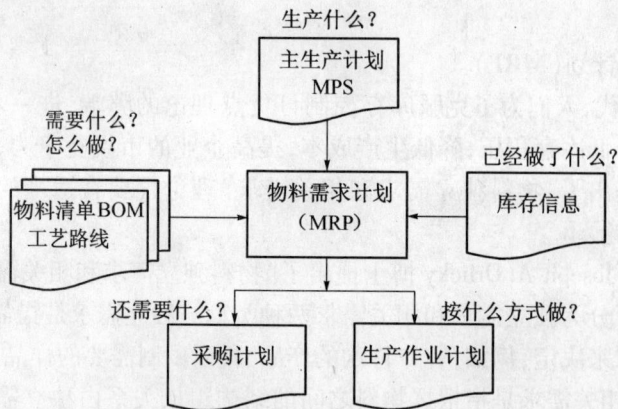

附图 2 - 4　MRP 系统业务逻辑

号。这里的具体时间段,通常是以周为单位,在有些情况下,也可以是日、旬、月。主生产计划详细规定生产什么、什么时段应该产出,它是独立需求计划。主生产计划根据客户合同和市场预测,把经营计划或生产大纲中的产品系列具体化,使之成为展开物料需求计划的主要依据,起到了从综合计划向具体计划过渡的承上启下作用。

(2) 物料清单。

MRP 系统要正确计算出物料需求的时间和数量,特别是相关需求物料的数量和时间,首先要使系统能够知道企业所制造的产品的结构和所有要使用到的物料。产品结构列出构成成品或装配件的所有部件、组件、零件等的组成、装配关系和数量要求。它是 MRP 产品拆零的基础。

物料一词在企业中有广泛的含义,是一切"物"的总称,它既可以是原材料、配套件、毛坯,也可以是在制品、半成品、联产品或副产品、回用品、废弃物,以及包装材料、标签、工艺装备、工具、能源等。但在 ERP 中,物料一般理解为与生产有关的"物",如所有产品、半成品、在制品、原材料、毛坯、配套件、协作件、易耗品等。

物料具有下列属性:

一是相关性,即任何物料都有其存在的原因,都有其存在的需要,也就是与其他物料存在一定的关系;

二是流动性,由于任何物料都有其存在的需要,而这种需要将会导致物料发生流动,所以物料还具有流动性;

三是价值性,任何物料都有价值,而这种价值是按其所占流动资金大小来衡量的。

BOM 是指构成企业产品的所有零部件、原材料及其结构,通常以产品结构树和物料明细表的形式出现。BOM 是 MRP 系统中最重要的基础数据,其合理与否影响到系统的处理性能,因此,必须根据实际使用环境灵活地设计合理且有效的 BOM。附图 2 - 5 和附图 2 - 6 为一乒乓球台的产品结构图,它大体上反映了乒乓球台的构成情况

从附图 2 - 5 与附图 2 - 6 可以发现,构成乒乓球台的所有部件、原材料之间存在装配与数量关系。这是 MRP 运算的基础。当然这还不是 MRP 所要求的物料清单。为便于计算机识别,还需将其转换成规范的数据格式。用这种规范的数据格式来描述产品结构的文件就构成一般意义上的物料清单。见附表 2 - 1 所示。

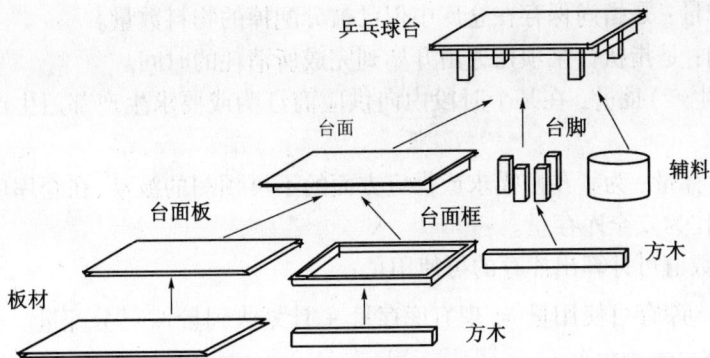

附图 2-5 乒乓球台的产品结构树

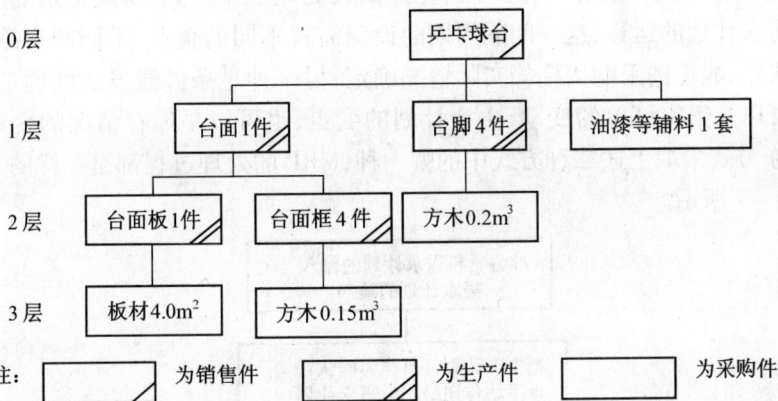

附图 2-6 乒乓球台的产品结构树

附表 2-1 乒乓球台产品的物料清单

层次	物料号	物料名称	单位	数量	类型	成品率	ABC 码	生效期	失效期	采购提前期
0	PP005	5 号乒乓球台	张	1	M	1	A	030808	051231	3
1	TM1225	台面	件	1	M	1	A	030728	051231	3
1	TT0415	台脚	根	4	M	1	A	030728	051231	2
2	MB1225	台面板	件	1	M	1	A	030630	051231	1
2	MK0208	台面框	根	4	M	0.99	B	030628	051231	1
2	080031	方木	M^3	0.2	W	1	A	030728	050831	8
3	030045	板材	M^2	4	W	1	A	030728	051231	5
3	080035	方木	M^3	0.15	W	1	A	030728	050831	7

注：类型中"M"代表制造件，"W"代表外购外协件

（3）库存信息。

库存信息指的是企业现有产品、零部件、在制品、原材料等的库存信息,也指存在于企业数据库中的信息。为便于计算机识别,必须对物料进行编码。物料编码是 MRP 系统识别物料的唯一标识。

① 现有库存量：是指在企业仓库中实际存放的物料的可用库存数量。

② 计划收到量（在途量）：是指根据正在执行中的采购订单或生产订单,在未来某个时段物料将要入库或将要完成的数量。

③ 已分配量：是指尚保存在仓库中但已被分配掉的物料数量。

④ 提前期：是指执行某项任务由开始到完成所消耗的时间。

⑤ 订购（生产）批量：在某个时段内向供应商订购或要求生产部门生产某种物料的数量。

⑥ 安全库存量：为了预防需求或供应方面的不可预测的波动，在仓库中经常应保持最低库存数量作为安全库存量。

根据以上数值可计算出库存的可使用量：

$$库存可使用量 = 现有库存量 + 计划收到量 - 已分配量$$

2. MRP 的运算逻辑

MRP 的工作方式一般有二种：一种是定期式处理工作方式，每隔一定的周期就执行一次物料需求计划的运算，这一间隔周期的设定需视不同的企业、不同的产品、不同的生产经营方式、采购件的采购周期等实际情况确定；另一种是条件激发式处理工作方式，这一条件既可以是销售订单的变动、生产计划的变更，也可以是库存情况的变动。但不管MRP 的工作方式采取上述二种方式中的哪一种，MRP 的处理过程都是一样的。其处理过程如附图 2-7 所示。

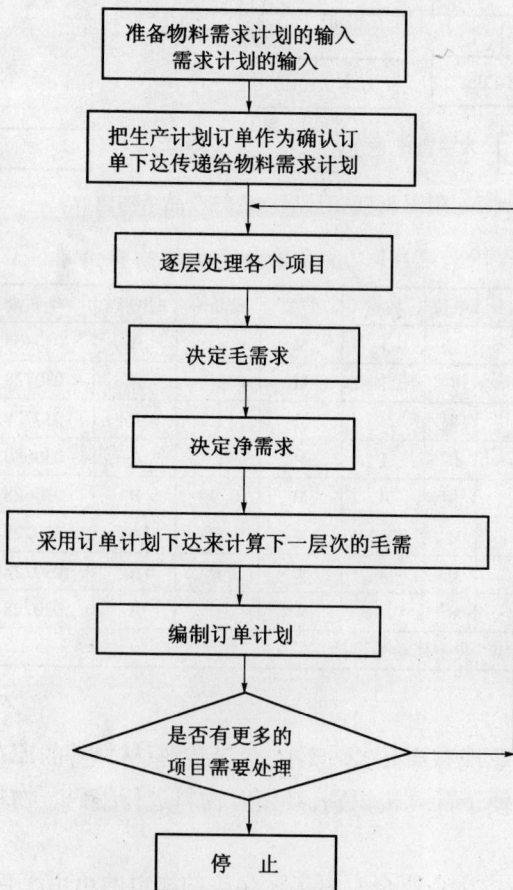

附图 2-7　MRP 业务处理流程

物料的净需求量计算公式如附图2-8所示。

$$\begin{array}{rl} & \text{毛需求量} \\ + & \text{已分配量} \\ - & \text{计划收到量} \\ - & \text{现有库存量} \\ \hline = & \text{物料的净需求量} \end{array}$$

附图2-8　物料净需求计算公式

（注：只有当现有库存量与计划收到量之和小于毛需求量与已分配量之和时才会出现净需求。）

附图2-9是以一产品结构为例，并利用图表来说明一个基本的 MRP 运算循环。当然，这一切都是在计算机的帮助下，遵循分层处理原则（MRP 系统是从 MPS 开始计算，然

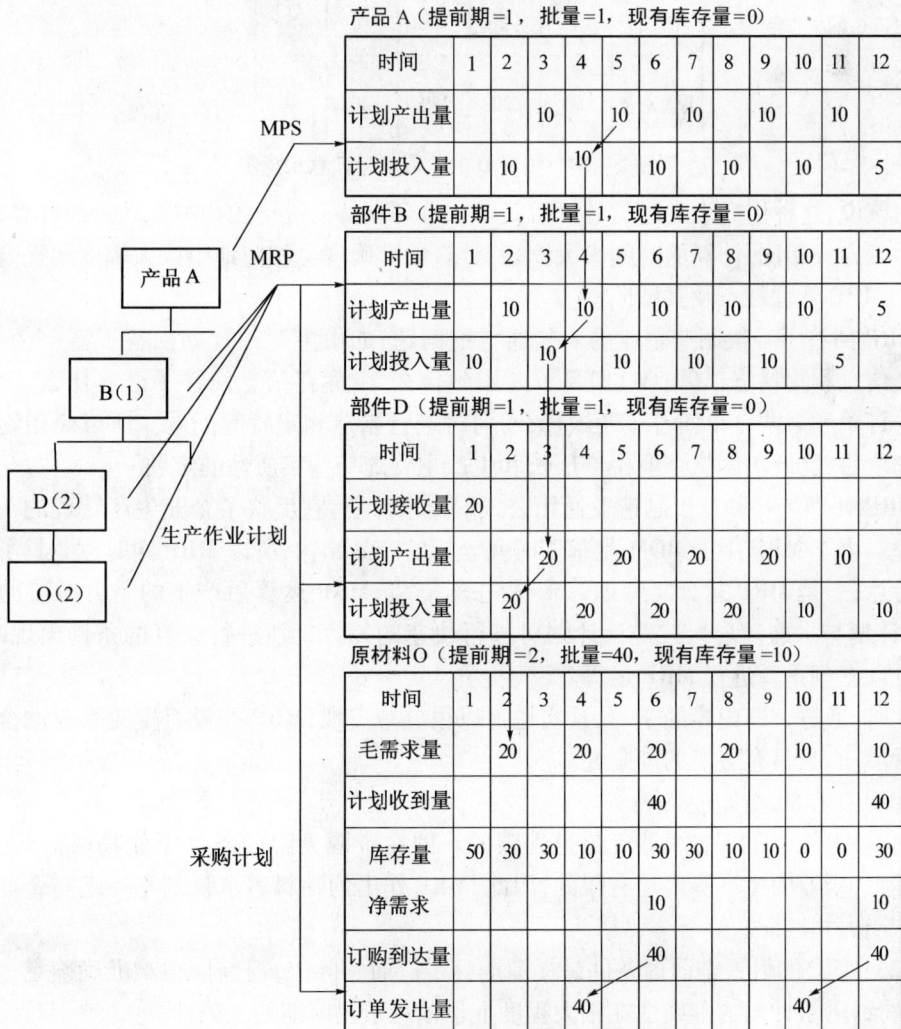

产品A（提前期=1，批量=1，现有库存量=0）

时间	1	2	3	4	5	6	7	8	9	10	11	12
计划产出量				10		10		10		10		10
计划投入量		10		10		10		10		10		5

部件B（提前期=1，批量=1，现有库存量=0）

时间	1	2	3	4	5	6	7	8	9	10	11	12
计划产出量				10		10		10		10		5
计划投入量	10		10		10		10		10		5	

部件D（提前期=1，批量=1，现有库存量=0）

时间	1	2	3	4	5	6	7	8	9	10	11	12
计划接收量	20											
计划产出量			20		20		20		20		10	
计划投入量		20		20		20		20		10		10

原材料O（提前期=2，批量=40，现有库存量=10）

时间	1	2	3	4	5	6	7	8	9	10	11	12
毛需求量		20		20		20		20		10		10
计划收到量						40						40
库存量	50	30	30	10	10	30	30	10	10	0	0	30
净需求						10						10
订购到达量						40						40
订单发出量				40						40		

附图2-9　MRP 运算逻辑过程示意图

后按照 BOM 一层层往下进行,逐层展开相关需求件的计算,直至低层)完成的。

经过上述展开计算后,我们就可以得出产品 A 的零部件的各项相关需求量。然而,现实中企业的运作情况远没有这样简单,在许多加工制造性的企业中,由于产品种类繁多,并不只是产品 A 要用到部件 B、零件 D 和原材料 O,可能还有其他产品也需要用到它们,也可能部件 B、零件 D 还有一定的独立需求(如作为售后服务用的备件等)。

假设,企业还有产品 X 要用到零件 D,此外,零件 D 还有一定的独立需求。则对零件 D 的总需求计算如附图 2-10 所示。

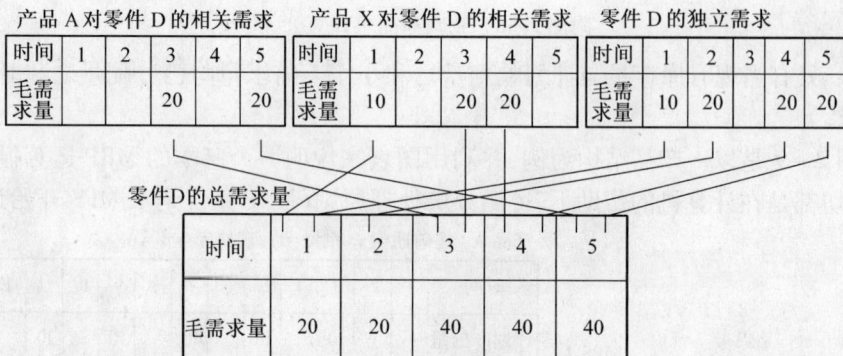

产品 A 对零件 D 的相关需求　　产品 X 对零件 D 的相关需求　　零件 D 的独立需求

时间	1	2	3	4	5
毛需求量			20		20

时间	1	2	3	4	5
毛需求量	10		20	20	

时间	1	2	3	4	5
毛需求量	10	20		20	20

零件D的总需求量

时间	1	2	3	4	5
毛需求量	20	20	40	40	40

附图 2-10　零件 D 的总需求量计算示意图

应该说,这种借助于先进的计算机技术和管理软件而进行的物料需求量的计算,与传统的手工方式相比,计算的时间大大缩短,计算的准确度也相应地得以大幅度地提高。

3. MRP 管理特点及其缺陷

MRP 回答了一般制造企业的一些通常的问题,如由主生产计划回答了需生产什么,由产品信息和物料清单(BOM)回答了要用到什么,由库存信息回答了已有什么,由建议的制造订单和采购订单回答了还缺什么,何时进行制造和定货等问题。所以应用物料需求计划之后,能解决困扰企业生产厂长和生产主管的一些实质性的难题。

MRP 处理是一种基于制造业通用公式的需求计划,它反映了企业生产管理的一些客观规律。由于 MRP 中的 BOM 是基于时间坐标的产品结构,所以 MRP 同时也兼具了时间上的特点,一是 MRP 运算要考虑需求优先级,二是 MRP 运算后产生的是分时段的计划(制造计划与采购计划),三是该计划可进行快速的修订。新进行运算的条件出现时,系统就可以立刻重新进行 MRP 运算。

同时,通过上述内容的学习,其实也可以很容易发现,MRP 并没有覆盖企业的全部生产经营活动,它具有一定的局限性。

MRP 存在的缺陷主要有:

(1) MRP 的前提条件是资源是无限的。即在资源无限的条件下作物料需求计划。而实际上,企业的生产资源是有限的,因此,MRP 作出的物料需求计划不一定与企业的实际生产能力相匹配。

(2) MRP 的另一个前提条件是提前期已定。而实际上,提前期很难准确确定。这就是说,物料需求计划的准确性在很大程度上也依赖于提前期的准确性。

(3) MRP 作出的物料需求计划是零件级的计划,并不是车间作业计划,而事实上,任何计划的执行单位都是生产车间,只有经过车间检验的计划,才可认为是正确的或合理的。

三、闭环 MRP

上面介绍的 MRP 只局限在物料需求方面,一般称其为基本 MRP。它能根据有关数据计算出相关物料需求的准确时间与数量,但这还仅仅是企业生产管理的一部分,物料需求计划要通过车间作业管理和采购作业管理来实现,而且还会受到企业中各种能力的限制。同时,它也缺乏根据计划实施情况的反馈信息对计划进行调整的功能。

为了解决上述存在的问题,20 世纪 70 年代 MRP 逐步发展成闭环的 MRP。闭环 MRP 除了物料需求计划外,还将能力需求计划、车间作业计划和采购作业计划全部纳入 MRP,同时利用计划执行的反馈信息对计划进行调整与平衡,使各类计划得以协调与统一,增加计划的可执行性,并使计划的工作过程经历了一个"计划—实施—评价—反馈—计划"循环往返,形成一个封闭的系统。

1. 闭环 MRP 的原理与结构

大家从上一节 MRP 内容中已经学习到,MRP 正常运行需要有一个可行的主生产计划。这一主生产计划除了及时反映市场需求和合同订单外,还必须符合企业生产能力的限制。因此,除了要编制资源需求计划外,我们还要制定能力需求计划(CRP),同各个工作中心的能力进行平衡。只有在采取了措施并做到能力与资源均满足负荷需求时,计划的执行才具有可行性。

要保证计划的可实现性就要控制计划的执行。执行 MRP 产生的两个计划——生产作业计划和采购计划时,需要其优先级。这样,基本 MRP 系统进一步发展,把能力需求计划和执行及控制计划的功能也包括进来,形成一个环形回路,称为闭环 MRP,如附图 2 –11 所示。只有在 MRP 形成闭环的情况下它才可能成为一个生产计划与控制系统。

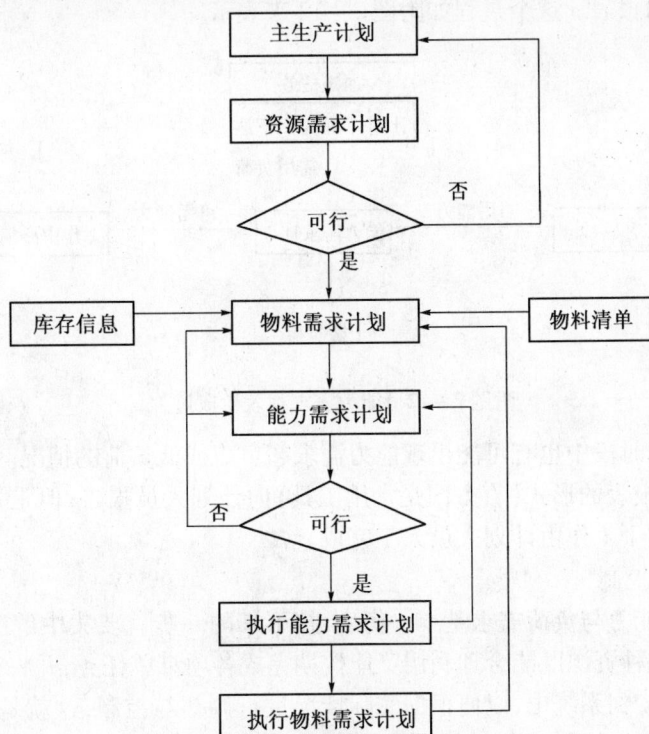

附图 2 –11　闭环 MRP 处理逻辑图

2. 能力需求计划(Capacity Requirement Planning,CRP)

(1) 资源需求计划与能力需求计划。

在闭环 MRP 系统中,把关键工作中心的负荷平衡称为资源需求计划,或称为粗能力计划,它的计划对象为独立需求件,主要面向的是主生产计划;把全部工作中心的负荷平衡称为能力需求计划,或称为详细能力计划,而它的计划对象为相关需求件,主要面向的是车间。由于 MRP 和 MPS 之间存在内在的联系,所以资源需求计划与能力需求计划之间也是一脉相承的,而后者正是在前者的的基础上进行计算的。

(2) 能力需求计划的依据。

① 工作中心:它是各种生产或加工能力单元和成本计算单元的统称。对工作中心,都统一用工时来量化其能力的大小。

② 工作日历:是用于编制计划的特殊形式的日历,它是由普通日历除去每周双休日、假日、停工和其他不生产的日子,并将日期表示为顺序形式而形成的。

③ 工艺路线:是一种反映制造某项"物料"加工方法及加工次序的文件。它说明加工和装配的工序顺序、每道工序使用的工作中心、各项时间定额、外协工序的时间和费用等。

④ 由 MRP 输出的零部件作业计划。

(3) 能力需求计划的计算逻辑。

闭环 MRP 的基本目标是满足客户和市场的需求,因此在编制计划时,总是先不考虑能力约束而优先保证计划需求,然后再进行能力计划。经过多次反复运算,调整核实,才转入下一个阶段。能力需求计划的运算过程就是把物料需求计划定单换算成能力需求数量,生成能力需求报表。这个过程如附图 2 – 12 来表示。

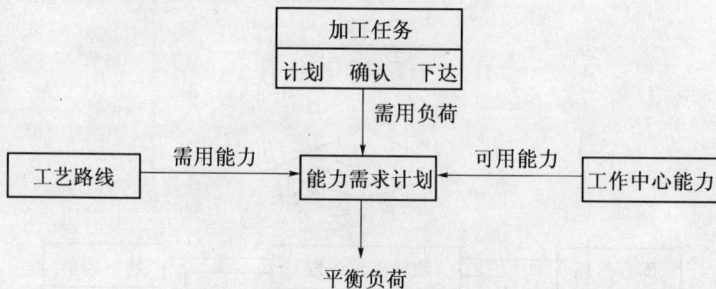

附图 2 – 12 能力需求报表生成过程

当然,在计划时段中也有可能出现能力需求超负荷或低负荷的情况。闭环 MRP 能力计划通常是通过报表的形式(直方图是常用工具)向计划人员报告,但是并不进行能力负荷的自动平衡,这个工作由计划人员人工完成。

3. 现场作业控制

各工作中心能力与负荷需求基本平衡后,接下来的一步就要集中解决如何具体地组织生产活动,使各种资源既能合理利用又能按期完成各项订单任务,并将客观生产活动进行的状况及时反馈到系统中,以便根据实际情况进行调整与控制,这就是现场作业控制。它的工作内容一般包括以下四个方面:

（1）车间定单下达：定单下达是核实 MRP 生成的计划订单，并转换为下达定单。

（2）作业排序：它是指从工作中心的角度控制加工工件的作业顺序或作业优先级。

（3）投入产出控制：是一种监控作业流（正在作业的车间定单）通过工作中心的技术方法。利用投入/产出报告，可以分析生产中存在的问题，采取相应的措施。

（4）作业信息反馈：它主要是跟踪作业定单在制造过程中的运动，收集各种资源消耗的实际数据，更新库存余额并完成 MRP 的闭环。

四、制造资源计划(MRP-Ⅱ)

闭环 MRP 系统的出现，使企业生产活动方面的各种子系统得到了统一。但这还不够，因为在企业管理中，生产管理只是一个方面，它所涉及的仅仅是物流，而与物流密切相关的还有资金流。这在许多企业中是由财会人员另行管理的，这就造成了数据的重复录入与存储，甚至造成数据的不一致性。

于是，在 80 年代，人们把生产、财务、销售、工程技术、采购等各个子系统集成为一个一体化的系统，并称为制造资源计划（Manufacturing Resource Planning）系统，英文缩写还是 MRP，为了区别于物料需求计划而将其记为 MRP-Ⅱ。

MRP-Ⅱ 的基本思想就是把企业作为一个有机整体，从整体最优的角度出发，通过运用科学方法对企业各种制造资源和产、供、销、财各个环节进行有效地计划、组织和控制，使它们得以协调发展，并充分地发挥作用。

MRP-Ⅱ 的逻辑流程图如附图 2-13 所示。

在流程图的右侧是计划与控制的流程，它包括了决策层、计划层和控制执行层，可以理解为经营计划管理的流程；中间是基础数据，要储存在计算机系统的数据库中，并且反复调用。这些数据信息的集成，把企业各个部门的业务沟通起来，可以理解为计算机数据库系统；左侧是主要的财务系统，这里只列出应收账、总账和应付账。各个联线表明信息的流向及相互之间的集成关系。

MRP-Ⅱ 是对制造业生产经营活动所建立的一种模型。MRP-Ⅱ 的计划编制从上至下，由粗到细。生产计划大纲是对产品大类编制产量、产值计划。主生产计划是对产品或外销半成品编制计划。根据产品的结构信息（BOM）和物料的库存信息，在主生产计划的驱动下，物料需求计划将产品分解，制定自制件的生产计划和外购件的采购计划，作为车间生产和物料采购的依据。车间作业计划将零件的加工按工序分解，把各零件各工序的加工任务以任务调度单和工票的形式下达车间。计划的编制分别经过粗能力需求计划及能力需求计划对其可行性进行检验。计划的实施从下向上执行，发现问题时，逐级向上进行必要的修正。实践证明，上述处理逻辑是科学合理的。

MRP-Ⅱ 要求进行管理模式的变革，并对企业管理行为和业务流程进行规范，为此企业在实施 MRP-Ⅱ 时必须进行相应的业务流程重组（BPR）。

MRP-Ⅱ 的特点可以从以下几个方面来说明，每一项特点都含有管理模式的变革和人员素质或行为变革两方面，这些特点是相辅相成的。

（1）计划具有一贯性与可行性。MRP-Ⅱ 是一种计划主导型管理模式，计划层次从宏观到微观、从战略到技术、由粗到细逐层优化，但始终保证与企业经营战略目标一致。它把通常的三级计划管理统一起来，计划编制工作集中在厂级职能部门，车间班组只能执行

```
                                    ┌─────────┐
                                    │ 经营规划 │◀──────────┐
                                    └────┬────┘            │
                          ┌─ ─ ─ ─ ─ ─ ─┼─ ─ ─ ─ ─ ─┐     │
                          │        ┌─────────┐       │     │
                          │        │ 销售计划 │◀──────┼─────┤
                          │        └────┬────┘       │     │   决
              ┌─────────┐ │    ┌──────────────┐      │     │   策
              │ 资源清单 │─┼───▶│ 综合生产计划  │◀─────┼─────┤   层
              └─────────┘ │    │ 资源需求计划  │      │     │
                          └─ ─ ─ ─ ─ ─┬─ ─ ─ ─ ─ ─ ┘     │
  ┌───┐    ┌─────────┐                ◇                   │
  │应 │    │ 需求信息 │           ┌ 可行? ┐───────────────▶
  │收 │───▶│ 客户信息 │───────────     ◇                   │
  │账 │    └─────────┘                 │                   │
  └─┬─┘                          ┌──────────────┐         │
    │                            │ 主生产计划    │◀────────┤
    │                            │ 粗能力计划    │          │
    │                            └──────┬───────┘          │  计
  ┌─────────┐                           ◇                  │  划
  │ 成本中心 │                      ┌ 可行? ┐──────────────▶ │  层
  ├─────────┤                           ◇                  │
  │ 会计科目 │                           │                  │
  ├─────────┤                    ┌──────────────┐          │
  │ 库存信息 │──────────────────▶ │ 物料需求计划  │◀─────────┤
  ├─────────┤                    │ 能力需求计划  │          │
  │ 物料清单 │                    └──────┬───────┘          │
  ├─────────┤                           ◇                  │
  │ 工作中心 │                      ┌ 可行? ┐──────────────▶ │
  ├─────────┤                           ◇                  │
  │ 工艺路线 │                           │                  │
  └─────────┘            ┌──────────────┼──────────────┐   │
                ┌─────────┐  ┌─────────┐    ┌─────────┐     │
  │总│          │ 供应商  │  │ 采购作业 │    │ 车间作业 │────▶│  控
  │账│          │ 信息    │  └─────────┘    └─────────┘     │  制
                └─────────┘       │              │         │  执
  ┌───┐                      ┌──────────────┐              │  行
  │应 │                      │   成本会计    │──────────────▶│  层
  │付 │──────────────────────└──────────────┘              │
  │账 │                      ┌──────────────┐              │
  └───┘                      │   业绩评价    │──────────────┘
                             └──────────────┘

     财务系统      基础数据           计划与控制系统
```

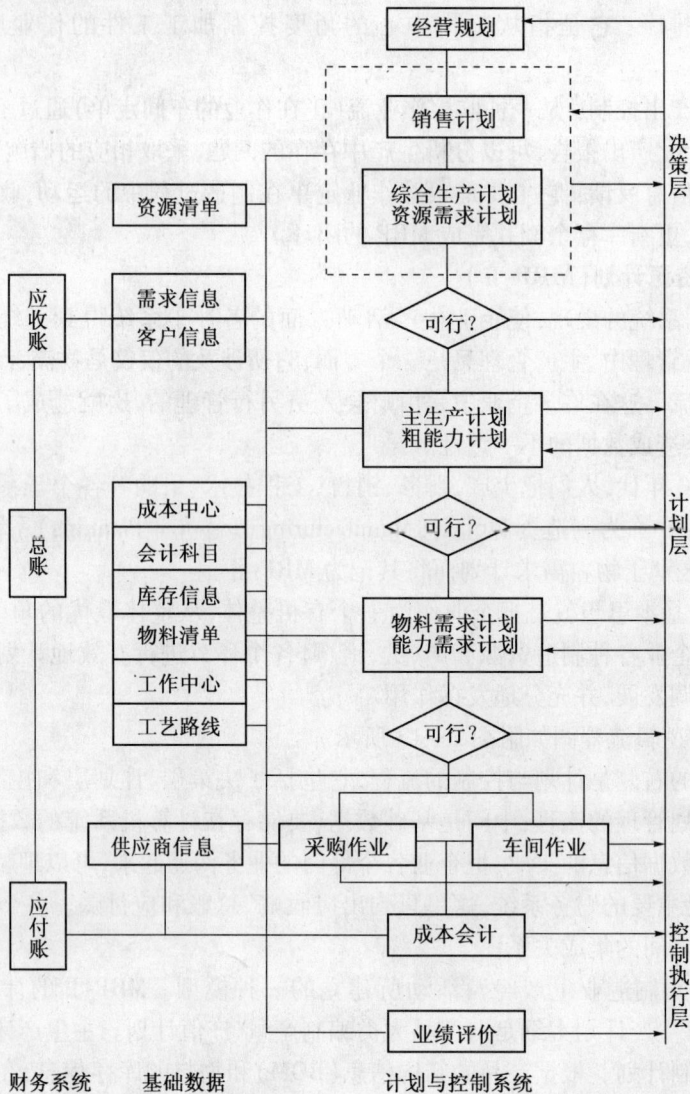

附图 2 – 13　MRP-Ⅱ 管理业务处理模式

计划、调度和反馈信息。计划下达前反复验证和平衡生产能力,并根据反馈信息及时调整,处理好供需矛盾,保证计划的一贯性、有效性和可执行性。

（2）管理具有系统性。MRP-Ⅱ是一项系统工程,它把企业所有与生产经营直接相关部门的工作联结成一个整体,各部门都从系统整体出发做好本职工作,每个员工都知道自己的工作质量同其他职能的关系。这只有在"一个计划"下才能成为系统,条块分割、各行其是的局面应被团队精神所取代。

（3）数据具有一致性和共享性。MRP-Ⅱ是一种制造企业管理信息系统,企业各部门都依据同一数据信息进行管理,任何一种数据变动都能及时地反映给所有部门,做到数据共享。在统一的数据库支持下,按照规范化的处理程序进行管理和决策。改变了过去那种信息不通、情况不明、盲目决策、相互矛盾的现象。

（4）具有动态的应变性和高速的响应速度。MRP-Ⅱ是一个闭环系统,它要求跟踪、控制和反馈瞬息万变的实际情况,管理人员可随时根据企业内外环境条件的变化迅速作出响应,及时决策调整,保证生产正常进行。它可以及时掌握各种动态信息,保持较短的生产周期,因而有较强的应变能力。

（5）具有一定的模拟预见性。MRP-Ⅱ具有模拟功能。它可以解决"如果怎样……将会怎样"的问题,可以预见在相当长的计划期内可能发生的问题,事先采取措施消除隐患,而不是等问题已经发生了再花几倍的精力去处理。这将使管理人员从忙碌的事务堆里解脱出来,致力于实质性的分析研究,提供多个可行方案供领导决策。

（6）做到了物流、资金流、信息流的高度统一。MRP-Ⅱ包含了成本会计和财务功能,可以由生产活动直接产生财务数据,把实物形态的物料流动直接转换为价值形态的资金流动,保证生产和财务数据一致。财务部门及时得到资金信息用于控制成本,通过资金流动状况反映物料和经营情况,随时分析企业的经济效益,参与决策,指导和控制经营和生产活动。

以上几个方面的特点表明,MRPⅡ是一个比较完整的生产经营管理计划体系,是实现制造业企业整体效益的有效管理模式。

但任何事物都有正反两个方面,MRP-Ⅱ也有其不足之处。这主要表现在:第一,MRP-Ⅱ是以面向企业内部业务为主的管理系统,不能适应市场竞争全球化、管理整个供应链的需求;第二,多数MRP-Ⅱ软件主要是按管理功能开发设计的,不能适应业务流程变化的需求灵活调整;第三,MRP-Ⅱ的一些假定(批量、提前期)不灵活;第四,MRP-Ⅱ运算效率低(MRP/CRP),不能满足实时应答。在此情况下,美国Gartner Group于20世纪90年代初提出了企业资源计划的概念。

五、企业资源计划

进入20世纪90年代,随着市场竞争的进一步加剧,企业竞争空间与范围的进一步扩大,80年代MRP-Ⅱ主要面向企业内部资源全面计划管理的思想逐步发展为90年代怎样有效利用和管理整体资源的管理思想,ERP——企业资源计划也就随之产生。ERP是在MRP-Ⅱ的基础上扩展了管理范围,给出了新的结构。

1. ERP的管理思想

ERP的核心管理思想就是实现对整个供应链的有效管理,主要体现在以下三个方面:

（1）体现对整个供应链资源进行管理的思想。

现代企业的竞争已经不是单一企业与单一企业间的竞争,而是一个企业供应链与另一个企业的供应链之间的竞争,即企业不但要依靠自己的资源,还必须把经营过程中的有关各方如供应商、制造工厂、分销网络、客户等纳入一个紧密的供应链中,才能在市场上获得竞争优势。ERP系统正是适应了这一市场竞争的需要,实现了对整个企业供应链的管理。

（2）体现精益生产、同步工程和敏捷制造的思想。

ERP系统支持混合型生产方式的管理,其管理思想表现在两个方面:其一是"精益生产LP(Lean Production)"的思想,即企业把客户、销售代理商、供应商、协作单位纳入生产体系,同他们建立起利益共享的合作伙伴关系,进而组成一个企业的供应链。其二是"敏捷制造(Agile Manufacturing)"的思想。当市场上出现新的机会,而企业的基本合作伙伴不能满足新产品开发生产的要求时,企业组织一个由特定的供应商和销售渠道组成的短期或一次性供应链,形成"虚拟工厂",把供应和协作单位看成是企业的一个组成部分,运用"同步工程(SE)",组织生产,用最短的时间将新产品打入市场,时刻保持产品的高质量、多样化和灵活性,这即是"敏捷制造"的核心思想。

(3) 体现事先计划与事中控制的思想。

ERP 系统中的计划体系主要包括:主生产计划、物流需求计划、能力计划、采购计划、销售执行计划、利润计划、财务预算和人力资源计划等,而且这些计划功能与价值控制功能已完全集成到整个供应链系统中。另一方面,ERP 系统通过定义事务处理(Transaction)相关的会计核算科目与核算方式,在事务处理发生的同时自动生成会计核算分录,保证了资金流与物流的同步记录和数据的一致性。从而实现了根据财务资金现状,可以追溯资金的来龙去脉,并进一步追溯所发生的相关业务活动,便于实现事中控制和实时做出决策。

2. ERP 同 MRP-Ⅱ 的主要区别

ERP 与 MRP-Ⅱ 的主要区别体现在下述几个方面:

(1) 在资源管理范围方面的差别。

MRP-Ⅱ 主要侧重对企业内部人、财、物等资源的管理,ERP 系统在 MRP-Ⅱ 的基础上扩展了管理范围,它把客户需求和企业内部的制造活动以及供应商的制造资源整合在一起,形成企业一个完整的供应链并对供应链上所有环节如订单、采购、库存、计划、生产制造、质量控制、运输、分销、服务与维护、财务管理、人事管理、实验室管理、项目管理、配方管理等进行有效管理。

(2) 在生产方式管理方面的差别。

MRP-Ⅱ 系统把企业归类为几种典型的生产方式进行管理,如重复制造、批量生产、按订单生产、按订单装配、按库存生产等,对每一种类型都有一套管理标准。而在 20 世纪 80 年代末、90 年代初期,为了紧跟市场的变化,多品种、小批量生产以及看板式生产等则是企业主要采用的生产方式,由单一的生产方式向混合型生产发展,ERP 则能很好地支持和管理混合型制造环境,满足了企业的这种多角化经营需求。

(3) 在管理功能方面的差别。

ERP 除了 MRP-Ⅱ 系统的制造、分销、财务管理功能外,还增加了支持整个供应链上物料流通体系中供、产、需各个环节之间的运输管理和仓库管理;支持生产保障体系的质量管理、实验室管理、设备维修和备品备件管理;支持对工作流(业务处理流程)的管理。

(4) 在事务处理控制方面的差别。

MRP-Ⅱ 是通过计划的及时滚动来控制整个生产过程,它的实时性较差,一般只能实现事中控制。而 ERP 系统支持在线分析处理 OLAP(Online Analytical Processing)、售后服务即质量反馈,强调企业的事前控制能力,它可以将设计、制造、销售、运输等通过集成来并行地进行各种相关的作业,为企业提供了对质量、适应变化、客户满意、绩效等关键问题的实时分析能力。

此外,在 MRP-Ⅱ 中,财务系统只是一个信息的归结者,它的功能是将供、产、销中的数量信息转变为价值信息,是物流的价值反映。而 ERP 系统则将财务计划和价值控制功能集成到了整个供应链上。

(5) 在跨国(或地区)经营事务处理方面的差别。

现在企业的发展,使得企业内部各个组织单元之间、企业与外部的业务单元之间的协调变得越来越多和越来越重要,ERP 系统应用完整的组织架构,从而可以支持跨国经营的多国家地区、多工厂、多语种、多币制应用需求。

(6) 在计算机信息处理技术方面的差别

随着 IT 技术的飞速发展,网络通信技术的应用,使得 ERP 系统得以实现对整个供应链信息进行集成管理。ERP 系统采用客户/服务器(C/S)体系结构和分布式数据处理技术,支持 Internet/Intranet/Extranet、电子商务(E-business、E-commerce)、电子数据交换(EDI)。此外,还能实现在不同平台上的互操作。

至此,完整地介绍了 ERP 原理。最后,可以通过附图 2 – 14 来对 ERP 发展的几个主要阶段作简要的回顾。

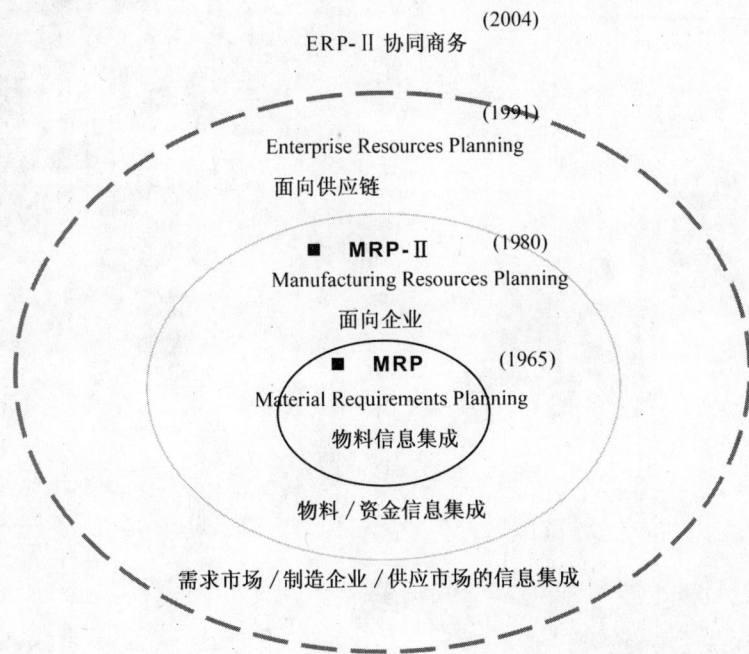

(2004)
ERP-Ⅱ 协同商务

(1991)
Enterprise Resources Planning
面向供应链

■ MRP-Ⅱ (1980)
Manufacturing Resources Planning
面向企业

■ MRP (1965)
Material Requirements Planning
物料信息集成

物料 / 资金信息集成

需求市场 / 制造企业 / 供应市场的信息集成

附图 2 – 14 MRP、MRP-Ⅱ、ERP 的扩展关系图

六、习题

1. 请简要介绍库存控制订货点理论的概念及其局限性。
2. 请绘图说明 MRP 的工作原理。
3. 请简要介绍 MRP 的管理特点。
4. 请绘图说明 MRP-Ⅱ 的工作原理。
5. ERP 的管理思想是什么?
6. ERP 与 MRP-Ⅱ 有哪些区别?
7. 应用实践一:我国加入 WTO 后,许多企业已经意识到必须迅速具备快速响应市场的应变能力,千方百计降低成本,扩大社会化大生产,并充分利用信息资源进行经营决策,企业才会在激烈的市场竞争中取得成功。请你深入一个企业,了解这一企业是否存在信息化的需求? 如果有,那么这家企业的信息化建设内容主要是什么? 是否会实施ERP? 并请你简要分析一下实施 ERP 后能给这家企业带来哪些方面的收益?

8. 应用实践二:请结合实际,运用物料需求计划的处理逻辑计算具体物料的需求情况(相关需求与总需求量)。

附录三 企业资源计划(ERP)概念

企业资源计划是指建立在信息技术基础之上,以顾客为中心,用系统化的、供应链管理的思想,将企业所有可以利用的资源加以集合,这些资源包括人力资源、资金资源、物料资源、设备资源、信息资源等,并进行有效的计划与控制,为企业管理层、决策层及员工提供决策和运作手段的管理平台,以最大限度地获得收益的集成化系统。ERP 系统将信息技术与先进的管理思想集合于一身,成为了一种现代企业的先进运行模式。ERP 系统反映了时代对企业合理调配资源,最大化地创造社会财富的要求,成为企业在信息时代生存、发展的基石。

从 ERP 的上述定义中我们可以进一步了解到,ERP 的概念中其实包括了管理思想、软件产品、管理系统三个层次的含义:

第一,ERP 系统整合了企业管理理念、业务流程、基础数据、人力物力、计算机硬件和软件于一体的企业资源管理系统;

第二,ERP 综合应用了客户机/服务器体系、关系数据库结构、面向对象技术、图形用户界面、第四代语言(4GL)、网络通信等信息产业成果,以 ERP 管理思想为灵魂的软件产品;

第三,ERP 的管理思想,就如美国著名的计算机技术咨询和评估集团(Gartner Group Inc.)提出的一整套企业管理系统体系标准,其实质是在 MRP-Ⅱ 基础上进一步发展而成的面向供应链(Supply Chain)的管理思想。

人们对 ERP 的认识,也经过了一个不断完善的过程。最初,Gartner Group 公司是通过从管理系统的功能范围、集成程度、应用环境、支持技术等方面,对 ERP 给出评价和界定的,它包括四个方面:超越了 MRP-Ⅱ 范围和集成功能;支持混合方式的制造环境;支持动态的监控能力,提高业务绩效;支持开放的客户机/服务器计算环境。作为企业管理思想,它是一种新型的管理模式;而作为一种管理工具,它同时又是一套先进的计算机管理系统。

ERP 软件供应商根据一些运作情况良好的先进企业的运作模式及其应具备的功能,开发出了 ERP 软件。这样,人们就会容易误解为 ERP 仅仅是一种计算机软件而已,或者再进一步也就是个信息实用技术而已,但实际上,正如上面所介绍的,ERP 不仅仅是一种软件,也不仅仅是业务流程和手工作业的模仿,它实际上是一种先进的管理思想和管理方法,它将及时制(Just in Time,JIT)的概念和思想,与物料需求理论进行了结合。它在对企业内部的物料、设备、资金、劳动力等全部资源进行全面计划,如在产生主生产计划、物料需求计划、能力需求计划、采购计划等基础上,还对资源进行全面的控制,包括能力平衡、质量管理、车间控制、成本控制、库存管理等,最终形成一个闭环的回路,使企业的内部管理能够真正地集成在一起。

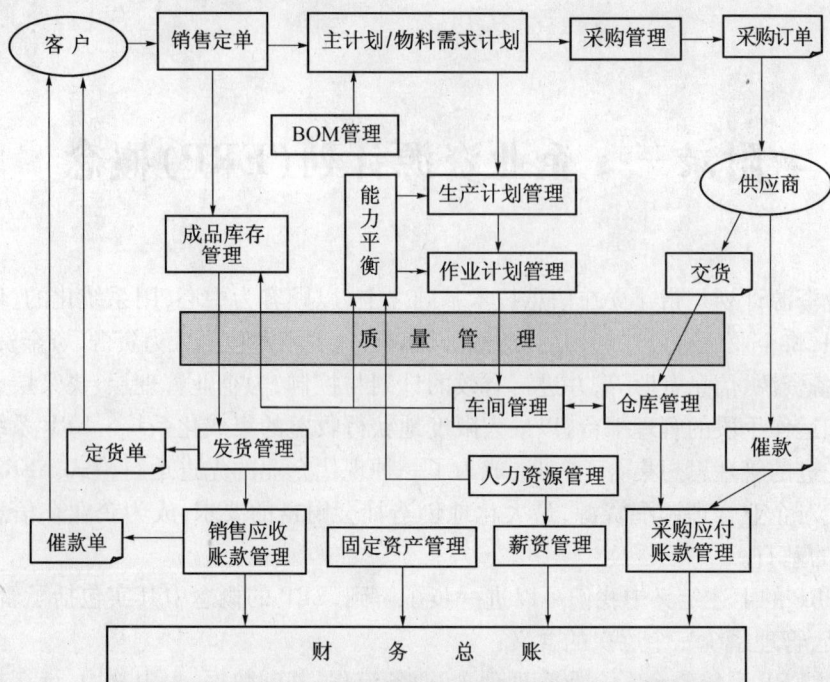

附图 3 - 1　ERP 系统主要功能模块示意图

在 ERP 系统中,相应的业务流程环环相扣。如附图 3 - 1 所示,而 ERP 系统也是最终以这种方式将企业的内部管理高度集成。

1. 企业资源计划的目标

ERP 起源于美国,虽说我国国情与之相比有着明显的差别,但对生产制造企业而言,却有着许多相似的地方。第一,生产经营活动相似,都需从供应商处采购原材料,经内部组织生产,制造出适销对路的产品,再将其销售给顾客;第二,企业管理同样追求优质、高效、低耗,同样追求最低的库存、最短的生产周期、最佳的资源利用、最低的生产成本、最高的生产率、准确的交货期、最强的市场适应能力等目标;第三,企业之间同样存在竞争与合作的关系,新的管理理念在企业中同样适用。所以我们也需要去学习、研究、实施和应用ERP,下面从两个方面说明企业实施和应用 ERP 后可以达到的目标。

2. ERP 系统的效益目标

据美国 APICS(美国生产与库存管理协会,American Production and Inventory Control Society inc. 创建于 1957 年)统计,使用 ERP 系统后,平均可以为企业带来如下的经济效益:

(1)库存量可下降 20% ~ 40%。这是人们说得最多的效益。使用 ERP 系统后,由于有了正确的物料需求计划,企业可以在适当的时间、地点得到适当的物料,没有必要保持很高的库存。而库存量的降低,又加快了库存资金的周转,增强了资金的利用率,降低了库存管理费用,减少了库存损耗,从而大大降低了库存投资。

(2)采购提前期缩短 40%,物料采购成本降低 5% 以上。采购人员由于有了及时准确的生产计划信息,就可以在正确的时间进行采购作业,缩短了物料入库和生产领料之间长期存在的时间跨度,节省的时间可供采购人员进行采购价格分析、货源选择,或研究谈判策略,从而进一步实现了采购费用的节约。

（3）停工待料现象减少60%,生产周期缩短20%。由于原材料和零部件的需求计划透明度提高,有助于生产过程中上、下道工序之间的准确、及时衔接,以保证原材料和零部件能以更合理的速度准时到达,因此,生产中的停工待料现象大大减少,并进一步促进了生产周期的缩短。

（4）延期交货现象可减少60%左右。当库存减少并保持稳定的时候,客户服务水平就必然会得到提升,使用 ERP 系统的企业准时交货率平均提高55%,误期率平均降低35%,这就使得企业的信誉大大提高,从而给企业增加销售机会。

（5）管理人员可减少10%。由于 ERP 实施后,企业生产经营数据得到了共享,企业业务流程得到了优化,从而消除了管理工作中大量无效的劳动,企业内部机构臃肿现象可得到明显改善。

（6）企业生产率可提高10%以上。由于生产过程中的待料现象得到了控制,有效地减少了生产制造过程的停工现象,使一线生产人员的生产率得到提高。同时产品质量得到了进一步的保证。

（7）新产品投放市场时间缩短15%。应用 ERP 系统后,企业内部资源得以共享,工程技术部门可随时掌握产品的销售动向和顾客的需求变化,随时对顾客意见作出响应,从而大大加快了产品更新的步伐。同时由于产品生产周期的缩短和生产效率的提高,加快了产品投放市场的速度。

（8）产品制造成本降低10%左右。由于控制了库存费用、劳动力成本、采购费用等因素,产品质量得到了控制,这样一系列人、财、物等因素产生的效应,必然会引起生产成本的下降。

3. ERP 系统的管理目标

上述我们分析的 ERP 系统的效益目标,更多讲的是定量效益,而 ERP 系统的管理目标,更多涉及的就是 ERP 系统的定性效益。定量效益更多体现了一个企业的经营业绩,而定性效益更多反映的是企业的业务能力。

（1）提高工程开发效率,促进新产品的开发。

有不少实施过 ERP 的企业的技术部门人员会讲:"ERP 的应用不会对工程设计部门产生直接的效益,相反还会增加工程技术部门的工作量"。这句话只讲对了一半。ERP 应用成功与否,有一点是要看整理出的物料清单的工作效率。模块化物料清单的应用,大大减少了工程技术部门维护物料清单的时间,特别是对客户定制的产品。所以 ERP 的应用可以减轻工程技术人员的工作负担,提高其工作效率。如果企业在实施 ERP 的前期能够先行实施产品数据管理(PDM)系统的话,工程技术人员的工作效率又将成倍提高,特别有助于新产品的开发,这在产品更新换代较快的企业更为适用。

（2）可持续性地提高产品的质量。

在 ERP 环境下,由于企业理顺了业务流程,企业员工可以在各自的岗位上井然有序地做各自的工作,使得企业的管理工作摆脱了混乱,保证均衡生产的顺利进行,从而使一切能够按规范操作,企业的工作质量得到了提高,产品质量保持稳定与优化。

（3）灵活运用企业资源,提高管理水平。

厂房、生产线、加工设备、检测设备等都是企业的硬件资源,人力、管理、信誉、融资能力、组织结构等是企业的软件资源。这些资源相互作用,形成企业完成客户订单、创造社会财富、实现企业价值的基础。ERP 系统的管理对象便是上述各种资源要素,通过 ERP 的使用,使企业能够根据客户订单及生产状况灵活地调配上述资源。如果不借助于 ERP 系统,则企业难以掌握现有资源状况,难以清楚调整方向,故要调整安排会显得相当困难。同时由于企业的组织结构是金字塔式的,部门间的协作交流相对较弱,资源的运行更难以把握。

（4）为决策提供依据,保证决策的合理性和科学性。

ERP 能够将经营规划、市场规划等高层管理计划分解转换成低层次上的各类详细的计划,这些详细的计划分解落实到企业的每一位员工,这就保证了企业的运作是在统一的计划指导下进行,同时计划执行的上下贯通,又保证了上、下层之间可以互通信息,下层可将计划的执行情况及时反馈给上级主管,为上层决策提供准确的信息,为企业管理层提供了经营和控制企业的有效工具。

（5）提高员工素质,培养队伍。

ERP 系统的实施和应用,切实提高了企业的管理水平,同时也为企业培养了一支既懂管理,又懂信息技术的复合型人才队伍。ERP 系统要能够正常地运转起来,离不开高素质的员工队伍,这就会全面提升员工素质提供了机会。西方工业发达国家许多跨国公司的成功经验告诉我们,企业得到发展,生产率得以提高,最主要的因素还在于人力资源的充分利用。

（6）提高企业的社会效益。

企业实施 ERP 还可以带来一定的社会效益。目前,我国广大中小型企业实施 ERP、应用好 ERP 的还不是很多,所以 ERP 项目的实施还可能会在某个地区、某个行业中起到一定的示范作用。

附录四 《ERP 应用与实施》课程整体教学设计

常州信息职业技术学院

CCIT Changzhou College Of Information Technology

课程教学设计

（2010/2011 学年　第 2 学期）

课程名称　　　　　　　《ERP 应用与实施》

授课对象　　　　　　　信息管理 091092

课程学分　4　总学时　60　课程特性 项目导向 + 任务驱动

所属系部　　　　　　　经贸管理学院

设计人（团队）

审核人　　　　　　　　　　　批准人

一、课程整体教学设计基本原则

（1）依据标准：根据 2010 年制定的《ERP 应用与实施》课程标准，围绕该课程标准中提出的课程目标及课程内容进行本课程的整体教学设计。

（2）兼顾授课对象的具体特性：本课程整体教学设计面向 2009 级信息管理专业大二学生设计，学生在前导课程中已经学习了《财务会计》、《企业管理》、《物流管理》、《生产与运营管理》等一些专业主干课程。并且，由于前期针对学生的专业教育比较明确，在学习本课程之前，学生们均已了解了课程的重要性，另外两门计算机类的前导课程《网络数据库》和《实用操作系统》均已开设，所以相对而言，学生的专业基础较好，只是缺乏前期所学知识的实际应用与综合，所以本课程在进行整体教学设计时，充分考虑到了这些因素，并与相关课程教师进行了沟通，既要避免课程间的重复，又要体现课程间的衔接，整体教学设计尽量体现了针对 ERP 工程师的核心能力培养。

二、学习情境设计

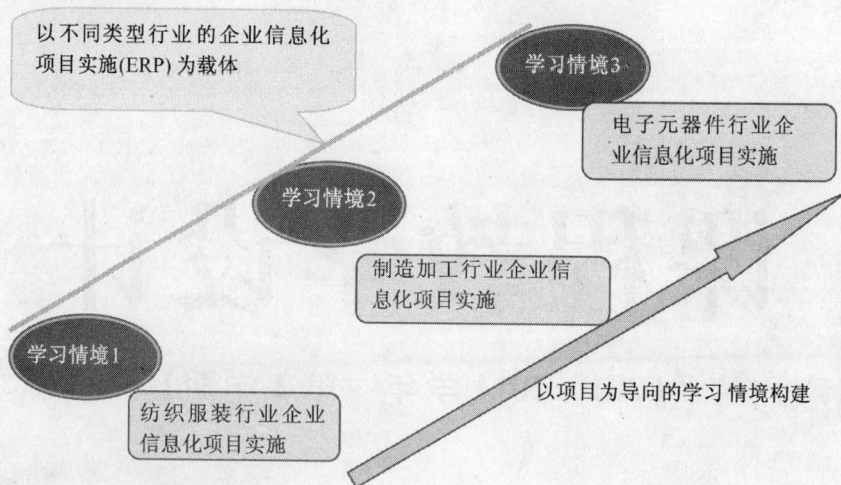

以不同类型行业的企业信息化项目实施(ERP)为载体

学习情境3

电子元器件行业企业信息化项目实施

学习情境2

制造加工行业企业信息化项目实施

学习情境1

纺织服装行业企业信息化项目实施

以项目为导向的学习情境构建

序号	学习情境	能力训练项目/任务	学 时
1	纺织服装行业企业信息化项目实施	子项目 1：常州商贸有限公司信息化项目实施	28
2	制造加工行业企业信息化项目实施	子项目 2：常州常信股份有限公司信息化项目实施	20
3	电子元器件行业企业信息化项目实施	子项目 3：常州正威电子有限公司信息化项目实施	12
总计		总 学 时	60

三、能力训练项目设计

1. 综合项目设计

（1）项目名称：

① 常州商贸有限公司金蝶 K/3 ERP 软件系统项目实施。

② 常州常信股份有限公司金蝶 K/3 ERP 软件系统项目实施。

③ 常州正威电子有限公司金蝶 K/3 ERP 软件系统项目实施。

（2）项目背景及要求：

常州商贸有限公司成立于 1995 年，由仪征化纤常州大明公司等一些实体性生产企业组建的股份制外贸公司。公司具有直接进出口经营权，拥有自己的纺织品面料，针、梭织服装、床上用品、家用装饰品的生产基地,并在长期业务中发展了定点生产箱包、鞋帽、服装等产品的工厂。公司现有办公室、产品设计中心、营销一部、营销二部、采购部、财务部、物流部等多个职能部门,国内贸易(营销一部)主要向江浙沪等华东地区销售,国际贸易(营销二部)先后与美国、加拿大、澳大利亚、德国、日本、韩国、东欧、中东、南美、香港等数十个国家和地区建立了长期的业务关系。为加强企业内部管理,提高公司工作效率与效益,特别是近年来国外金融危机的影响,外贸行业环境越来越不利公司国外业务的开展,公司董事会决定实施企业信息化(ERP)软件系统,从管理中节约成本,向管理要效益,逐步拓展企业销售渠道。

常州常信股份有限公司是一家研发、生产、销售网络计算机的企业,属典型的离散制造型企业,公司即将于近期迁入常州信息职业技术学院信息产业园内。公司现有办公室、技术中心、生产制造部、销售部、采购部、财务部、仓储物流中心、人力资源部、综合管理部等主要职能部室,有两个生产车间,共计四条生产线。公司目前采用按订单生产的方式组织生产。公司主要客户为其他制造型企业、政府机关、卫生教育医疗等企事业单位。为配合搬迁后企业能够顺利运行,公司计划在新生产办公场地建设的同时,实施金蝶 K/3ERP 系统,以确保公司管理的规范有序,确保企业生产经营活动的顺利开展,提高公司的管理效率。

常州正威电子有限公司成立于 1993 年 8 月,是专业从事铝电解电容器产品生产经营的国家级高新技术企业,拥有各类专业生产铝电解电容器设备 500 多台套,年产量为 40 多亿只,位列中国电子元件百强企业第 53 位,公司内部执行 ISO9001：2000 质量管理体系,ISO14001 环境管理体系,IECQ QCO80000 有害物质过程管理体系等,产品通过了 UL 认证;销售市场主要有西欧、香港、南亚、台资企业和国内著名整机厂商,拥有自主出口经营权。公司现有人力资源部、财务部、销售部、生产部、设备组、技术部、网络部仓储部等多个部门,公司决定本年度开始,在各个部门中逐步实现企业信息化管理方式,实施 ERP 软件系统来整合整个企业的业务流程,从而提高产品质呈、降低生产成本和加快产品交货周期,从而提高企业整体的竞争能力。

2.　子项目及工作任务分解

编号	能力训练项目名称	能力训练任务名称	课时分配	拟实现的能力目标	相关支撑知识	训练方式手段及步骤	结果(可展示)
1	**子项目 1** 常州商贸有限公司信息化项目实施	**任务 1−1** 常州商贸 ERP 项目实施准备	10	1. 能根据企业信息化的要求建立实施团队,并进行人员的合理分工 2. 能搜集并分析相关企业和职能部门的业务流程 3. 能对企业各类基础资料确定编码规则 4. 会制定 ERP 项目实施方案和实施计划	1. 企业管理与信息化知识 2. 企业组织机构与职能管理知识 3. 企业生产与运营的基本内容方法 4. 项目管理相关知识 5. 企业管理中组织划分的相关方法	1. 教师以曾经实施过的项目为案例,通过一体化机房进行讲解,学生结合已经学过的相关课程知识和网上收集的信息资料,对该企业进行信息化实施的方法与数据进行准备 2. 教师提供常州商贸有限公司相关资料 3. 教师作为实施顾问,学生作为 ERP 项目客户方	1. ERP 软件系统项目实施方案书 2. 公司业务流程图与简要的分析说明 3. ERP 软件系统项目实施调研报告 4. 基础资料编码表

（续）

编号	能力训练项目名称	能力训练任务名称	课时分配	拟实现的能力目标	相关支撑知识	训练方式手段及步骤	结果（可展示）
1	**子项目1** 常州商贸有限公司信息化项目实施	**任务1-2** 常州商贸ERP项目培训与实施	10	1. 掌握如何对客户进行ERP理论与金蝶K/3系统结构与功能模块的培训 2. 掌握销售、采购、核算、财务系统业务流程并能实际操作	1. ERP的发展阶段 2. 库存订货点理论 3. 物料需求计划（MRP） 4. 闭环MRP、ERP 5. 销售、库存、采购、核算、财务管理业务流程	1. 用PPT就ERP发展历程与基本原理进行培训 2. 在实际环境（机房）介绍金蝶K/3系统结构和各功能模块 3. 由老师通过PPT加系统"实战"演示的方式让学生了解模块的操作 4. 以实际业务单据为练习材料让学生掌握该模块的操作	1. 销售、采购、核算、财务系统业务流程并能实际操作
		任务1-3 常州商贸ERP项目上线与运行	6	1. 建立账套并进行初始化工作 2. 在系统中建立数据 3. 完成基础数据录入并开始日常业务操作 4. 能够处理上线过程中出现的问题，保证顺利上线 5. 能够进行财会系统结算	1. 账套的建立与管理 2. 人员权限的分配 3. 基础资料的录入方法 4. 各个模块的业务流程 5. 财务会计知识 6. 财务系统相关知识	1. 由老师通过PPT加系统"实战"演示的方式让学生了解账套的建立与管理、人员权限的分配和基础资料的录入 2. 每个学生独立操作，学会并掌握上述业务的操作 3. 现场指导操作及流程方面的问题	1. 完成初始化后的账套 2. 业务报表
		任务1-4 常州商贸ERP项目验收与交付	2	1. 能够对项目运行情况进行客观总结与评价，并能够给出验收报告	1. 验收报告的编写格式	1. 小组讨论，并由组长执笔完成 2. 教师对每一小组的K/3系统进行检查，并给出相应结论	1. 验收报告 2. 系统运行状况报告 3. 系统账套
2	**子项目2** 常州常信股份有限公司信息化项目实施	**任务2-1** 常信公司ERP项目实施准备	4	1. 能根据企业信息化的要求建立实施团队，并进行人员的合理分工 2. 能搜集并分析相关企业和职能部门的业务流程 3. 能对企业各类基础资料确定编码规则 4. 会制定ERP项目实施方案和实施计划	1. 企业管理与信息化知识 2. 企业组织机构与职能管理知识 3. 企业生产与运营的基本内容方法 4. 项目管理相关知识 5. 企业管理中组织划分的相关方法	1. 教师以曾经实施过的项目为案例，通过一体化机房进行讲解，学生结合已经学过的相关课程知识和网上收集的信息资料，对该企业进行信息化实施的方法与数据进行准备 2. 教师提供常信公司有限公司相关资料 3. 教师作为实施顾问，学生作为ERP项目客户方	1. ERP软件系统项目实施方案书 2. 公司业务流程图与简要的分析说明 3. ERP软件系统项目实施调研报告 4. 基础资料编码表

（续）

编号	能力训练项目名称	能力训练任务名称	课时分配	拟实现的能力目标	相关支撑知识	训练方式手段及步骤	结果（可展示）
2	子项目2 常州常信股份有限公司信息化项目实施	任务2-2 常信公司 ERP 项目培训与实施	10	1. 掌握如何对客户进行 ERP 理论与金蝶 K/3 系统结构与功能模块的培训 2. 掌握销售、生产、采购、核算、财务系统业务流程并能实际操作	1. ERP 的发展阶段 2. 库存订货点理论 3. 物料需求计划（MRP） 4. 闭环 MRP、ERP 5. 销售、库存、生产、采购、核算、财务管理业务流程	1. 用 PPT 就 ERP 发展历程与基本原理进行培训 2. 在实际环境（机房）介绍金蝶 K/3 系统结构和各功能模块 3. 由老师通过 PPT 加系统"实战"演示的方式让学生了解模块的操作 4. 以实际业务单据为练习材料让学生掌握该模块的操作	1. 销售、采购、核算、财务系统业务流程并能实际操作 2. BOM 结构树或 BOM 结构表 3. 生产部门产品工艺等基础资料
		任务2-3 常信公司 ERP 项目上线与运行	4	1. 建立账套并进行初始化工作 2. 在系统中建立数据 3. 完成基础数据录入并开始日常业务操作 4. 能够处理上线过程中出现的问题,保证顺利上线 5. 能够进行财会系统结算	1. 账套的建立与管理 2. 人员权限的分配 3. 基础资料的录入方法 4. 各个模块的业务流程 5. 财务会计知识 6. 财务系统相关知识	1. 由老师通过 PPT 加系统"实战"演示的方式让学生了解账套的建立与管理、人员权限的分配和基础资料的录入 2. 每个学生独立操作,学会并掌握上述业务的操作 3. 现场指导操作及流程方面的问题	1. 完成初始化后的账套 2. 业务报表
		任务2-4 常信公司 ERP 项目验收与交付	2	1. 能够对项目运行情况进行客观总结与评价,并能够给出验收报告	1. 验收报告的编写格式	1. 小组讨论,并由组长执笔完成 2. 教师对每一小组的 K/3 系统进行检查,并给出相应结论	1. 验收报告 2. 系统运行状况报告 3. 系统账套
3	子项目3 常州正威电子有限公司信息化项目实施	任务3-1 正威电子 ERP 项目实施准备	2	1. 能根据企业信息化的要求建立实施团队,并进行人员的合理分工 2. 能搜集并分析相关企业和职能部门的业务流程 3. 能对企业各类基础资料确定编码规则 4. 会制定 ERP 项目实施方案和实施计划	1. 企业管理与信息化知识 2. 企业组织机构与职能管理知识 3. 企业生产与运营的基本内容方法 4. 项目管理相关知识 5. 企业管理中组织划分的相关方法	1. 教师以曾经实施过的项目为案例,通过一体化机房进行讲解,学生结合已经学过的相关课程知识和网上收集的信息资料,对该企业进行信息化实施的方法与数据进行准备 2. 教师提供正威电子有限公司相关资料 3. 教师作为实施顾问,学生作为 ERP 项目客户方	1. ERP 软件系统项目实施方案书 2. 公司业务流程图与简要的分析说明 3. ERP 软件系统项目实施调研报告 4. 基础资料编码表

（续）

编号	能力训练项目名称	能力训练任务名称	课时分配	拟实现的能力目标	相关支撑知识	训练方式手段及步骤	结果（可展示）
3	**子项目 3** 常州正威电子有限公司信息化项目实施	**任务 3－2** 正威电子 ERP 项目培训与实施	2	1. 掌握如何对客户进行 ERP 理论与金蝶 K/3 系统结构与功能模块的培训 2. 掌握销售、生产、采购、核算、财务系统业务流程并能实际操作	1. ERP 的发展阶段 2. 库存订货点理论 3. 物料需求计划（MRP） 4. 闭环 MRP、ERP 5. 销售、库存、采购、核算、财务管理业务流程	1. 用 PPT 就 ERP 发展历程与基本原理进行培训 2. 在实际环境（机房）介绍金蝶 K/3 系统结构和各功能模块 3. 由老师通过 PPT 加系统"实战"演示的方式让学生了解模块的操作 4. 以实际业务单据为练习材料让学生掌握该模块的操作	1. 销售、采购、核算、财务系统业务流程并能实际操作 2. BOM 结构树或 BOM 结构表 3. 生产部门产品工艺等基础资料
		任务 3－3 正威电子 ERP 项目上线与运行	2	1. 建立账套并进行初始化工作 2. 在系统中建立数据 3. 完成基础数据录入并开始日常业务操作 4. 能够处理上线过程中出现的问题，保证顺利上线 5. 能够进行财会系统结算	1. 账套的建立与管理 2. 人员权限的分配 3. 基础资料的录入方法 4. 各个模块的业务流程 5. 财务会计知识 6. 财务系统相关知识	1. 由老师通过 PPT 加系统"实战"演示的方式让学生了解账套的建立与管理、人员权限的分配和基础资料的录入 2. 每个学生独立操作，学会并掌握上述业务的操作 3. 现场指导操作及流程方面的问题	1. 完成初始化后的账套 2. 业务报表
		任务 3－4 正威电子 ERP 项目验收与交付	6	1. 能够对项目运行情况进行客观总结与评价，并能够给出验收报告	1. 验收报告的编写格式	1. 小组讨论，并由组长执笔完成 2. 教师对每一小组的 K/3 系统进行检查，并给出相应结论	1. 验收报告 2. 系统运行状况报告 3. 系统账套

四、进程表设计

序号	学时	单元标题	能力目标	能力训练项目编号	知识目标	检查验收
1	2	**任务 1－1** 常州商贸 ERP 项目实施准备（一）	1. 能利用企业管理等相关知识分析某一企业进行信息化建设的作用 2. 能了解 ERP 系统的基本功能	1.1.1	1. 企业信息化的基本知识 2. ERP 的基本概念和发展方向 3. 企业生产与运营的基本内容方法 4. 项目管理相关知识 5. ERP 系统基本功能	

（续）

序号	学时	单元标题	能力目标	能力训练项目编号	知识目标	检查验收
2	2	**任务 1-1** 常州商贸 ERP 项目实施准备（二）	1. 能理解企业总流程 2. 能制定各个部门流程 3. 能确定企业组织架构，进行职能划分，设定具体岗位和相关制度，并制定产品生产流程	1.1.2	1. 公司制度与职责的划分、公司的组织机构 2. 企业职能管理内容 3. 产品工艺知识 4. 企业总的流程 5. 各个部门流程 6. 绘制流程图方法	公司业务流程图与简要的分析说明
3	2	**任务 1-1** 常州商贸 ERP 项目实施准备（三）	1. 能设计需求调研表 2. 能组织开展需求调研 3. 会撰写需求分析报告	1.1.3	1. 需求调研表设计 2. 需求调研的方法与技巧 3. 需求分析报告起草	ERP 软件系统项目实施调研报告
4	2	**任务 1-1** 常州商贸 ERP 项目实施准备（四）	1. 能根据企业基础管理的要求，采集、整理各类基础数据，并能进行具体的编码（主要会静态数据的整理）	1.1.4	1. 信息系统中用到的数据资料 2. 数据资料的录入方法	基础资料编码表
5	2	**任务 1-1** 常州商贸 ERP 项目实施准备（五）	1. 能正确制定实施方案 2. 能够有一定的沟通能力，确认实施方案	1.1.5	1. 实施方案的制定方法 2. 实施方案的确认过程	签字确认的项目实施方案书（含实施计划）
6	2	**任务 1-2** 常州商贸 ERP 项目培训与实施（一）	1. 能够对销售系统模块有总体把握 2. 能熟练应用销售系统模块	1.2.1	1. 销售系统流程 2. 销售系统操作方法	销售管理模块的操作
7	2	**任务 1-2** 常州商贸 ERP 项目培训与实施（二）	1. 能够对仓存系统模块有总体把握 2. 能熟练运用仓存系统模块培训	1.2.2	1. 库存系统流程 2. 库存系统操作方法	库存管理模块的操作
8	2	**任务 1-2** 常州商贸 ERP 项目培训与实施（三）	1. 能够对采购系统模块有总体把握 2. 能熟练运用采购系统模块培训	1.2.3	1. 采购系统流程 2. 采购系统操作方法	采购管理模块的操作
9	2	**任务 1-2** 常州商贸 ERP 项目培训与实施（四）	1. 能够对核算系统模块有总体把握 2. 能熟练运用核算系统模块培训	1.2.4	1. 核算系统流程 2. 核算系统操作方法	核算管理模块的操作

（续）

序号	学时	单元标题	能力目标	能力训练项目编号	知识目标	检查验收
10	2	**任务1-2** 常州商贸 ERP 项目培训与实施（五）	1. 能够对财务系统模块有总体把握 2. 能熟练运用财务系统模块培训	1.2.5	1. 财务系统流程 2. 财务系统操作方法	财务管理模块的操作
11	2	**任务1-3** 常州商贸 ERP 项目上线与运行（一）	1. 能够建立账套并进行初始化工作 2. 能在初始系统中建立数据 3. 能完成基础数据录入并开始日常业务操作	1.3.1	1. ERP 建账流程 2. ERP 中参数的设置	完成初始化后的账套
12	2	**任务1-3** 常州商贸 ERP 项目上线与运行（二）	1. 能够处理物流系统上线过程中出现的问题 2. 保证顺利上线	1.3.2	1. 企业中的物流流程 2. ERP 中的物流业务流程	相关业务报表
13	2	**任务1-3** 常州商贸 ERP 项目上线与运行（三）	能够处理财务系统上线过程中出现的问题,保证顺利上线	1.3.3	1. 企业中财会系统流程 2. ERP 中的物流业务流程	相关业务报表
14	2	**任务1-4** 常州商贸 ERP 项目验收与交付	能够对项目运行情况进行客观地总结,并能够给出验收报告	1.4	1. 项目管理中项目验收的相关知识 2. 项目验收报告编写	1. 验收报告 2. 系统账套
15	2	**任务2-1** 常信公司 ERP 项目实施准备（一）	1. 能根据企业基础管理的要求,采集、整理各类基础数据,并能进行具体的编码（主要会静态数据的整理）	2.1.1	1. 信息系统中用到的数据资料 2. 数据资料的录入方法	基础资料编码表
16	2	**任务2-1** 常信公司 ERP 项目实施准备（二）	1. 能正确制定实施方案 2. 能够有一定的沟通能力,确认实施方案	2.1.2	1. 实施方案的制定方法 2. 实施方案的确认过程	签字确认的项目实施方案书（含实施计划）
17	2	**任务2-2** 常信公司 ERP 项目培训与实施（一）	1. 能够对销售、库存、采购系统模块有总体把握 2. 能熟练应用销售、库存、采购系统模块	2.2.1	1. 销售、库存、采购系统流程 2. 销售、库存、采购系统操作方法	销售、库存、采购管理模块的操作

（续）

序号	学时	单元标题	能力目标	能力训练项目编号	知识目标	检查验收
18	2	**任务 2 - 2** 常信公司 ERP 项目培训与实施(二)	1. 能够对生产系统模块有总体把握 2. 能熟练运用生产系统模块培训	2.2.2	1. 生产系统流程 2. 生产系统操作方法	生产管理系统模块的操作
19	2	**任务 2 - 2** 常信公司 ERP 项目培训与实施(三)	1. 能够对生产系统模块有总体把握 2. 能熟练运用生产系统模块培训	2.2.3	1. 生产系统流程 2. 生产系统操作方法	生产管理系统模块的操作
20	2	**任务 2 - 2** 常信公司 ERP 项目培训与实施(四)	1. 能够对生产系统模块有总体把握 2. 能熟练运用生产系统模块培训	2.2.4	1. 生产系统流程 2. 生产系统操作方法	1. 生产管理模块的操作 2. BOM 结构树或 BOM 结构表 3. 生产部门产品工艺等基础资料
21	2	**任务 2 - 2** 常信公司 ERP 项目培训与实施(五)	1. 能够对核算系统模块有总体把握 2. 能熟练运用核算系统模块培训	2.2.5	1. 核算系统流程 2. 核算系统操作方法	核算管理模块的操作
22	2	**任务 2 - 3** 常信公司 ERP 项目上线与运行(一)	1. 能够建立账套并进行初始化工作 2. 能在初始系统中建立数据 3. 能完成基础数据录入并开始日常业务操作	2.3.1	1. ERP 建账流程 2. ERP 中参数的设置	完成初始化后的账套
23	2	**任务 2 - 3** 常信公司 ERP 项目上线与运行(二)	1. 能够处理财务物流系统上线过程中出现的问题 2. 保证顺利上线	2.3.2	1. 企业中的财务物流流程 2. ERP 中的财务物流业务流程	相关业务报表
24	2	**任务 2 - 4** 常信公司 ERP 项目验收与交付	1. 能够对项目运行情况进行客观地总结 2. 能够给出验收报告	2.4	1. 项目管理中项目验收的相关知识 2. 项目验收报告编写	验收报告 系统账套

（续）

序号	学时	单元标题	能力目标	能力训练项目编号	知识目标	检查验收
25	2	**任务3-1** 正威电子 ERP 项目实施准备	1. 能根据企业信息化的要求建立实施团队，并进行人员的合理分工 2. 能搜集并分析相关企业和职能部门的业务流程 3. 能对企业各类基础资料确定编码规则 4. 会制定 ERP 项目实施方案和实施计划	3.1	1. 企业管理与信息化知识 2. 企业组织机构与职能管理知识 3. 企业生产与运营的基本内容方法 4. 项目管理相关知识 5. 企业管理中组织划分的相关方法	1. ERP 软件系统项目实施方案书 2. 公司业务流程图与简要的分析说明 3. ERP 软件系统项目实施调研报告 4. 基础资料编码表
26	2	**任务3-2** 正威电子 ERP 项目培训与实施	1. 掌握如何对客户进行 ERP 理论与金蝶 K/3 系统结构与功能模块的培训 2. 掌握销售、生产、采购、核算、财务系统业务流程并能实际操作	3.2	1. ERP 的发展阶段 2. 库存订货点理论 3. 物料需求计划（MRP） 4. 闭环 MRP、ERP 5. 销售、库存、采购、核算、财务管理业务流程	1. 销售、采购、核算、财务系统业务流程并能实际操作 2. BOM 结构树或 BOM 结构表 3. 生产部门产品工艺等基础资料
27	2	**任务3-3** 正威电子 ERP 项目上线与运行	1. 建立账套并进行初始化工作 2. 在系统中建立数据 3. 完成基础数据录入并开始日常业务操作 4. 能够处理上线过程中出现的问题，保证顺利上线 5. 能够进行财会系统结算	3.3	1. 账套的建立与管理 2. 人员权限的分配 3. 基础资料的录入方法 4. 各个模块的业务流程 5. 财务会计知识 6. 财务系统相关知识	1. 完成初始化后的账套 2. 业务报表
28	2	**任务3-4** 正威电子 ERP 项目验收与交付	1. 能够对项目运行情况进行客观总结与评价，并能够给出验收报告	3.4	1. 验收报告的编写格式	1. 验收报告 2. 系统运行状况报告 3. 系统账套
29	2	**任务3-4** 综合训练	整体综合训练	3.4	能够对 ERP 系统整体流程进行协同操作，并顺利完成业务	
30	2	**任务3-4** 综合训练	整体综合训练	3.4	能够对 ERP 系统整体流程进行协同操作，并顺利完成业务	

五、第一节课梗概

（1）给学生介绍江苏与常州地区企业信息化的现状与未来发展趋势，以及企业信息化在企业中所占的地位与重要性。

（2）给学生介绍课程的地位，课程学习的重要性。

（3）给学生介绍 ERP 项目实施顾问（包括在企业中参与 ERP 项目实施）的能力与素质要求，及其就业前景。

（4）给学生介绍课程的项目化教学的目的、意见及其总体安排，介绍课程的考核方式。

（5）引入"不同行业企业金蝶 K/3 ERP 实施项目"课程环境，让学生尽快进入作为项目实施小组成员（实施方实施顾问或企业方实施人员）的角色。

（6）提名课代表作为第三方参与教师的组织协调工作。按自由组合的原则将全班学生 10 人一组进行分组，一组即为一家公司或一个项目实施团队，兼顾男女比例，组长为项目经理，其余为部门经理或各模块实施负责人，也可一个人独立承担整个实施项目的模拟。

（7）老师自我介绍，告知学生相关的信息，包括办公地点、联系方式。

（8）介绍需学生提交的文件资料要求，包括 Word 文档的排版要求，向学生公布文件命名的方式，文档上交和下发的方式。

（9）对教学整体设计中安排的第一次课程的内容进行讲解，具体为：以教师服务过的企业及曾经切身实施过的项目为案例，通过多媒体方式进行讲解，分析该企业实施 ERP 项目的背景，该企业实施 ERP 项目前后的变化，该企业实施 ERP 的全过程，以及项目实施过程中出现的问题和采取的对策措施，让学生能够真实了解信息化对企业管理和企业发展的影响。

（10）课后事务

① 课余时间学生应能将课堂内容与实践相联系进行思考。要求学生结合曾经实习过的企业及其了解的现状，结合已经学过的相关课程知识，通过网上信息资料的收集，对该企业进行信息化建设的作用进行分析。

② 学生分组后的分组名单（或独立负责完成）。

③ 常信股份有限公司相关资料需及时提供给学生。

六、考核方案设计

（一）课程构成

本课程为考试课程，成绩采用百分制。由两个部分构成：

1. 过程性考核成绩（60%）

（1）每个小组需共同完成的 9 项任务，每次都将形成报告成绩，该项共占总成绩的 30%。

（2）出勤情况，作为一次成绩，共占总成绩的 10%。

（3）个人任务完成情况共占总成绩的 20%（整个系统账套优劣程度）。

（4）由于为三个不同类型的行业企业实施 ERP 软件系统，所以学生的作业只需完成最复杂的制造加工行业的相关要求即可。

2. 终结性考核成绩(40%)

终结性考核为期末上机操作考试,卷面成绩为 100 分,按实际考试成绩折算。

(二)9 项报告的成绩评定方法

老师根据不同报告写作的要素是否齐全、文档是否进行精心排版、PPT 制作是否贴切、公开交流是否得当等给出小组的成绩 A(共 9 个)。

每次再由各项目组分别对组内成员打分,求得各自的平均分 B,并根据小组总平均分 C 和老师给出的 A 的系数进行调整(系数 = A/C),得出个人的实际得分(B × 系数)。这样可以分清学生在各项目组内的工作情况,同时采用系数调整可以避免各项目组评价标准不同而造成的标准不一致。

七、教材、资料

1. 教材

《企业资源计划(ERP)原理与实施》,宋卫编著,机械工业出版社,2006.1。

2. 主要教学参考书

(1)《企业资源计划(ERP)与 SCM、CRM》,张毅编著,电子工业出版社,2002 年第一版。

(2)《ERP 原理、实施与案例》,汪国章、桂海进编著,电子工业出版社,2003 年第一版。

八、需要说明的其他问题

(1)本授课计划与信息管理专业学生培养目标相符。

(2)本课程为教改课程,采用项目教学为主线,与教学计划相符。

(3)本课程需要稳定的软硬件和网络环境,其中 ERP 软件建议为 Kingdee K/3 V10.3,机房建议为 NC 机房与单机版相结合。

参 考 文 献

［1］ 陈启申.供需链管理与企业资源计划（ERP）.北京：企业管理出版社,2001.

［2］ 宋卫.企业资源计划（ERP）原理与实施.北京：机械工业出版社,2006.

［3］ 中国就业培训技术指导中心.ERP工程师职业能力认证培训教程.北京：人民邮电出版社,2007.

［4］ 葛军.会计学原理.北京：高等教育出版社,2004.

［5］ 张世琪,等.企业信息化建设.哈尔滨：黑龙江人民出版社,2003.

［6］ 龙增瑞,等.企业管理基础.北京：高等教育出版社,2005.

［7］ 葛军.会计学原理.北京：高等教育出版社,2000.

［8］ 刘伯莹,周玉清,刘伯钧.MRPⅡ/ERP原理与实施(第2版).天津：天津大学出版社,2001.

［9］ 汪国章,桂海进.ERP原理、实施与案例.北京：电子工业出版社,2003.

［10］ 罗鸿.ERP原理·设计·实施.北京：电子工业出版社,2002.